김종회
평론집

문학의 계승과 확장

한국문학의 미래와 새 강역

역락비평신서 33

문학의 계승과 확장

한국문학의 미래와 새 강역

김종회 평론집

역락

머리말

한국문학의 미래지향적 확장을 위하여

21세기 이후 한국문학뿐만 아니라 세계문학의 경향에 비추어서도 새로운 트랜드로 거론되는 몇 가지 관점이 있다. 문학의 세계화, 곧 문학이 한 나라의 국경 안에서 머무는 속지주의(屬地主義)가 와해 되고 있다는 것이 그 하나다. 세계 각국에 산포(散布)되어 있는 한민족 디아스포라 문학, 아시아 여성 최초로 한강의 노벨문학상 수상에 대한 검증 등은 이 영역에 관한 비평적 접근에 해당한다. 그런가 하면 동시대 과학 기술의 발전에 문학이 반응하는 디지털 문학 및 인공지능을 활용한 글쓰기 등은 전혀 새로운 시대적 현상이다. 거기에다 한국의 지역 문예운동으로 시작되어 지금은 새로운 한류 문예 장르로 전 세계에 확산되고 있는 디카시 창작 또한 영상 기술문화 시대를 대변하는 새로운 문학적 전개다.

이와 같은 새로운 영역 및 글쓰기 방식의 수용은 한국문학에 전례 없는 활로를 열게 하고, 동시에 세계적 확산과 기법적 고양의 진일보를 견인하게 될 것이다. 그러한 노력은 한국문학의 양적 팽창과 질적 성장을 추동하는 힘이 될 것이며, 궁극적으로 우리가 겪고 있는 인문학의 위기 극복과 문학 중흥의 길을 열게 될 것으로 사료 된다. 이와 같은 사유(思惟)를 중심으로 한국문학의 미래지향적 확장을 주제로 하는 글쓰기의 구상은 품과 공이 많이 드는 작업이지만, 21세기와 그 이후에 한국문학이 나아갈 방향성을 설정하는 데 꼭 필요한 논의를 수용하게 되리라 믿는다. 문학은 언제나 현실의 각질을 깨는 도전정신으로 새로운 지평을 열어왔으며, 그 각고의 노력이 없이는 현상의 정체를 벗어나기 어렵기 때문이다.

그런데 여기서 그러한 새로운 시대정신에 못지않게 소중한, 우리가 쉽사리 간과해서는 안 될 대목이 있다면 이는 그 문학의 오늘이 여전히 불멸인 어제로부터 왔다는 사실이다. 하늘 아래 전혀 새로운 것은 없다. 장강의 뒷물결이 앞 물결을 밀어낸다(長江後浪推前浪)는 『증광현문(增廣賢文)』의 언표는 외형적 현상이고, 옛것을 익히고 그로 미루어서 새것을 안다(溫故而知新)는 『논어』 〈위정편(爲政篇)〉 공자의 훈도는 실상의 본질이다. 이 평론집의 표제를 '문학의 계승과 확장'이라고 한 이유다. 그런 연유로 현재의 우리 문학에 이르기까지 여러 문학 장르에 따라 시기별 중추를 점유했던 작가와 작품을 공들여 살펴보았다. 이 비평의 도식이 한국문학의 미래와 새 강역(疆域)을 탐색하는데 선험적인 필요조건이라 본 터이다.

이 평론집은 모두 4부로 구성되었다. 1부 '한국문학의 미래적 확장성'에서는, 서두에서 언급한 새로운 시대의 지표로서 우리 문학이 선 자리와 갈 길에 대한 현장 점검 그리고 향후의 방향성에 대해 살펴보았다. 2부 '역사성의 소설과 깊은 성찰'에서는, 이제껏 우리 문학의 중심부에서 본격소설 또는 대중소설의 각 분야에 일가를 이룬 작가들을 작품의 실제를 통해 비평한 결과다. 3부 '운문으로 쓴 인생론의 탐색"에서는, 시를 통해 세상살이의 이치와 깨달음의 지평을 열어 보인 작품들을 추적했으며 이들은 대개 이름 있는 작가이자 시인이었다. 4부 '삶과 꿈이 이룬 문학적 형상'에서는, 우리 문학사의 외연을 넓힌 한 시대의 걸출한 문필들과 더불어 특히 종교적 인식 및 문학의 접점에 대해 궁구(窮究)해 보았다.

이 책은 문학평론가로서 37년의 세월을 살아온 저자의 열두 번째 평론집이다. 여기에 수록된 글들은 모두 수년 내에 썼으며 일부는 지난날의 글을 시의에 맞도록 수정한 경우도 있다. 각기 글의 수준은 차치하고라도 이러한 글의 부피를 적층할 수 있도록 힘이 되어준 많은 분에게 마음을 다해 감사한다. 지금까지의 평론집들을 통하여 우리 문단에서 열 차례의 문학상을 수상할 수 있었으니 더욱 감사할 수밖에 없다. 인생길 긴 여정에 고희(古稀)의 고개를 넘으면서, 다시 문학이라는 시각의 창밖으로 우리 문학의 숲이요 나무가 되어 있는 작가와 작품들을 바라본다. 거듭 감사와 정성을 다하는 삶이 내 몫이겠다고 다짐한다. 더불어 도서출판 역락에도 깊이 감사드린다.

2025년 초겨울 절기를 맞으며

소나기마을 촌장실에서 김종회

목차

Ⅲ. 운문으로 쓴 인생론의 탐색

Ⅳ. 삶과 꿈이 이룬 문학적 형상

I.

한국문학의 미래적 확장성

한민족 디아스포라 문학의 선 자리와 갈 길

1. 문학의 정체, 영혼의 숨겨진 보화

매일 아침 신문을 받아 들면, 거기에 늘 정치나 경제의 얘기가 표면에 떠올라 있고 문학은 보이지도 않는다. 한 주에 한 번, 그것도 저 깊은 내지 쪽에 잘 숨어 있는 것이 문학 기사다. 이를 바라보는 세상의 통념도 문학에 큰 비중을 두지 않는 현실을 대수롭지 않게 여긴다. 그렇게 문학은 우리 사회의 소수자에 해당한다.

그런데 이와는 생각이 다른 사람들이 있고, 알고 보면 그 숫자 또한 만만치 않다. 문학이 인간의 정신이나 영혼을 다루는 영역이므로, 매우 소중할 뿐만 아니라 우리 삶의 근본을 담당한다는 인식의 소유자들이다. 글을 쓰는 사람들, 문학을 사랑하지만 그것을 본령으로 삼고 있지 않는 사람들의 경우에도, 각기의 삶 속에 진귀한 보화처럼 문학을 숨겨두고 있는 사례가 많다.

기실 문학은 외형적으로 눈에 보이지 않는 상상의 세계를 바탕으로 축조된다. 그림자를 단순히 어둡다고 보지 않고 반사된 빛의 일종으로, 미래의 가능성에 대한 폐기를 인생에 대한 새로운 태도의 시발로 볼 수 있는 것이 문학이다. 이를테면 문학적 발상의 방식은 일상적 사고의 유형과 다르고, 또 달라야 문학적 창의력의 공간이 마련된다. 노드럽 프라이가 문학의 언어를 일상어 및 공용어와 구분하여 상상어라 언명한 것은 그 다른 방식의 언어를 지칭한다.

문학이 자유분방한 상상력의 텃밭에서 움트는 것인 만큼, 거기서 거두어들일 수 있는 수확은 여러 모양으로 볼품이 있다. 자기만의 작고 단단한 서재를 가진 문학가는 셰익스피어나 괴테, 도스토옙스키 같은 세계사적 문호(文豪)들을 그 서재의 초대 손님으로 모실 수도 있고, 때로는 스스로의 글쓰기를 돕는 조력자로 거느릴 수도 있다. 그들의 작품을 읽거나 음미하는 도중에, 그리고 그렇게 습득한 문학적 정보를 스스로의 글쓰기에 원용하는 과정에 그러한 역사(役事)가 자연발생적으로 일어난다.

문학이 자유분방하다는 것은, 상상력을 발휘하는 문학 주체의 방종을 의미하지 않는다. 그것은 세계를 바라보고 가늠하는 문학의 다양한 시각, 동시대의 타자와 약자에 대한 정신적 온정주의, 더 나아가 길이 없는 곳에 새 길의 가능성을 예비하는 진보적 의식 등 다른 분야의 정신 활동으로 수행할 수 없는 문학만의 특징적 성격과 그 적용을 말한다. 이는 문학적 활동의 종류가 많다는 것과는 상관이 없으며, 시각이 다양하다는 것은 각자가 가진 관점이 독창적 방향성을 갖고 서로 다른 입지점 위에 설 때 비로소 형성되는 개념이다.

우리가 가장 먼저 경계해야 할 점은, 이처럼 분방하고 다양한 문학을 한 우리에 가두려 하거나 하나의 통합적인 용어로 정돈하려는 시도다. 문학은 그것을 정의하는 용어의 수량만큼 다기한 의미 체계를 가진다. 상상력을 근간으로 문학을 설명하는 신화문학론과 사회사적 구조를 중심으로 문학에 접근하는 문학사회학은, 문학이라는 이름 아래에서는 하나의 공통분모를 보여주지만 그것이 실제의 읽기 또는 글쓰기에서 구현되는 각론에 이르면 전혀 다른 갈래로 전개되어 나간다.

문학은 늘 사소하고 무언가 모자라며, 수시로 갈팡질팡하거나 넌지시 도매금으로 넘어가려 할 때가 많다. 세상사 모든 데에 정확한 금을 놓아 셈하기를 원하는 이에게, 문학은 허황되고 못 믿을 품성을 지닌 자의 전유물이다. 그런데 어찌 하겠는가, 그 불확실성의 자식인 문학에 명운을 걸고 문학으로부터 받은 소명에 일생을 투척하는 철부지들이 목전에 즐비한 사태를 어찌 하겠는가 말이다.

뿐만 아니다. 가만히 귀 기울여 들어보면 그 문학의 눈 먼 주의주장이 세상살이의 연륜이 깊어질수록, 각박하게 보낸 어려운 날들의 교훈이 은연중에 가슴을 압박할수록, 그다지 틀린 언사가 아니라는 속살거림이 자분자분하다. 그래서 문득 그간의 이로(理路) 정연한 쟁론을 던져버리고 문학 쪽에 손을 드는 이들이 발생하는 것이다.

그런 연유로 문학은 봄날처럼 젊은 날의 꿈이기보다는, 쓸쓸한 가을빛의 조명 아래 더욱 그 열매가 잘 영그는 운명적 존재양식에 입각해 있다. 그렇게 아프고 슬프고 외로운, 그러나 끝까지 판도라의 상자 맨 밑바닥에 남은 소망처럼 꺼지지 않는 불꽃이 곧 문학의 다른 이름이겠다. 여기에서는 문학의 이와 같은 근원적 의미를 전제하고서, 여러 문학의 유형 가운데서도 비극적이며 인도적 차원의 고찰이 필요한 디아스포라 문학에 접근하도록 하겠다.

2. 한민족 디아스포라 문학의 의미

정전 70년에 이른 남북한의 문학은, 그 시대 전체의 성격을 아울러 '분단문학'이라 통칭할 수 있다. 동시에 남과 북으로 나누어지고 중국·중앙아시아·일본·미국 등으로 분화 및 확산됨으로써, '한민족 디아스포라'의 형성을 노정하기에 이른다. 근자에 많이 쓰이는 디아스포라(diaspora)라는 용어는 그리스어에서 온 말로, 분산 또는 이산이라는 의미를 갖고 있다.

그 개념이 적용되는 원래 영역은 유대인의 역사 위에 놓여 있는데, 팔레스타인 외역(外域)에 살면서 동일한 종교 규범을 가진 유대인 및 그들의 거주지를 가리키는 말이었다. 이후의 역사 과정에 있어서 헬레니즘 시대와 초기 기독교 시대를 통해 그리스 근역(近域)과 로마를 중심으로 한 유대인의 이산을 지칭하는 것이 되었다. 이 어휘의 적용 범주와 성격은, 한민족의 역사·문화적 상황과 너무도 많이 닮아 있다.

근대 이후 일제의 침탈과 강점기 그리고 남북 분단을 거치면서 발생한 중국 및 중앙아시아로의 집단 이주, 징병·징용과 관련된 일본으로의 이주, 궁핍한 생활 속에서 노동자 수출로 시작된 미주로의 이주 등은 명징한 디아스포라의 모형이다. 동시에 각기의 지역에서 우리말을 상용하고 우리말 문학을 생산하면서 확보한 민족공동체의 형성, 그로 인한 지역 내 이민족의 배타적 혐오감 또한 디아스포라적 삶의 유형이 갖는 공통된 특성에 해당한다.

필자는 한민족이 중국·중앙아시아·일본, 그리고 북한과는 거리가 멀지만 한국과는 친연성이 큰 미국 등지에서 축적한 해외 동포 문학을 '한민족 문화권의 문학'이라 호명한다. 오늘날과 같은 글로벌 시대에 있어서 이 다양한 디아스포라 문학의 분포에 주목하는 것은 미상불 당연한 일이 아닐 수 없다.

남북한 관계의 지형도가 민족적 삶의 내면을 규정하는 상황에 있어서, 북한문학과 연동된 한민족 디아스포라 문학의 경과와 추이를 고찰하는 일은 그래서 뜻이 깊다. 뿐만 아니라 서로 다른 문화권 내에 기식하고 있으면서도 독자적 문화의 성향을 유지하고 있는 경계의 문학은, 그 입지점을 활용하기에 따라 만만찮은 문화적 효용성을 발양할 수도 있다.

3. 중국·중앙아시아의 한민족 문학

중국으로 한민족이 대거 이주하기 시작한 것은 19세기 후반부터이고, 1910년 한일합방 이후 일제의 수탈로 인해 만주 등 접경지역으로의 이주는 더욱 가속화 되었다. '조선족'이란 이름으로 중국 내부의 소수민족 가운데 하나가 된 이들은, 20세기 이후부터 문학활동을 전개하였다.

1930년대 조선족은 중국 공산당과 더불어 항일 무장 투쟁을 벌였고, 문학 동인 단체인 '북향회'를 발족하고《북향》이라는 문예지를 발간하기 시작하였다. 그 문학운동의 중심에『북간도』를 쓴 안수길이 있었고 향토문인으로 작가 김창걸과 시인 리욱 등이 나왔다. 이 무렵 중국으로 건너간 강경애가 거기서 작품을 썼고, 최서해는 거기서 얻은 체험을 국내로 돌아와 작품화했다.

중국 조선족 문학을 대표할만한 작가로 꼽히는『격정시대』의 김학철은, 항일 투사였던 그의 자전적 기록을 소설에 담았고 그와 같은 작품의 내용은 한민족 디아스포라 문학의 한 전형이 되었다. 현재 수많은 한글

문학이 창작되고 있는 중국 동북3성의 조선족 거주민은 200만 명을 넘는다.

구소련 지역으로 한민족이 이주해 간 역사 시기도 중국의 경우와 비슷하여, 1860년대를 시작으로 160년에 이른다. 제정 러시아와 소련, 독립국가연합이라는 그 지역 역사의 격변기와 1937년부터 중앙아시아로의 강제 이주를 거치면서 이민족과의 동화는 생존을 위한 선택이었다. 그런데도 지금까지 한글 신문이 간행되고 있는 것은 민족 정체성을 잃지 않으려는 눈물겨운 노력의 소산이라 할 것이다.

이주 후 '고려인' 집단을 형성한 이들이 한글 신문《선봉》의 문예란을 통해 작품을 발표하기 시작한 것은 1920년대 초반이었다. 프로문학에 『낙동강』 등의 작품으로 일찍이 이름을 높였으며, 소설보다 더 비극적인 삶을 산 조명희가 그 문단 형성의 모태요 중심이었다. 그는 1928년 일제의 탄압을 피해 동경하던 소련으로 망명했으며 연해주에서《선봉》을 창간하고 대작 『만주의 빨치산』 등을 썼다. 1942년 일본 간첩이라는 혐의를 받고 처형되기까지 많은 제자에게 문필을 가르쳤다.

북한 정권 수립에 일조하고 문화선전성 제1부상을 지냈으나 결국에는 축출되어 말년을 카자흐스탄 알마티에서 보낸 정상진은 정률이란 필명을 가진 문학평론가요 문필가였다. '북한이 버린 천재 작곡가'란 호칭을 가진 정추는 월북하여 평양음대 교수를 지냈으며 모스크바 유학 중 다시 소련으로 망명했다. 그는 여러 차례 살해 위험을 넘기며 2023년 6월까지 카자흐스탄 음악계의 거장으로 살았다.

역시 모스크바 유학생으로 탈북한 양원식은 알마티《고려일보》주필을 지내며 시를 썼는데, 2006년 원인 모를 피습으로 사망했다. 알마티에는 이들 외에도 한진, 리진, 연성용, 라브렌티 송 등 그 지역에서 소중하게 인정받는 문인들이 많다. 소련 국적 고려인으로 세계적인 명성을 얻은 작가는 우화소설 『켄타우로스 마을』, 『다람쥐』 등을 쓴 아나톨리 김이다. 『해바라기 꽃잎 바람에 날리다』의 작가 미하일 박도 널리 알려져 있다. 이제 후대 5·6세에까지 이른 이 고려인 사회는 그 인구가 50만 명을 넘었다.

중국은 현재 북한에 가장 큰 영향력을 미치는 나라이며, 중앙아시아는 과거 구소련 지역으로 오랜 기간 동안 북한을 배후조정 하던 경력을 가진 곳에 속해 있었다. 그 영향력의 강도는 옛날과 지금이 다를 수 있으나, 그래도 지구상에서 북한에 대해 발언권을 갖고 있고 그것을 통해 어떤 변화를 이끌어 내는 데는 매우 유효한 정치 공동체에 해당한다.

문학을 통해 남북한 또는 한민족 디아스포라의 소통을 시도한다면, 이 지역의 한글 문학과 창의적이고 다양한 교류 및 협력을 염두에 두는 것이 옳겠다. 특히 중국의 경우에는 조선족 사회의 건재를 자랑하고 있으나, 중앙아시아 지역은 고려인 사회의 한글 문학이 점차 위축되고 있음을 유의할 필요가 있다.

4. 일본·미국으로 확장된 민족 문화

중국과 중앙아시아의 경우는 국경이 연접해 있고 역사적 삶의 수난 속에서 육로를 통한 이주가 가능한 지역이었다. 그러나 일본과 미국으로 확장된 디아스포라는 이와는 성격이 다르다. 일본으로 가자면 현해탄을 건너야 하고 미국으로 가자면 태평양을 건너야 한다. 지금에 와서는 그것이 순식간의 일이지만 근대 이전에는 참으로 지난한 교통수단에 의지해야 했고, 그 탑승의 전제에 나라의 국권을 잃고 궁핍한 시대의 억압에 구속당한 민초들의 삶이 입립(林立)해 있었다.

어느 나라 어느 지역을 막론하고, 디아스포라적 삶의 양식은 그렇게 곤고한 형용을 가진 것이다. 특히 일제강점기와 해방 및 분단이라는 한 민족의 특수한 상황은, 근대 이후에 일본에 거주하게 된 재일 조선인의 디아스포라적 정체성을 확정하는 데 주요한 동인(動因)이 된다. 해방 이전 장혁주와 김사량의 문학 활동을 본격적인 재일 조선인 문학의 시작으로 보는 것이 일반적이며, 해방을 전후하여 등장한 김달수와 이은직 등이 그 뒤를 이어간다.

김달수와 더불어 대표적인 제1세대 작가로 꼽히는 작가가 김석범이다. 그는 1925년 일본 오사카에서 태어났으나 부모의 고향인 제주도를 자신의 고향으로 삼고, 조국을 대변하는 상징적 존재로서의 제주도 문제와 4·3사건에 끊임없이 천착한다. 그의 대표작 『화산도』는 그러한 인식과 노력의 소산이다.

일본이 경제적으로 위력을 보이던 1960년대 후반에 제2세대 작가들이 나타나, 민족적 정체성과 재일의 현실성 사이에서 갈등하는 문학적 외연을 노정한다. 이회성과 김학영으로 대표되는 이들은, 일본에서 출생하고 성장한 탓에 한국어가 거의 불가능하거나 아니면 이를 후천적으로 습득한 세대다.

그 뒤를 이어 이양지와 이기승 같은 새로운 세대의 얼굴이 보이고 다시 유미리와 가네시로 가즈키 등의 제3세대 작가군으로 넘어간다. 이들은 아쿠다카와 상을 비롯한 유력한 상의 수상자나 후보로 두각을 나타내는 등 일본 주류 문단에서 그 성가(聲價)를 인정 받으면서, 거의 모두가 자신의 이중적 신분을 넘어 실존적 자아 확립으로 나가는 길을 고민했다.

여기서 언급하고 살펴본 문인들은 일본 주류 문단에서 스스로의 이름을 거양하고 문학적 성과를 인정받은 사례에 해당한다. 그러나 한글로 된 재일 조선인 문학의 절대 다수는 조총련계를 중심으로 한 '문학예술가동맹'에서 생산했다. 이는 분명한 실체를 가진 사실이므로 무턱대고 외면할 수 없는 문제다. 이들의 문학을 한민족 문학사의 한 각론으로 받아들이는 것이 앞으로의 과제 중 하나가 될 것이다. 그 배면에 100만 명에 달하는 재일 조선인 디아스포라가 자리하고 있기 때문이다.

재미 한인의 세대적인 구분은 한국에서 태어나 청장년기에 미국으로 이주한 이민 1세대와 어린 시절에 부모를 따라간 1.5세대, 그리고 미국에서 태어나고 성장한 2세대 이후로 구성된다. 국권 상실기에 이루어진 초기 유이민이 비교적 타율적인 것이었다면, 해방 또는 전쟁 이후에 이루어진 이주는 주로 경제적·사회적 상승 욕구에 의한 자율성을 가지고 있었다.

이들이 사용하는 이중 언어의 현실에 있어서도, 대체로 세대의 구분에 따라 제1언어를 모국어로 하느냐 현지어로 하느냐의 기준이 달라진다. 자연히 창작 활동에 있어서도 1세대는 한국어를, 1.5세대 이후는 영어를 중심언어로 한다. 조국의 해방 이후, 이민 1세대가 주축이 된 재미 한인들은 문학단체를 조직하여 한국어로 작품 활동을 하며 동포로서의 결속을 다졌고 이방 생활의 애환을 함께 나누었다.

오늘날까지 이어져 오는 《미주문학》, 《뉴욕문학》, 《워싱턴문학》 등의 문예지는 바로 그러한 노력의 결과다. 한편 1.5세대와 2세대 및 3세대의 문인들은 특정한 문학단체에 소속하기보다는 개별적인 작품 활동에 주력하였으며, 비록 부모의 나라와 의식적으로 절연하려 시도해도 결국은 그것이 무망하다는 사실을 깨달아야 했다.

그것은 눈에 보이지 않는 원형질의 뿌리와도 같은 것이었다. 중요한 것은 8만 리 태평양 너머 미국에서의 새로운 세대, 미국에서 생장하고 미국식 교육을 받았으며 미국문화에 익숙해 있는 이들이 영어로 쓴 한국에 관한 이야기가, 1세대의 한글 창작에 비해 훨씬 더 큰 파급효과를 미국 사회에 미칠 수 있었다는 사실이다.

1세대 이후 김용익·김은국·차학경·노라 옥자 켈러·이창래·수잔 최·캐시 송 등으로 연면히 이어지는 이들 문학적 계보의 이름은 그래서 더욱 소중하다. 그리고 이들의 뒷그림자로 200만 명이 넘는 재미 한인 디아스포라의 세계가 펼쳐져 있는 것이다. 이들의 문학이 한민족 문학사의 텃밭에 핀 귀한 꽃무리라면, 이들을 잘 가꾸고 또 그 전통을 이어가도록 할 책임은 '한국문학'에 있다 할 터이다.

5. 미국 현지어 문학의 민족 정체성

5-1. 확장된 보편성의 민족의식 - 김은국의 『순교자』

김은국의 『순교자(The Martyred)』는 1964년 영문으로 발표되었고, 미국과 한국은 물론 몇몇의 다른 언어로 번역되어 세계 각국에서 높은 평가를 받은 작품이다. 한글 번역은 세 차례에 걸쳐 이루어졌으며, 1964년 장왕록이 삼중당에서, 1978년 도정일이 시사영어사에서, 그리고 1990년 작가 자신이 을유문화사에서 번역 출판하였다. 작가는 자신의 뜻이 정확하게 전달된 한국판 정본이 갖고 싶어 '우리말 결정판'을 내고자 했다고 밝혔다.

이 소설은 한국전쟁을 배경으로 신과 인간, 인간과 인간 사이의 갈등과 고뇌를 깊이 있게 매설하면서, 진정한 인간 구원의 의미가 무엇인가를 진지하게 성찰한 작품이다. 진실을 밝혔을 때 그 결과에 대한 대가의 지불이 아무리 크다 할지라도 진실 그 자체를 밝히는 데 무게를 두어야 한다는 이 대위, 그리고 비록 신의 뜻과 배치되어 보인다 할지라도 현실적 고통의 극점에 있는 인간을 먼저 구원하는 것이 오히려 신의 뜻이라는 신 목사의 주장은, 종교적 인간 구원의 근본에 대해 서로 다른 방향성을 갖고 충돌한다.

5-2. 해체된 형식 속의 민족의식 - 차학경의 『딕테』

차학경의 『딕테(Dictee)』는 1982년, 작가의 다른 작품 『아파라투스』와 함께 뉴욕에서 출간되었고 미처 이 작품이 유명해지기도 전에 작가가 피살 당함으로써 많은 안타까움을 남겼다. 『딕테』는 미국 주류문학에서도 보기 드문 강렬한 형식실험을 보여준 작품이며, 그 성과를 인정받아 버클리대에서 소수민족 관련 강의 교재로 쓰였다. 〈휘트니 미술관〉은 1993년과 1995년 두 차례에 걸쳐 차학경 회고전을 열어 그 작품세계를 기렸고 버클리대는 학교 박물관에 작가의 모든 유물과 작품을 소장하고 있다.

우리말로 '받아쓰기'란 의미의 표제어를 가진 이 작품의 작가 차학경은, 미국 이민 1.5세대다. 미국 소수민족 계열의 작가들이 대부분 그러하듯이, 미국문화에 적응해가는 이민자의 삶을 다루고 있으며 작품 가운데는 작가의 자전적인 요소가 많이 드러난다. 기술 언어에 있어서도 영어와 불어를 혼용하고 있고 형식상으로는 포스트모던한 기법을 도입함으로써 동시대의 미국문학과는 전혀 다른 분위기를 보여준다. 요컨대 이 작품은 소설도 시도 수필도 아닌 탈장르 또는 융합 장르의 문학이며, 이해할 수 없을 것 같은, 모든 가능한 설명을 넘어설 것 같은 텍스트다.

5-3. 자기 갱신과 극복의 민족의식 - 노라 옥자 켈러의 『종군위안부』

노라 옥자 켈러의 『종군위안부(Comfort Woman)』는 1977년 미국 펭귄북출판사에서 간행되었고, 한국어판은 20년 후인 1997년 박은미 번역으로 밀알출판사에서 간행되었다. '종군위안부'란 번역 용어 자체에 대해서는 적지 않은 논란이 있으며, '종군'이라는 어휘가 지시하는 자발성 문제, 그리고 '위안부'라는 어휘가 상기하는 완곡어법 문제 등이 구체적으로 지적되어 왔다. 이는 자칫 비인도적이고 비극적인 역사적 사실의 호도나 은폐의 혐의가 있을 수 있다는 인식에 근거한다. 그만큼 이 주제는 근대사의 어두운 과거를 절실하게 반영하고 있는 상황에 있다.

작가 노라 옥자 켈러는 한국인 어머니와 독일계 미국인 아버지 사이에서 태어난 혼혈아이며, 유아였던 3세 때 미국으로 이주한 1.5세대로 하와이대학과 캘리포니아주립대학(UCSC)에서 수학했다. 이후 대학에서 미국 문학을 강의하며 작가로 활동해왔으며, 그 작품세계는 이민 생활을 시작하면서 겪는 1세대들의 삶에 대한 관찰과 자신이 겪은 이민 후계 세대로서의 기억 및 체험을 바탕으로 하고 있다. 더욱이 이 작품은 역시 이민자이면서 과거 종군위안부였던 황금주 할머니의 실제 경험을 원용하여 썼다는 점에서, 제2차 세계대전을 전후한 한민족의 민족의식을 밀도 있게 반영한 경우다.

5-4. 정체성의 자각과 극복의 의지 - 이창래의 『네이티브 스피커』

이창래의 『네이티브 스피커』는 1995년에 발표되어 미국 언론의 큰 주목을 받으며 PEN 상, 헤밍웨이 상, 아메리칸북 상 등 미국 문단의 6개 주요 문학상을 수상했다. 국내 언론도 이와 같은 상황을 대대적으로 보도했고 뒤이어 번역도 이루어졌다. 이 소설은 재미교포 2세인 사립 탐정 헨리 박, 박병호라는 인물이 다른 교포 존 쾅이라는 인물을 추적하면서 자신의 민족 정체성을 확립해가는 줄거리를 담고 있다. 헨리는 미국 이민자 2세 거의 모두가 그러한 것처럼 영어를 모국어로 생각하고 모국어로 구사하기 위해 애쓰지만, 끝내 원어민 발음자의 사고 체계를 보유할 수 없음을 자각하는 과정을 그린다.

헨리가 추적하는 존 쾅은 성공한 이민자의 후세, 이민 사회에서 성공한 한국인의 표본에 해당하는 인물이다. 헨리는 쾅을 존경의 대상으로 바라보고 자신을 그에 동일시하려 시도하면서 그로부터 한국인의 민족 정체성을 탐색한다. 소설의 종국에 쾅은 헨리에 의해 몰락하고 헨리는 별거 중이던 미국인 아내와 다시 결합한다. 민족 정체성의 자각과 미국 사회현실에의 동화 의지가 동시에 작동하고 있는 소설이다. 이와 함께 백인 중심의 사회에서 소수민족의 일원으로 겪어야 하는 의식의 혼란, 이중언어 사용자가 당면할 수밖에 없는 문화적 갈등 등이 함께 표출된다.

5-5. 전쟁·사랑을 통한 정체성 회복 - 수잔 최의 『외국인 학생』

수잔 최의 『외국인 학생』은 1998년에 발표되었으며, 같은 해 《LA타임즈》에 의해 토니 모리슨 등의 작품과 함께 '미국에서 가장 좋은 소설 베스트 10'에 선정되었고 국내에는 이듬해 번역 출간되었다. 이 소설은 창이라는 한국인 유학생의 미국 생활을 표면에 두고 그의 의식을 통해 과거와 현재를 넘나드는 구조로 이루어져 있다. 이러한 과정을 거치면서 재미 한인 2세대의 민족 정체성 혼란과 그에 대한 탐구, 그리고 그것을 넘어 인종 간 화해의 길로 나아가는 인물 유형을 보여주는 작품이다. 미국 유학생 창은 한국전쟁을 겪으며 남북이 아닌 제3의 세계 미국을 선택하지만, 그곳에서도 이방인의 불행한 삶을 벗어나지 못한다.

이 작가가 창의 궁벽한 현실 가운데 새롭게 매설하고 있는 탈출의 길은 캐더린이란 여자와의 사랑이다. 캐더린은 불륜으로 인해 미국 사회에서 소외되어 있는 인물이며, 이처럼 소외의식에 침윤한 양자가 함께 조합함으로써 독자적인 길, 곧 창의 정체성 회복 및 극복의 방안을 찾아 나가는 이야기의 방향성을 보여준다. 그러므로 이때의 사랑은 창이 미국 사회에 동화되는 것을 말하지 않으며, 그 나름대로 이민 2세대의 민족 정체성 문제에 대해 창의적 해법을 제기하는 모티프로 작용한다. 창은 여전히 두 문화가 접촉하는 회색지대에 중간자의 존재로 서 있다.

5-6. '두 개의 나'와 정체성의 충격 노출 - 이민진의 『백만장자를 위한 공짜 음식』

이민진의 『백만장자를 위한 공짜 음식』은 두꺼운 단행본 두 권 분량의 장편소설이며, 2007년에 출간되었고 이듬해인 2008년 한국에서 번역되었다. 미상불 이 작품은 그 제목부터 의미심장하다. 삶의 본질적 의미가 그 바탕에서부터 내부 충돌을 일으키는 미국 이민자 1·5세대의 정황을 매우 효율적으로 드러내주기 때문이다. 이 소설을 쓴 작가 이민진이 그와 같은 상황에 당착해 있고, 소설 속의 중심인물 '케이시 한'이 작가의 현실적 상황을 상당 부분 작품 가운데로 수평 이동시키고 있다.

작가의 의식과 행위의 방식을 비교적 충실하게 반영하고 있는 것으로 보이는 작중인물 케이시 한은 컬럼비아대학 로스쿨의 입학허가를 받아 장차 변호사로서의 부와 명성이 보장되어 있는 것처럼 보이지만, 맨해턴에서 세탁소를 운영하는 고달픈 가정의 딸이다. 대학의 후원 장학금 없이 사회에 나간 그녀가 설 자리는 남아 있지 않다. 아버지 조셉에게 반항하면서 얼굴에 매를 맞고 집을 나간 케이시 한의 실타래처럼 얽힌 생각과 엉거주춤하기 이를 데 없는 행동 양식을 통해, 작가는 자신의 체험이 투영된 한인 1.5세대의 혼란스러운 정체성을 하나씩 보여준다.

6. 문학 6자회담과 새로운 가능성

이 글에서는 이제까지 문학이 가진 내면적 지향과 성찰의 특성을 전제로 하여, 해외 한민족 디아스포라 문학과 미국에서의 현지어 문학 작품을 살펴보았다. 이와 더불어, 그리고 시각의 방향을 좀 바꾸어 남북한 문학, 납·월북 문인 문제 등을 디아스포라적 차원에서 검토할 때, 다시 강조해서 언급해야 할 긴요한 과제가 있다.

앞서 중국·중앙아시아의 한글 문학과 관련해서 살펴본바, 이 한민족 문화권의 논리와 그 의미망 가운데로 해방 이래 한국문학과 궤(軌)를 달리해 올 수밖에 없었던 북한문학을 초치하는 일이다. 실제적이고 물리적인 남북 관계에 있어서도 그렇지만, 북한문학에 대결 구도의 인식으로 접근해서는 접점이나 문화통합의 전망을 마련하기 어렵다.

그렇다면 어떤 방안이 있을까? 지금껏 우리가 논의한 한민족 문화권의 개념을 원용할 수 있겠다. 이는 남북한 문학을 포함하여 재중국 조선족 문학, 재중앙아시아 고려인 문학, 재일 조선인 문학, 재미 한인 문학 등 재외 한국문학의 전체적인 구도 속에서 남북한 문학의 지위를 자리매

김 해 나가자는 논리다. 그리하여 남북한 문학이 무리 없이 만나고 대외적 확산을 도모하며 통일 이후에 개화(開化)할 새로운 민족문학의 장래를 예비하자는 것이다.

이는 한반도를 둘러싼 비핵화 논쟁의 논의 당사국들이 벌이는 6자회담을, 문학의 이름으로 옮겨놓은 것과 그 구도가 꼭 같다. '사람'이 있는 곳에 '힘'의 충돌이 있기 때문이다. 필자는 6자회담이란 정치적 이슈가 등장하기 전부터 남북한과 네 지역의 디아스포라 문학을 합하여 '2+4시스템'으로 불러왔다.

이 길이야말로 남북한 문학, 더 넓게는 한민족 디아스포라 문학의 소통과 교류를 내다보는 새 통로이며, 정치나 국토의 통합에 우선하는 문화통합의 추동력이 될 수 있다고 본다. 모든 일의 첫 걸음은 하나의 작은 아이디어이며, 그것을 소홀히 하지 않을 때 약속되는 미래가 예상보다 훨씬 더 창대할 수도 있다.

이와 더불어 한국문학의 범위를 어디까지로 할 것인가에 대한 논의에 있어서도 보다 유연하고 확장된 인식이 필요하다고 본다. 디아스포라 문학이 재외 한국문학인 만큼, 그 '재외'라는 어휘가 표방하는 바와 같이 문학의 창작이 이루어지는 강역(疆域)에 대한 규정이 요구되는 것이 현실이다.

그래서 과거에는 한국 내에서 산출된 문학이 아니면 한국문학이 아니라는, 매우 경직된 '속지주의(屬地主義)'의 생각이 정설로 되어 있었다. 해외 동포의 숫자가 700만 명을 넘고, 이 가운데 한국 국적을 가진 이에게는 선거권이 주어지는 실정이고 보면, 이제 속지주의를 주장할 수 있는 근거는 점차 빛을 잃고 있다.

동시에 디아스포라 문학의 창작자가 누구냐, 어느 나라 국적이냐를 분별하는 창작주체의 문제가 있으며, 이를 '속인주의(屬人主義)'라 호명하는데 이 또한 앞의 기준과 동일한 형편에 있다. 마찬가지로 그 창작에 소용된 언어가 무엇이냐, 모국어이냐 아니냐를 분별하는 '속문주의(屬文主義)' 또한 사정이 마찬가지다.

한국인이라는 법적 지위와 한국어라는 모국어에의 국한은, 기실 '소탐대실(小貪大失)'의 형국을 초래할 수밖에 없도록 국제적 환경이 변하고 있음을 직시해야 한다. 더 나아가서는 작품의 중심 주제가 무엇이냐, 그 작품을 읽는 수용 층이 누구냐 같은 부대적인 문제까지 제기될 수 있다.

중요한 것은 이와 같은 외형적 구분에 얽매이지 않고 보다 포괄적이며 활달하게 펼쳐지는 문학적 시야가 필요하다는 점이다. 각기의 영역에 한국문학으로서의 자격이 있느냐 없느냐를 따지는 '가부'의 판단이 아니라, 각기의 영역에 한국문학적 요소가 얼마나 포함되어 있는가를 가리는 '정도'의 측정에 방점이 주어져야 한다는 뜻이다.

한민족 디아스포라 문학에 대한 열린 시각의 접근과 가치 평가를 수행하는 일은, 이제는 결코 강 건너 불 보듯 할 수 없는 지점까지 와 있다. '지구마을'이라는 표현이 전혀 생소하지 않은 만큼, 오늘날의 인류 사회는 서로 다른 삶의 범주와 언어의 변별을 넘어 그 공동체적 연대가 지근거리로 좁혀지는 체험을 쌓아간다.

사정이 그러하다면, 세계 각지에 산포되어 있는 한민족 디아스포라 문학을 '민족 문화' 또는 '민족 정체성'이라는 개념을 연결고리로 하여 하나의 꿰미로 연계하는 일의 이해 및 공유가 우리의 면전에 있다. 그것은 곧 디아스포라 문학의 미래지향적 가능성이요, 다음 세대로 이첩되어 가야 할 중차대한 과제라 하지 않을 수 없다.

한민족 디아스포라 문학과 한글문학 세계화의 방향성

1. 한민족 디아스포라 문학

디아스포라 공간의 한인문학

글로벌 빌리지, 국제화 시대 등의 용어가 등장하면서 그에 못지않은 빈도를 보이며 우리 곁에 다가온 말이 있다. 디아스포라다. 이 말은 그리스어에서 온 것으로 분산 또는 이산이라는 의미를 가졌다. 그 개념이 적용되는 원래의 영역은 유대인의 역사에 있다. 팔레스타인 외역에 살면서 고유의 종교 규범과 생활 관습을 유지하던 유대인 및 그들의 거주지를 가리키는 것이었다.

이 말이 유대인의 역사와 문화를 배경에 두고 있지만, 그 적용 범주와 성격은 한국인의 역사·문화적 상황과 너무도 많이 닮아 있다. 근대 이후 일본의 침탈 및 강제 점령을 거치면서 한반도의 남북 분단과 해외로의 이주가 모두 디아스포라의 모형이다. 삶의 어려움 속에서 중국 및 구소련으로의 이주, 징용·징병과 관련된 일본으로의 이주, 궁핍한 생활 가운데 노동자 수출로 시작된 미국으로의 이주 등이 그렇다.

한민족이 한반도의 남과 북에서 각기 다른 형식으로 축적된 남북한의 문학, 그리고 미국 · 일본·중국·중앙아시아 등지에서 축적된 해외 한인문학을 통칭하여 '한민족 디아스포라 문학'이라 호명한다. 문학의 개념적 범주에 있어서도 그러하고, 서로 다른 문화권 내에 기식하고 있으면서도 독자적 문화의 성향을 이루고 있는 경계성의 측면에서도 그러하다.

19세기 후반부터 한민족은 북방의 구소련 지역으로 이주하여 '고려인' 집단을, 중국으로 이주하여 '조선족' 집단을 형성했다. 이들의 문단 구성 초창기, 구소련에 조명희가 있었다면 중국에는 안수길이 있었다. '까레이스키'라 불리는 중앙아시아의 고려인은 1937년 강제 이주 이후 고려인 문단과 《고려일보》의 파란만장한 시대적 변화를 거치면서도 한글 창작을 계속했고 그 역사적 맥락이 지금까지 이어져 왔다. 중국 내부의 소수민족 가운데 하나가 된 조선족은, 20세기 이후부터 문학 활동을 전개하여 문학동인 단체인 〈북향회〉를 구성하고 《북향》이라는 문예지를 발간하기 시작했으며 향토 문인으로 작가 김창걸과 시인 리욱 등을 배출했다.

고려인을 대표하는 세계적인 작가는 아나톨리 김이다. 그는 고려인의 정서를 배경에 두고 작품을 썼으나 한글로 쓰지는 않았다. 중앙아시아의 고려인은 지금 6세대까지 이르렀고 거주민은 50만 명에 달한다. 1930년대 초반에 중국으로 건너간 강경애는 거기서 작품을 썼고, 최서해는 거기서 얻은 체험을 국내로 돌아와 작품화했다. 중국 조선족 문학을 대표할만한 작가로 꼽히는 『격정시대』의 김학철은 항일 투사였던 그의 자전적 기록을 소설에 담았고, 그와 같은 작품의 내용은 한민족 디아스포라 문학의 한 전형이 되었다. 동시대의 주목을 받는 김철·남영전·조룡남·석화 등의 시인과 림원춘·리원길·박선석·최홍일 등의 작가를 선두로 하여 현재 활발하게 한글 문학이 창작되고 있는 중국 동북3성의 조선족 거주민은 200

만 명을 넘고 있다.

일본 '조선인'의 경우 영주자 통계를 60만 명이 넘는 것으로 추산한다. 한국어로 글을 쓰는 작가들 외에 일본어로 작품을 써서 현지 문단에 널리 알려진 조선인 작가는 김달수·김석범·이회성·양석일·이양지·유미리·현월·가네시로 가즈키 등 많은 숫자가 있다. 미국 '한인'의 경우 현재 그 통계가 200만 명을 넘는다. 이곳 역시 한국어 사용 작가 외에 영문 작품으로 미국 사회에 널리 알려진 한인 작가는 김용익·김은국·노라 옥자 켈러·차학경·이창래·수잔 최·캐시 송 등 많은 숫자가 있다.

근래에 미국에서 의미 있는 활동을 보이는 새로운 세대의 작가로 『피아노 티처』의 제니스 리, 『백만장자를 위한 공짜 음식』의 이민진, 『에딘버러』의 알렉산더 지, 『마일즈 프롬 노웨어』의 문나미 등이 있다. 이들은 대개 미국에서 태어나서 성장한 후세대이며, 이민 1세대의 회고담이나 자서전적 글쓰기에 머물던 상황을 벗어나 다민족·다문화 사회에서 누구에게나 소통될 수 있는 인류 보편의 문제로 독자들에게 다가가고 있다.

이 작가들은 생태적 환경 자체가 이중 언어와 이중문화의 경계에 걸쳐서 살 수밖에 없고, 그런 만큼 작품에서도 민족·국가·성별 등 여러 층위에서 경계인의 삶과 애환을 설득력 있게 그려내고 있다. 한민족 디아스포라 문학은, 이처럼 다양한 작가들과 그 문학을 두루 표현하는 말이다. 그러나 한국에서 한국인으로서 한국어로 작품을 쓰는 작가들도 여러 유형으로 '탈경계'의 경험을 표현하면서 디아스포라적 글쓰기의 영역을 확대하고 있다.

문제는 이러한 디아스포라적 언어 용법, 사건의 배경, 이야기 구조들이 단순한 글쓰기 방식의 다양성을 나타내는 데 그치지 않는다는 사실이다. 그것은 하나의 전통과 풍습을 가진 민족이 어떤 삶의 의식과 지향점을 가지고 그 가치를 표현하며 사는가를 증명하는 일이다. 동시에 이는 한 민족 내부의 일이 아니라, 인류의 보편적 정서와 공감을 목표로 하는 것이기도 하다.

여기서 언급한, 세계 여러 지역 한민족 디아스포라 문학의 흐름과 작가·작품들은, '흩뿌려진 씨앗'의 존재 양식을 가졌다. 이들은 모두 '저마다의 상처'를 안고 이중적인 삶의 어려움 속에서 경계인으로 살고 경계인으로서의 글쓰기를 수행해 왔다. 척박한 땅에서 피어난 꽃이 더 아름다운 결실을 맺는 경우처럼, 디아스포라의 고난을 헤치고 꽃핀 이 문학적 성과들이 보다 긍정적으로 평가 받을 수도 있을 것이다.

한국문학의 탈경계적 확산

문학의 '탈경계'에는 여러 가지 유형이 있으나, 여기에서는 공간적 의미에 있어서 경계를 넘어서거나 무화(無化)하는 문제를 말하고자 한다. 그럴 때 한국문학의 탈경계는, 한국의 작가들이 한국이라는 공간 환경을 넘어서 작품의 무대를 자유롭게 구성하는 사례를 말하는 것이다. 작품 속의 등장인물이 활동하고 사건이 일어나며 그로 인해 작가의 메시지가 전달되는 곳이 그 공간이다. 이 공간의 형식은 작품의 내용을 규정할 수 있는 하나의 요인이다. 다시 말하면, 문학작품 속에서의 공간은 그 작품의 존재를 가능하게 하는 주요한 요소가 된다.

오늘의 한국문학에서 공간 확장, 탈경계의 논리와 창작방법을 같이하는 작가는 매우 많다. 아니 단순히 많은 것이 아니라 대다수의 작가들에게 일반화 되어가고 있다. 시대를 거슬러 살펴보면, 2008년 타계한 박경리의 대작 『토지』에는 일제 강점기의 중국 만주 지방에까지 이야기의 무대가 확장되어 있다. 황석영의 『바리데기』나 『심청』 같은 소설에서도 그러한 작품 환경의 탈경계적 확대를 볼 수 있다. 조정래의 『정글만리』는 한국의 미래를 위해 중국 비즈니스의 세계를 소설화한다는 창작 의도로 논란이 되었으나, 근래에 많이 읽힌 베스트셀러다. 김인숙의 『시드니 그 푸른 바다에 서다』와 「먼 길」, 김영하의 『빛의 제국』과 『검은 꽃』, 강영숙의 『리나』 또한 유사한 탈경계의 범례가 된다.

김인숙의 『시드니 그 푸른 바다에 서다』는, 한국에서 호주로 이민 간 사람들에 관한 소설이다. 한 남녀의 삶을 중심으로 한국과 호주의 접경지대에 선 사람들의 끈질긴 생명력과 사랑을 보여주었다. 「먼 길」은 한국을 떠나 호주로 간 세 젊은이의 파란 많은 월경(越境) 전후사와 그 마음의 내면풍경을 그렸다. 김영하의 『검은 꽃』은 일제 강점기에 멕시코로 이주한 조선인 노동자들의 이야기다. 거기에 밝은 꽃길은 없었다. 그 삶의 어둡고 참혹한 상황을 작가는 '검은 꽃'이라 불렀다. 같은 작가의 『빛의 제국』은 한반도의 특수한 상황을 반영한, 북한에서 남한으로 온 스파이의 이야기다. 김영하 특유의 기발한 상상력을 바탕으로, 역사적 현실 속의 실존적 삶을 조명한다.

한국과 베트남은 베트남 전쟁 이래 여러 부면에서 은원(恩怨)이 얽혀 있었으나, 지금은 빠른 속도로 우호와 신뢰를 회복하고 있다. 문학에 있어서도 동남아의 다른 나라에 비해 작가 교류가 활발하다. 이러한 현상은 자연스럽게 소설의 배경에 베트남을 도입하게 했다. 그 대표적 작가로 방현석은, 베트남에 거주하는 한국인이 베트남 사람들의 아픔을 이해하는 과정을 그린 「랍스터를 먹는 시간」을 썼다. 그의 다른 작품 「존재의 형식」 또한 오랜 베트남과의 친화가 남긴 선물이다.

한국문학이 보여주는 탈경계적 글쓰기를 한국의 전체적인 역사 과정 속에서, 그리고 보다 구획화된 국가 단위를 두고 전제할 때, 이와 하나의 동류항으로 형성되는 또 다른 영역이 곧 앞의 항에서 검토한 디아스포라 문학이다. 중국·중앙아시아·일본·미국 등지에서 해외 교민인 한국인의 한국어로 된 창작활동, 그리고 한국인 후세대들의 현지어로 된 글쓰기를 모두 포괄하는 이 디아스포라의 개념은, 한국문학의 탈경계적 글쓰기와 상호 연동될 수 있는 문학 콘텐츠에 해당한다. 해외 한글문단은, 현지의 한글문학과 그 현지를 작품의 무대로 확산하는 탈경계의 한국문학이 조화롭게 만나는 새로운 문화마당이 되어야 한다.

해외 한글문단의 현황과 과제

지금까지 필자가 방문하고 또 그 현황과 실상에 대해 탐색해 온, 한글로 창작이 이루어지는 해외 한글문단은 모두 네 지역에 걸쳐져 있다. 창작의 수량 및 분량이 많기로는 미국·중국이고 일본이 그 다음이며 중앙아시아의 경우는 한글문단이 점차 위축되고 있는 실정이다. 미국의 경우 큰 도시들에는 대개 한인문인회가 결성되어 활동하고 있다. 로스엔젤레스의 미주한국문인협회와 여러 문학단체들, 뉴욕의 미동부한인문인협회, 시카고의 시카고문인회와 예지문학회, 샌프란시스코와 산호세 일대의 샌프란시스코 한국문학인협회, 그리고 인근 캐나다의 캐나다문인회 등이 그 문학조직체의 이름이다. 이들은 매 계절 또는 매해 기관지를 간행하여 작품을 발표하며, 많은 숫자의 문인이 직접 한국 문단에 작품을 발표하거나 한국에서 작품집을 출간하고 있다.

중국의 경우 동북삼성을 중심으로 회원 700명이 넘는 연변작가협회 등의 문학단체가 활동하고 있으며《연변문학》,《도라지》,《장백산》,《송화강》같은 문예지를 간행하는 한편 많은 작가가 중앙의 중국작가협회 회원으로 위촉되어 있기도 하다. 일본에서의 우리말 창작은 조총련계의 재일본조선문학예술가동맹(약칭: 문예동)이 활동하다가 근래에 와서 조총련의 쇠퇴와 함께 그 역할이 축소되고 있으며, 민단 계열의 문인들이 우리말로 된 작품을 발표하는 사례가 이어지고 있다. 중앙아시아는 그동안 중앙아시아고려문화인협의회란 문학단체가 활동하면서 여러 장르에 걸친 문화예술인들의 창작이 산출되고 있었으나, 고려인 5-6세에까지 이어진 세대 교체와 일상 언어의 변화로 말미암아 우리말 창작은 차츰 그 세력을 잃어가고 있는 형편이다. 굳이 예를 들어 말하자면, 길이 열리고 여행이 끝나는 형국에 와 있다 할 것이다.

이 경우 우리말 창작에 대한 범주적 당위성이나 지난날의 향수에 얽매여, 그것을 한민족 디아스포라 문학의 소멸을 예시하는 부정적 현상이라 볼 필요는 없다. 이는 한국문학의 범위를 어디까지로 할 것인가에 대한 논의와 관련이 있으며, 그 논의에 있어서 보다 유연하고 확장된 인식이 필요하다. 그러할 때 디아스포라 문학이 재외 한국문학인 만큼, 그 '재외'라는 어휘가 표방하는 바와 같이 문학의 창작이 이루어지는 강역(疆域)에 대한 규정이 요구되는 것이 사실이다.

과거에는 한국 내에서 산출된 문학이 아니면 한국문학이 아니라는, 매우 경직된 '속지주의(屬地主義)'가 정설로 되어 있었다. 해외 동포의 숫자가 700만 명을 넘고, 이 가운데 한국 국적을 가진 이에게는 선거권이 주어지는 실정이고 보면, 이제 속지주의를 주장할 수 있는 근거는 점차 빛을 잃고 있다. 동시에 디아스포라 문학의 창작자가 누구냐, 어느 나라 국적이냐를 분별하는 창작주체의 문제가 있으며 이를 '속인주의(屬人主義)'라 호명하는데, 이 또한 앞의 기준과 동일한 형편에 있다. 그 창작에 소용된 언어가 무엇이냐, 모국어이냐 아니냐를 분별하는 '속문주의(屬文主義)' 또한 사정이 마찬가지다.

한글문단 창작과 범주의 확장

이와 같은 논의에 앞서 근본적으로 더 중요한 것은, 해외 한글문학의 주체적 창작자인 문인들이 어떤 글을 어떻게 써야할 것인가에 대한 문제이다. 필자가 만난 해외 한글문단의 글 쓰는 이들이 이 대목에 관해 질문할 때, 필자의 답변은 한결같았다. 남은 글쓰기 기간을 통 털어 가장 가까이 있는 한 분이 감동 할 수 있는 글을 쓰라고, 그러면 누가 읽어도 감동할 글일 것이라고 말했던 터이다.

어려고 힘든 이중 언어 이중문화의 질곡 속에서, 온갖 문화충격을 견디며 우리말로 글을 쓴다는 것은 어쩌면 하나의 고행과 수도의 과정 같은 것인지도 모른다. 하지만 글쓰기를 통해 마음의 위안을 얻고 삶의 균형감각을 유지할 수 있다면 그것은 일종의 축복일 수도 있다. 일찍이 중국 원대(元代) 시인의 시 한 구절, 국가불행시인행(國家不幸詩人幸)은 이와 같은 상황에 적용되어도 무방할 것으로 보인다.

지금까지 논거한 사실 외에도, 해외 한글문학이 민족정체성이나 민족공동체의 오랜 과제에 대응할 수 있는 역할이 또 하나 있다. 북한문학과의 교류 및 접촉을 포함하여 한국문학의 의미 개념과 그 영역을 보다 포괄적으로 확대하는 노력에 복무하고 기여하는 일이다. 이는 남북한문학 더 나아가 디아스포라 문학의 새로운 시대적 가치라 할 수 있는, 문화통합의 길을 예비하고 확장할 것이다.

그러기에 앞서 설명한 바와 같이, 한국문학을 협의의 개념으로 사용하거나 그 범주 안으로의 수용을 까다롭고 인색하게 점검하는 소아병적 인식을 청산하는 문제가 심도 있게 고려되어야 할 때다. 오히려 그것을 적극적으로 확대 수용하고 과감하게 영역을 확장함으로써, 전 세계적인 한민족 문화권을 형성을 내다볼 수도 있을 것이다. 이 모든 범주의 한

민족 문학을 한민족 문화권이라는 이름으로 통칭하면서, 그 전반에 대한 이해와 포용을 통하여 민족 언어의 터전을 넓히는 한편 이 지구촌 시대, 국제화 시대에 대응하는 한국문학의 역량을 강화해야 한다는 뜻이다. 이들이 한민족 문학사의 터전에 핀 귀한 꽃무리라면, 이들을 잘 가꾸고 그 명맥을 이어가도록 할 막중한 책임은 기본적으로 '한국문학'에 있다.

그 책임의식으로 한민족 문학 전반을 디아스포라적 차원에서 살펴볼 때, 반드시 언급해야 할 문제가 남아 있다. 이 한민족 문화권의 논리와 의미망 가운데로, 해방 이래 한국문학과 궤(軌)를 달리할 수밖에 없었던 북한문학을 초치하는 일이다. 이는 남북한 문학을 포함하여 중국 조선족 문학, 중앙아시아 고려인문학, 일본 조선인문학, 미주 한인문학 등 재외 한민족 문학의 전체적인 구도 속에서 남북한 문학의 지위를 자리매김해 나가는 한편 이 디아스포라 공동체의 문화적 연대라는 포괄성의 논리를 차입하여 남북 상호간의 대결구도를 희석시키자는 말이다. 그리하여 남북한 양자의 문학이 무리 없이 만나 악수하게 하고 그것의 대외적 확산을 도모하자는 것이다.

한민족 문화권이라는 부피가 큰 개념과 관련된 이 절실한 요청은, 오늘날과 같이 인간의 의식이 다원화되고 파편화되며 민족문화의 진로와 그 성취의 목표가 불투명해진 시대에 있어, 우리가 문학의 이름으로 내거는 하나의 작은 등불이라 할 수 있다. 이와 같은 환경에 있어서 문화적 인식이나 문학적 접근이 적극적으로 고려되지 않고 도외시 된다면 통일의 꿈도 아직 요원한 물거품의 구호가 될 수밖에 없을 것이다.

2. 한글문학 세계화의 방향성

한글, 세계화, 그 난제에 이르는 도정

한글의 원래 이름은 '훈민정음'이다. 1443년 세종대왕이 훈민정음을 창제할 때, 두 가지의 목적이 있었다. 첫째는 국자(國字)의 제정이요 둘째는 국어음의 개신(改新)이다. 만약 이 15세기 중엽의 나랏말 제정이 없었더라면, 오늘의 우리는 어떤 말과 글을 쓰고 있을까. 말은 그대로이겠으나 글은 여러 경로와 유형의 추측을 가능하게 한다. 국어 음을 바르게 고치겠다는 의도에서 순경음 ㅂ이나 반치음 ㅅ 등이 사용되었지만, 이는 언어의 귀납법적 풍화작용을 이기지 못했다. 당대의 언중(言衆)은 언어학자나 언어정책 당국이 연역적으로 지시한 방향과 언어 용법에 따라 스스로의 언어를 조정할 능력이나 의사가 없다.

3년간의 실험적 단계를 거쳐, 1446년에 훈민정음이 반포되었다. 우리는 지금 이 중세의 언어 문법을 거의 그대로 유지하고 있다. 그것은 한글이 매우 체계적이요 과학적인 구조를 가진, 우수한 문자라는 뜻이다. 특히 근자와 같은 IT 만능의 시대에, 스마트폰으로 모음 3개를 사용하여 문자를 보내는 젊은 세대는 쉽사리 이 논리에 공감한다. 어떻게 그 짧은 기한에, 또 세종대왕의 재임 시기에 제정 및 반포와 사용이 가능했을까. 여러 이유가 있겠으나 주요한 한 가지는, 주창자 세종대왕이 당대 제일의 음운학자라는 사실이었다. 사람은 자기가 아는 만큼 이해한다는 말은, 곧 이를 두고 이른 것이다.

그런데 한글이 우수하고 자랑스러운 문자인 것과, 이를 그리고 이를 통해 창작된 문학작품을 세계적으로 확신한다는 것은 좀 다른 이야기다. 우선 왜 그 세계화가 필요하며 그를 통해 무엇을 얻을 수 있는가를 냉정하게 숙고해 보아야 한다. 그런 연후에 그와 같은 목표에 이를 수 있는 길을 어떻게 설정하고 어떤 방안으로 실천할 수 있을 것인가를 검토해야 할 것이다. 한 민족이 가진 고유의 문자로 기록된 문학과 문화는, 정신적 영역은 물론 현실적인 삶의 영역에 있어서도 가장 상징적이면서 동시에 실제적인 파괴력을 가진다. 체홉의 「비애」나 모파상의 「진주 목걸이」, 그리고 마크 트웨인의 「톰 소여의 모험」을 생각해 보자. 구구한 설명이 없이도, 쉽사리 문학의 위력을 납득할 수 있다.

그렇다면 그 방안에 대해 집중적으로 생각해 보는 것이 좋겠고, 이러한 논의도 거기에 방점이 있다. 세계화란 궁극적으로 자국의 국경을 넘어 다른 나라로 확산되어 가는 공간 개념을 말한다. 지리적 지정학적 국경이 있는 동시에, 언어적 문화적 국경도 있다. 후자는 눈에 보이지 않으나 기실 매우 강고하고 배타적이다. 그러기에 언어의 강역을 확장해 나갈 대상국이 전제되고, 자국과 대상국을 소통할 언어, 곧 통·번역 언어에 대한 확고한 접근이 선행되어야 한다. 언어 소통의 출발어와 도착어를 담당할 인력 및 제도가 총체적으로 연동되지 않으면 성과를 내기 어렵다. 그런가 하면 무대 아래 보이지 않는 곳에서의 실질적 작용, 다시 말해 자국어 및 출발어 창작자의 작업실 사정이 어떠한가도 살피지 않으면 안 된다. 이는 한국문학은 물론 해외의 한글문학이, 세계문학의 무대를 향해 나가야 한다는 측면에서는 매한가지다.

추진 방안을 위한 노력과 새로운 통로

우리말과 글, 한글문학의 세계화는 이처럼 지난하고 복합적인 여러 과제를 한꺼번에 포괄한다. 이에 대해 그동안 관민이 함께 노력해 온 여러 모양의 전사(前史)가 있다. 비록 그 성과가 괄목할 만하지 않았더라도 작은 물방울들이 모여 대해(大海)를 이루는 건실한 지향점이 거기 있었다 할 것이다. 2006년 중국 연변에서 한글 시문학의 세계화를 위한 한중 문학세미나가 있었는가 하면, 2014년 10월 미국 로스엔젤레스에서는 송강 정철의 작품 전시회가 개최되었다. 손에 잡히는 대로 사례를 든 것이지만, 이와 같은 작은 노력들은 실제로 무수히 많다. 지난 어느 해 한글날 행사에서, 국무총리가 한국어 열풍을 더 북돋우기 위해 한글의 세계화를 적극적으로 추진하겠다고 밝혔다.

한글을 '수출'한 처음 사례는 주지하다시피 2009년 인도네시아의 찌아찌아족이 한글을 표기문자로 도입한 것이었으나, 실상은 여러 가지 어려움에 처했다. 그로부터 3년 후인 2012년 남태평양의 섬나라 솔로몬제도의 과달카날주(州)와 말라이타주가 한글을 모어(母語) 표기문자로 도입했다. 이는 찌아찌아족의 경우처럼 우리 언어 만의 문제가 아니라, 유엔글로벌 콤펙트라는 국제기구에서 의욕을 갖고 진행한 프로젝트라는 점에서 모양이 좀 다르다. 이러한 시도들은 미소하고 큰 영향력이 없어 보이나, 처음부터 창대한 성취는 원래 없는 터이니 첫 술을 아끼듯 소중히 가꾸어 나갈 일이다.

그런가 하면 우리 연구자 일각에서는 한글이 세계화되기 어려운 구조적인 문제를 제기하기도 한다. 표현 기능의 부족, 글자의 단순성, 두음법칙의 강요 등이 세계화를 저해한다는 주장도 있다. 물론 한글이 모든 면에서 우수할 리 없다. 특히 국제화 시대의 공용어인 영어의 어법과 문법에 익숙해 있는 세계 각국의 사람들에게, 한글은 발음이 어렵고 어휘가 복잡하며 어순이 난해한 언어인지도 모른다. 그러나 거기가 출발점이다. 더욱이 그 언어를 운용하여 생산한 한글 문학작품은 보다 더 어려울 수도 있다. 작품을 두고 그 세계화에 있어서는, 한글문학을 지배해 온 관료적 문화권력이 큰 장애요인이라는 지적도 있다. 문제가 있는 것이 사실이라면, 그것을 넘어 앞으로 나가는 방식으로 파쇄할 수밖에 없다.

민족적 삶의 효용성과 관련하여 문학과 문화를 말할 때, 흔히 유대인의 민족 언어 문제를 사례로 든다. 유대인은 역사적 비극의 희생자로서 세계 곳곳에 흩어져 살면서, 언어의 학습과 세습을 통해 그 민족적 고유성을 지켰다. 그리고 마침내 2천년의 방황을 끝내고 1948년 이스라엘이라는 새로운 나라를 세웠다. 말과 글이 광야 시대에 민족을 지탱하는 힘이었다는 말이다. 우리가 일제강점기에 다른 민족의 지배를 받는 동안, 이 디아스포라의 개념이나 이스라엘 민족 출애굽의 역사는 그야말로 좋은 타산지석이었다. 그리고 오늘에 와서 세계 각국으로 분산된 한민족 디아스포라의 상황은, 이 용어가 우리의 민족적 운명을 증거 하는 유력한 어휘가 되도록 했다.

이러한 언어적 상황과 논리 속에서 남북한 문학을 포함하여 세계 여러 지역의 한민족 문학을 한 자리에 초치하는 방식을 두고, '2+4시스템'으로 규정해 온 것이 필자의 포괄적 문학관이다. 그러한 관점에 의거하여, 필자는 19명의 연구자가 참여한 『한민족 문학사』 1·2권을 광복 70주년인 2015년에 출간하기도 했다. 여기서 매우 유의미한 사실은, 필자가 이 논리를 개진한 이후에 시작된 한반도 비핵화 6자 회담이 그 구성 및 지역에 있어서 한민족 문화권의 지역과 일치한다는 것이다. 사람이 있는 곳에 글과 문학이 있고 힘의 충돌도 있다는 사실의 증빙인 셈이다. 서둘러 결론부터 말하자면, 한글문학의 세계화는 이 한민족 문화권의 이미 개척된 텃밭을 소중한 통로로 활용할 수 있다는 것이다. 거기에 핀 꽃과 거기서 맺은 열매는, 생산된 지역과 환경은 달라도 근본에 있어 동일한 유전자를 가진 품종이다.

공감의 확장, 번역의 활성화, 시류의 활용

우리 옛말에 '꿩 잡는 게 매'라는 속언이 있다. 아무리 바탕이 굳건하고 치장이 훌륭해도 명패를 달아 내놓는 상품 자체가 뛰어나지 않으면 소용이 없다. 이를 테면 우리말로 제작된 문학작품의 우수성으로 세계시장에서 통용되는 경쟁력을 확보하지 못한다면, '빛 좋은 개살구'에 지나지 않는 형국이다. 우리 문학과 문화의 현장에서 작가를 소중히 여기고 우대해야 하는 것도 그러한 까닭에서다. 우리 문학에는 이문열, 황석영, 조정래, 신경숙 등 세계 여러 나라에서 그 작품이 번역되어 읽히고 있는 많은 시인·작가가 있다. 이러한 그동안의 성과를 더욱 강화하고 새로운 문학작품의 진출을 발양하는 것은 가장 기본적인 단계다.

신경숙의 『엄마를 부탁해』는 그 줄거리에 별반 볼품이 없다. 그런데 이 소설의 이야기는 한 가족 구성원에게 있어 '엄마'라는 보편의 감성대를 예민하게 건드렸다. 물론 앵글로 색션계의 모녀관계는 이와 다르다는 반론도 있다. 하지만 이 소설은 '꿩'을 잡았다. 거기에다 번역도 좋았다. 우선은 작가가 세계의 독자들과 만나기 위해 어떤 주제를 선택해야 할 것인가를 생각하게 하는 대목이다. 과거 '민족문학'의 시대만해도 '가장 한국적인 것이 가장 세계적'이라는 논리가 통용되었다. 그러나 지금은 다르다. 예를 들어 무라카미 하루키는 일본 국적을 가진 작가임에 틀림없지만, 그의 작품 세계는 전혀 일본적이지 않다. 가와바다 야스나리가 쓴 『설국』의 시대는 이미 오래 전에 지나간 열차의 시대다.

말하자면 작품 내용에 대한 공감의 문제다. 이 지점은 작가의 역량에 따라 천양지차가 나기도 한다. 그러기에 좋은 작가, 지역과 국가의 한계를 넘어서서 새로운 소재를 발굴하고 감응력 있는 주제를 설정할 수 있는 작가를 기다리는 것이다. 이것은 그동안 국내에서 쌓아온 명성에만

의지해서는 어려운 국면이다. 작가는 오히려 겸허해야 하고 보다 소박한 자리에서 멀리 내다보는 '매'의 눈을 길러야 옳다. 예컨대 '대학생과 창부의 사랑'이라고 하자. 시시한 삼류 통속소설의 주제이지만, 도스토예프스키가 쓰면 『죄와 벌』의 첫머리가 되고, 알렉산드르 뒤마가 쓰면 『춘희』가 된다.

다음으로 더 없이 중요한 숙제가 원활하게 잘 소통되는 번역이다. 하루키의 경우는 그 작품의 번역, 특히 영어권 번역에 있어 세계화를 손쉽게 하는 대표적인 사례다. 먼저 하루키 자신이 번역하기 쉬운 문체를 구사한다. 이는 무라카미 류의 작품과 비교해 보면 확연하기 이를 데 없다. 하루키의 번역에 문학인생을 건 복수의 번역가들이 있다. 그런가 하면 일본 문단에서의 번역가 대접이 작가의 밑 길로 가지 않는다. 한국의 문학작품이 세계의 독자들에게 읽히기를 바라면서, 번역에다 창작에 버금가는 강세를 두지 않는다면 이는 이해할 수 없는 일이다. 다행스럽게도 근래의 한국문학번역원이 보여주고 있는 다각적이고 진취적인 사업들은 이 부문에 전례 드문 기대를 갖게 한다.

또 있다. 한글문학의 세계화를 가능하게 하는 여러 시류의 계기와 조건을 십분 활용 해야 한다. 노벨문학상 후보에 거론되는 한국 작가들의 사례는 보기에 따라, 그리고 활용하기에 따라 그 거론만으로도 상품성이 있다. 아무런 전조(前兆)도 없는 것보다는 거론이라도 되는 것이 백번 낫다. 한국의 젊은 작가들을 의욕적으로 해외에 소개하고 번역된 작품을 출간하는 출판계의 노력도 상찬할 만하다. 우리도 놀랄 정도로 세계적 확대 양상을 보이고 있는 한류의 전파, 세계 각 대학의 한국어과 개설, 케이팝 수용 등의 호재를 그냥 흐르는 물에 띄워 보내서는 안 된다.

문화적 실과를 위한 경작법의 개량

세상 모든 일에는 저마다 그에 합당한 때가 있다. 한글문학의 세계화는 지금이 그 호기다. 앞으로의 기회를 잘 알 수 없으나, 그동안의 경과에 비추어 보면 이렇게 '물 좋고 정자 좋기'가 쉽지 않았다고 할 수 있다. 한글문학의 전파를 위한 기본적인 전초기지로써 세계 각국에 한글학당이나 문화원을 운영하는 등의 외형적 노력이 필요하다. 중국은 자국의 대사관이 있는 세계의 거의 모든 지역에 '공자학원'과 '공자학당'을 열고 있다. 세계 각국에 개설된 '세종학당'은 2021년 6월 기준으로 82개국 234개소였는데, 공자학원은 2020년 4월 기준으로 162개국 545개소였으며 유사한 기관 공자학당은 1,170개소가 운영되고 있었다.

또한 2021년 기준으로 프랑스어 보급기관인 '알리앙스 프랑세즈'는 136개국 1,037개소, 독일어 보급기관인 '괴테 인스티튜드'는 158개국 1,952개소, 영국의 영어 보급기관인 '브리티시 카운슬'은 178개국 450개소를 각각 운영 중이었다. 이들은 오랜 역사와 경험을 갖고 있으며 왜 이 기관들이 필요한 지 암묵적으로 체득하고 있다. 한글과 한글문화의 세계화를 총괄하는 '세종학당재단'이 출범한 것은 2012년 10월이다. 그 이전에 여러 방향으로 활동하던 한국어 해외 교육 기관들의 연혁으로 거슬러 올라가도 불과 15년 정도의 기간에 불과하다. 그러기에 소극적으로 망설이거나 더 미룰 시간이 없다는 것이다. 지금은 문화가 삶의 장식이 아니라, 문화적 역량이 곧 국력인 시대다.

다음으로 작가의 창작실을 염탐하고 소리 없이 꾸준하게 지원하는 등의 내포적 노력이 뒤따라야 한다. 이러한 여러 방향의 추동력이 동시다발로 작동해야 한다. 무엇보다 이 문화적 실과는 오래 공들여야 쓸 만한 소출을 약속하는, 이른바 까다로운 경작법을 요구한다. 그리고 지금

이 그 심기일전 농번기의 초입이다. 일찍이 15세기 중엽에 세종대왕이 당대의 백성을 위하여 그리고 자손만대의 내일을 내다보며 훈민정음을 창제하였듯이, 우리도 우리의 후손에게 물려줄 문화강국의 초석을 놓는 마음으로 이 일에 애쓰는 것이 옳겠다.

이 글에서 필자는 한민족 디아스포라 문학의 현황, 과제, 방향성을 살펴보고 이어서 한글문학의 정체성과 그 세계화의 길에 대해 논의했다. 여기서는 한국문학과 해외의 한글문단을 굳이 구분하지 않고 양자를 동반하는 방식으로 장차의 길을 모색했다. 해외에서 한글로 글을 쓴다는 것이, 시간적 공간적 제약을 받는 환경을 이미 오래 전에 넘어섰기 때문이다. 그러므로 한국에서 우리말로 글을 쓰는 문인들과 해외에서 우리말로 글을 쓰는 문인들이, 동일한 인식의 바탕 위에서 동일한 미래의 전망을 공유하며 나가야 한다. 한글문학 세계화의 길이 허울 좋은 구호에 그치지 않고 실제로 기대하는 성과를 도출하기 위해서는, 그 양자 간의 상호 소통과 연대가 긴요한 까닭에서다.

세계 무대에 선 한국문학의 현주소와 미래

- 노벨문학상과 한강

1. 한강의 노벨문학상 수상이 말하는 것

한국 사회를 진동한 수상 소식

2024년 10월 한국문학과 한국 사회를 강타한 한강 작가의 노벨문학상 수상 소식은, 한마디로 말하자면 국가적 경사였다. 많은 사람과 언론 잡지 등 미디어 매체가, 왜 어떻게 그 쾌거가 가능했는지를 말했고 또 여전히 말하고 있다. 그러므로 여기서 굳이 반복할 필요가 없겠으나, 몇 가지 요점만 짚어 보기로 한다. 먼저 이 상을 받기 이전에, 이미 한강이 유럽과 세계 문학계에 알려진 작가였다는 사실이 중요하다. 당연히 그것은 「채식주의자」라는 작품으로 영국의 맨부커상을 수상한 것이 계기가 되었다. 기실 이 작품은 한국에서 이상문학상을 받은 후 11년이 지나면서, 독자들의 기억에 거의 잊혀진 형편이었다. 그런데 세계 3대 문학상 가운데 하나로 불리는 이 상의 해외작가상을 받으면서 다시 살아난 경우다.

다음으로 세계 문학계에 수용될 수 있는, 효율적인 번역의 문제다. 이 대목을 살펴보자면 자연히 맨부커상을 받은 「채식주의자」의 번역부터 검증할 수밖에 없다. 이 작품의 번역가 데보라 스미스는 당시 26세의 젊은 영국의 번역가이며 출판사 경영자였다. 필자는 그를 세계번역가대회에서 만난 적이 있었으며, 우리글의 판독은 가능하나 말은 거의 못 하는 수준이었다. 한국어를 배운 기간도 얼마 되지 않았다. 그러한 연유로 그의 번역은 작가의 의도를 정확하게 옮기기보다는, 영국 독자들이 읽기 좋도록 융통성이 많은 의역(意譯)을 선택했던 것이다. 그런데 우리 옛말에 '꿩 잡는 게 매'라는 속담처럼, 이 번역의 방식이 주효하여 한강의 소설이 영국에서 읽히고 또 수상자가 된 터였다. 당연히 뒤이은 다른 작품들의 번역도 서구의 독자들에게 반영되는 경험을 살렸고, 또 번역도 좋았다.

그런가 하면 그동안 노벨문학상 후보로 거론되어 오던 다른 선배 작가들과의 차별성을 주목해 볼 필요가 있다. 고은, 이호철, 황석영, 조정래, 이문열 등 작품이 번역되어 해외에서 많이 읽힌 작가들과 한강은 제재(題材)의 선택과 그것을 형상화하는 방법이 달랐다. 여기서 열거한 작가들은 한강으로서는 시도해 본 적도 없는, 10권 분량의 대하소설을 쓰는 기량을 가졌다. 그리고 그 중심 주제는 대체로 국가적 비극이나 민족사의 동통(疼痛)을 다루었다. 그러나 한강은 그 역사 과정에서의 비극적 상흔(傷痕)을 개인의 내면으로 이끌고 들어갔다. 이를테면 시대와 사회를 보는 인식의 세대별 차별성을 드러내면서, 문학적 서술 대상 선택의 한 페이지를 넘긴 것이다. 어쩌면 작가의 기량 부족이라 할 이 대목이 오히려 '효자손'이 되었다. 국가적 비극은 어느 나라에나 있는 것이어서 공감과 감동이 덜하지만, 구체적인 개인의 아픔은 언제 어디서나 공명(共鳴) 되고 소통될 수 있는 것이기에 그렇다.

이 경사를 도운 여러 가지 요건

한강에게서, 그리고 그의 수상에서 간과할 수 없는 또 하나의 요인은 그가 운용하는 문체라 할 수 있다. 스웨덴한림원은 수상 발표와 더불어 '시적 산문'이란 언사를 썼다. 한강의 문장이 치밀하고 감각적이며 서정적 서사를 담보하고 있다는 측면을 높이 샀다는 말이다. 소설의 문장이 시적 서정성을 표방하고 있다면, 서사적 줄거리의 전개에 있어 활달하고 흥미를 유발하는 경향을 확립하기는 어렵다. 한강의 소설이 아주 재미있게, 또 속도감 있게 읽히지 않는 이유다. 그러나 이러한 치열한 문장이 독특한 소설 세계를 구성하는 데 장점이 된다는 것은 분명하다. 한강은 소설뿐만 아니라 시도 쓰는 작가다. 일찍이 20세기의 한국문학을 대표하는 작가 황순원이 시와 소설을 함께 쓴 연유로, 그 소설에 있어서도 시적 감성과 서술의 견고함을 보여주었던 사례를 환기할 만하다.

그 외에도 눈에 보이게 보이지 않게 한강의 수상을 뒷받침한 절목(節目)들이 있다. 바야흐로 온 세계가 K팝이나 한류 문화의 바람을 타고, 한국의 문화예술에 대한 관점을 새롭게 조정하는 시기라는 환경적 이점(利點)이 작용했다고 본다. 세계 유수의 대학들이 한국에 대한 미래지향적 관심과 함께 한국어과를 개설하고, 많은 학생이 한국어 수업을 듣는 현상은 이전 세기에서는 그야말로 듣도 보도 못한 사태다. 이렇게 '물 들어올 때 배 띄우는' 유익한 시의성(時宜性)이 그동안에는 없었다는 뜻이다. 한 나라의 국력 역시 알게 모르게 작동한다는 풍설(風說)이 있다. 세계 무역 교역량 10위 내외이자 국제 군사 경쟁력 6위의 한국을 두고 어디에서나 무시할 수 없는 분위기가 조성된다는 평가들은, 세계 무대를 향하는 우리의 문화예술에도 든든한 디딤돌이요 버팀목이 될 수 있다.

여기서 한 걸음 더 나아가면, 이번의 시상이 아시아 존(Zone) 여성 작가 순번이라는 천운(天運)도 함께 했다. 만약에 남성 작가가 그 대상이었다면, 모르긴 해도 중국의 옌롄커나 일본의 무라카미 하루키가 수상하게 되었을 것이라는 논의가 있다. 옌롄커는 공산주의의 강압적 체제에 대한 저항의 의지로, 하루키는 벌써 오래전부터 세계 독서 시장을 석권한 대중적 수용력으로, 한강 보다 여러 걸음 앞서가 있기 때문이다. 지난날 노벨문학상이 독재 정권이나 왜곡된 이데올로기에 저항하는 작가에게 시상된 사례가 많은 전사(前史)를 참조해 보면, 특히 옌롄커의 경우 확연한 설득력이 있다. 그런데 이 대목에도 한강은 점수를 딸 준비가 되어 있었다. 그의 소설이 제주 4·3이나 광주 5·18을 다루고 있는 까닭에서다.

수상 이후의 과제와 미래 전망

한강의 수상 이후, 한국 사회에는 그 이전에 생각지도 못했던 과제 하나가 던져졌다. 곧 그의 작품을 두고 대립하기 시작한 보수와 진보의 진영논리다. 광주를 소재로 한 『소년이 온다』와 제주를 소재로 한 『작별하지 않는다』를 두고, 양 진영의 논자는 물론 일반 시민들까지 격렬하게 주의 주장의 충돌을 노정(露呈)했다. 보수 진영에서는 역사와 민족정체성을 왜곡한 소설에 세계 최대의 문학상이 주어졌다고 비판한다. 반면에 진보 진영에서는 역사를 심화 해석하여 문학의 책무를 다한 소설에 국제적 인증이 내려졌다고 환호 일색이다. 여기서 그 찬반 논리를 따질 일은 아니지만 다만 한 가지, 문학이 현실적 상황을 액면 그대로 반영하는 표현 방식에 입각해 있지 않다는 원론을 되새길 필요가 있다. 누구나 세상사에 대해 자기 시각을 가질 수 있듯이, 작가 또한 그렇다. 문학에서의 정답은 언제나 하나가 아니다. 과학에서는 눈이 녹으면 물이 되지만, 문학에서는 눈이 녹으면 봄이 오거나 가슴이 설렌다고 답할 수 있는 것이다.

한강의 수상이라는 이 세기적 계기에서 보다 더 유의해야 할 바는, 앞으로 한국문학이 세계 무대에서 노래하고 춤출 수 있는 확고한 교두보를 마련했다는, 새로운 국면에 대한 이해와 향후의 방향성에 관한 탐색이다. 바야흐로 세계가 일일생활권으로 좁아진 글로벌 시대에, 문학 또한 궁벽한 국가주의의 울타리를 넘어서 광활한 국제 경쟁의 현장으로 나가야 옳다. 그러자면 당연히 문학의 교류와 확산, 번역과 출판의 과제들이 뒤따를 수밖에 없다. 작품의 주제와 소재 또한 보편적 공감을 촉발해야 한다. 한강의 소설이 바로 그 지점에 도달했고, 세계 무대로 가는 문열이로 인정받은 것이다. 이 시점에 발맞추어 들려오는 낭보(朗報)도 많다. 한국계 미국 작가 김주혜가 『작은 땅의 야수들』로 러시아 최고의 톨스토이문학상을 수상했는가 하면, 블랙핑크 멤버 로제의 〈아파트〉가 싸이의 〈강남스타일〉을 능가하고 BTS의 노래에 필적하는 폭발적 수용으로 전 세계를 울리고 있다.

이러한 상황에 부응하는, 중요한 두 국제 행사가 2024년 가을에 한국에서 있었다. 하나는 〈세계한글작가대회〉였고, 다른 하나는 〈세계디카시페스티벌〉이었다. 전 세계에서 한글로 작품을 창작하는 시인·작가들의 축제인 〈세계한글작가대회〉는, 국제펜한국본부 주최로 10월 29일부터 11월 1일까지 연세대에서 열렸다. 이 행사는 우리나라에서 가장 규모가 큰 문학 행사이며, 10년에 이르는 많은 성과와 보람 그리고 노하우를 축적해 왔다. 세계 40여 개 나라에서 1천 명이 넘는 연인원이 운집한 이 행사에, 필자는 집행위원장을 맡아 참여했다. 〈세계디카시페스티벌〉은 올해로 제2회이며, 필자가 회장으로 있는 한국디카시인협회와 창신대학교가 공동 주최하여 10월 26일부터 11월 9일까지 창원에서 열렸다. 이 행사는 세계디카시컨퍼런스와 세계디카시인상 및 세계청소년디카시공

모전 시상, 세계시인디카시전시회 등을 진행했다. 바라기로는 앞으로도 이와 같은 국제 대회나 행사를 통해 기반을 공고히 하며 새롭고 진취적인 문학의 장려를 발양해 나감으로써, 언젠가 도래할 제2의 노벨문학상 수상을 앞당길 수 있었으면 한다.

2. 노벨상 수상 작가들과 한국문학의 길

노벨문학상의 경향과 20세기 상황

한강 작가에게 노벨문학상이 수여된 것은 지난 12월 10일, 스웨덴 스톡홀름 시 청사에서였다. 세계 문학계의 이목이 집중되었고, 한국에서는 밤을 밝히며 텔레비전을 시청한 이들도 있었다. 첫 시상 연도가 20세기가 시작되던 1901년이니, 한 세기하고도 24년에 이르도록 이어져 온 터이다. 가장 수상자가 많이 나온 언어는 현재까지 30명이 해당하는 영어다. 국적으로는 프랑스가 17명으로 가장 많으며, 언어로 따져도 프랑스어는 15명을 배출하여 영어 다음이고 그 다음은 14명을 배출한 독일어다.

지역적으로 유럽에서 시작된 상이다 보니 유럽을 상당히 우대하며, 은연중에 유럽권 작가를 암암리에 밀어주는 경향이 있다고 한다. 스웨덴은 홈그라운드의 이점으로 7명이나 받았다. 그리고 유럽에서도 국가의 문학적 함량이 크지 않은 나라들 가운데 덴마크, 핀란드, 심지어 인구 37만 명의 아이슬란드까지 하나씩 가져갔다. 노벨문학상은 스웨덴 한림원의 위원들이 선정하기 때문에 태생적으로 지역과 언어의 스펙트럼이 넓어지기 힘들 것이라는 예측이 많다. 산문은 그나마 다양하게 배분이 되지만, 운문은 단 한 번도 인도유럽어족 외의 수상자가 나오지 않았고, 그 숫자도 적다. 한강의 경우도 운문이었으면 수상이 어려웠을 것으로 여겨진다.

1901년 제1회 수상자는 프랑스의 시인 쉴리 프뤼돔이다. 당시 프랑스 문단에서 높은 평가를 받은 시인이었지만, 지금은 거의 읽히지 않는다. 초기 수상자들의 작품 가운데는 현재까지도 문학사에서 중요한 위치를 차지하고 있는 것이 많다. 예컨대 토마스 만의 『마의 산』이나 헤르만 헤세의 『유리알 놀이』 같은 작품이 그렇다. 하지만 당대의 문호 레프 톨스토이나 마크 트웨인, 시기를 좀 더 지나 제임스 조이스나 마르셀 프루스트 같은 문인들이 수상하지 못한 대목은 여전히 의문으로 남아 있다. 이는 노벨문학상의 수상 기준이 단순히 문학적 성취만을 고려하는 것이 아니라는 사실을 시사한다.

노벨문학상의 중기라 할 수 있는 1951년부터 2000년까지의 수상자들은 다양한 국적과 문학적 스타일을 보여준다, 특히 이 시기에는 정치적 사회적 메시지를 강하게 담은 작품들이 주목을 받았다. 예컨대 알베르 카뮈의 실존주의 철학, 파블로 네루다의 정치적인 시, 가브리엘 가르시아 마르케스의 마술적 리얼리즘 등 문학적 성과를 넘어 시대정신을 반영한 작품들이 그 사례다. 그리고 1980년대 이후에는 제3세계 작가들의 수상이 눈에 띄기 시작한다. 이러한 경향은 노벨문학상이 세계 문학의 다양성을 확장하는데 크게 기여했으며, 독자들에게도 새로운 문학적 경험을 공여했다는 뜻이다.

21세기 이후의 변화로부터 한강까지

21세기로 접어든 이래 노벨문학상은 국적의 다양성 확대, 장르의 범주 확장, 여성 수상 작가의 증가, 정치적 영향력 고려, 비영어권 작가들의 약진, 문학의 형식실험 인정 등 여러 모양의 변화를 보여주었다. 이러한 변화의 노력 가운데는 노벨문학상이 세계 문학의 현주소를 잘 보여준다는 의미가 있고, 그 영향력만큼 논란과 비판의 대상이 되어 왔다는 측면도 있다. 현재까지 남성과 여성 문인의 수상자 수가 대략 85% 대 15%라는 통계는 수상자의 성비 문제에 대해서도 다시 생각해 보게 한다.

노벨이 노벨상을 제정하면서 "스트린드베리 같은 성향의 작가는 수상 대상에서 배제한다"고 못 박는 바람에, 이에 항의하는 스웨덴 시민들이 4만 5천 크로나의 성금을 모아 '안티 노벨상'을 수여했다는 일화가 있다. 스웨덴의 작가 아우구스트 스트린드베리가 다이나마이트를 발명한 노벨을 두고 '전쟁상인'이라고 맹비난을 했기 때문이다. 그런가 하면 2018년에는 스웨덴한림원의 내부 사정으로 시상을 하지 못했다. 이와 같은 사건들이 있음에도 불구하고 노벨문학상은 세계 문학계의 이름있는 작가들을 수상자로 수용하여, 세계 문학의 좌표이자 현주소를 보여준다는 평가를 받아 왔다. 실제로 상을 받은 주요 작가와 작품들의 면면을 살펴보면 이를 충분히 수긍할 수 있다.

이제껏 수상을 거절하기로는 1958년 보리스 파스테르나크가 소련 정부의 압력으로, 그리고 1964년 장 폴 사르트르가 "작가가 어떤 기관에 의해 제도화되는 것을 거부한다"는 입장으로 상을 받지 않았다. 그러나 두 사람 모두 지금까지 노벨위원회의 공식 수상자 명단에 포함되어 있다. 한강을 포함, 아시아 지역 수상자는 다섯 명이다. 1913년 인도의 라빈 드라나트 타고르, 1968년 일본의 가와바타 야스나리와 1994년 오에 겐자부로, 2012년 중국의 모옌, 그리고 2024년 아시아 첫 여성 작가로 한국의 한강이다. 지금 이 상의 상금은 13억 원이 넘는다.

역대 노벨문학상 수상 작가와 한강

1901년 시상을 시작한 이래 수상 작품들의 면면을 보면 1905년 헨리크 시엔키에비치의 『쿠오바디스』, 1915년 로맹 롤랑의 『장 크리스토프』, 1920년 크누트 함순의 『굶주림』, 1929년 토마스 만의 『마의 산』, 1938년 펄 벅의 『대지』, 1946년 헤르만 헤세의 『유리알 놀이』, 1947년 앙드레 지드의 『좁은 문』, 1949년 윌리엄 포크너의 『압살롬, 압살롬』, 1954년 어니스트 헤밍웨이의 『노인과 바다』, 1957년 알베르 카뮈의 『이방인』, 1958년 보리스 파스테르나크의 『의사 지바고』 등의 작품을 들 수 있다. 이어서 20세기 말까지 1962년 존 스타인벡의 『분노의 포도』, 1965년 미하일 숄로호프의 『고요한 돈 강』, 1968년 가와바타 야스나리의 『설국』, 1970년 알렉산드르 솔제니친의 『이반 데니소비치의 하루』, 1982년 가브리엘 가르시아 마르케스의 『백년 동안의 고독』, 1994년 오에 겐자부로의 『개인적인 체험』, 1999년 귄터 그라스의 『양철북』, 2006년 오르한 파묵의 『내 이름은 빨강』, 2008년 장 마리 귀스타브 르 클레지오의 『황금 물고기』, 2012년 모옌의 『개구리』, 그리고 2024년 한강의 『채식주의자』와 『소년이 온다』에 이르고 있다.

앞에서 살펴본 바와 같이 노벨문학상 수상 소설가들은 그 이름과 작품 제목만 제시해도 우리에게 전혀 낯설지 않은 친숙함이 있다. 아시아 지역의 경우는 더 말할 나위가 없다. 앞서 언급한 바 있지만, 서남아시아를 포괄하여 아시아 지역 수상자는 그 첫 번째가 1913년 인도의 라빈드라나트 타고르이며 시 「기탄잘리」로 수상했다. 다음으로 1968년 일본의 가와바타 야스나리가 소설 『설국』으로 수상했으며, '눈의 고장'으로 시작되는 도입부가 세계 문학사에서 가장 아름다운 풍경으로 평가받았다. 일본에 두 번째 수상의 영예를 안겨준 것은 26년 후인 1994년 오에 겐자부로의 소설 『개인적 체험』이었는데, 그는 사회운동가로도 활동하면서 '일본의 행동하는 양심'으로 지칭되었고 개인의 사회적 책임과 핵 시대에 대한 사유를 주제로 다루었다.

아시아 지역 네 번째 수상은 2012년 중국 모옌의 소설 『개구리』였다. '말을 하지 않는다(莫言)'라는 뜻의 필명을 사용하는 그는, 중국 현대문학의 대표주자로 꼽히며 중국의 프란츠 카프카 또는 윌리엄 포크너로 불린다. 그는 '환상적 사실주의'의 기법으로 중국농촌의 삶과 역사 그리고 인간의 본성을 탐구했다. 그리고 마침내 2024년 한강이 한국 최초, 아시아 여성 최초로 수상의 영광을 안았다. 한강은 역사의 트라우마에 맞서고 인간의 연약함을 폭로하는 강렬한 '시적 산문'으로 현대 산문의 혁신을 이루었다는 평가를 받았다. 문제는 이제부터 새로운 시작이다. 제2의 노벨문학상, 또 다른 국제무대에서의 빛나는 금자탑을 향해 다시 첫걸음을 내디뎌야 할 시점이 바로 지금인 것이다. 이는 멀고도 험난한 여정이겠으나, 그래도 지속적으로 꿈을 가꾸며 가야할 길이다.

디지털 시대의 문학과 인공지능 글쓰기의 전망

1. 디지털의 뜻과 시대적 조류의 반영

디지털이란 용어의 성립과 발전

'디지털(Digital)'이란 어휘를 간략하게 요약하면, "자료나 정보 따위를 이진수와 같은 유사한 자릿수의 수열로 나타내는 일"이다. 디지털의 어근인 Digit은 원래 '손가락'이나 '엄지'를 뜻하는데, 디지털이 수열의 최소 단위를 사용해 나타내는 것이 마치 손가락을 하나씩 꼽아 수를 세는 것과 비슷하다는 인식에서 온 이름이다. 오늘날에 있어 컴퓨터가 놀라운 속도로 발전하면서, 디지털은 마이크로프로세서로 작동하는 전자기기와 관련되어 그 분야의 용어로 더 많이 사용되고 있다. 많은 디지털 신호들은 기존에 있던, 인간의 삶이나 자연에서 통용되던 아날로그 신호를 변환하고 가공해서 만들어진다. 그러므로 아무리 새로운 시대의 디지털 방식이라 할지라도 어느 순간 급작스럽게 돌출된 것이 아니다. 예나 지금이나 하늘 아래 전혀 새로운 것은 없다.

근자에 이르러 우리는 컴퓨터, 태블릿, 스마트폰 등 디지털 기기와 도저히 분리할 수 없는 관계를 유지하며 살고 있다. 그것이 하나의 숙명이요 시대정신(Zeitgeist)이 된 형국이다. 오죽하면 '디지털 디톡스'라는 용어까지 생겨난 판이다. 디지털과 '디톡스(Detox)'의 결합으로, 디톡스는 독소를 제거하는 과정을 의미한다. 디지털 기기의 사용으로 인한 부작용이 너무 심각해진 경우가 많아서, 그로부터 벗어나 정신적·신체적 건강을 회복하려는 시도를 뜻한다. 결국 디지털 기기의 기술적 사용 시간을 줄이는 단순한 치유를 넘어서, 디지털 세계와 합리적인 상관성을 유지하며 이를 통해 균형 있는 문명 생활을 누리자는 것이다.

디지털 문학의 입지점과 그 활용

이 디지털 시대의 문명·문화적 현상들을 문학의 창작과 수용에 접목해 보려는 데서 소위 '디지털 문학'의 입지점이 형성된다. 당초에 디지털 문학은 사이버 공간에서의 작품 창작과 유통, 오디오북, 전자책 등 전자 매체의 기본적인 기술을 활용하는 데서 출발했고 그 가장 전방 지점에 하이퍼텍스트 문학을 두는 정도였다. 그러나 디지털 도구의 혁신적 발달, 일상이 바쁜 현대인의 활용 방안 확장 등으로 인하여, 그 수요와 공급의 양상이 상전벽해(桑田碧海)의 형용으로 달라지기 시작했다. 문학작품의 형식과 내용은 물론, 작가와 독자의 구분조차 무화(無化)되는 지경에 이르렀다.

디지털 시대의 문학이 나타내는 가장 특징적인 현상은, 독자들이 문학의 창작 주체로 용이하게 변신할 수 있다는 점이다. 한국디지털문인협회의 디지털코칭협회가 운영하는, 〈스마트폰 + 챗 GPT 활용 책쓰기〉 같은 프로그램을 대표적인 사례로 들 수 있다. 그런가 하면 페이스북, 트위터, 인스타그램 등 소셜 미디어를 통해 작가와 독자의 실시간 소통도 가능해졌다. 일찍이 하이퍼텍스트 문학에 그 모델이 있었으나 실제적인 생활 속에서 쉽지 않았던, 작가와 독자가 함께 만들어 가는 문학작품도 이제 지근(至近) 거리로 다가왔다. 책과 독서가 소비이던 시대에서, 이를 매개로 생각을 나누고 공유할 수 있는 환경이 되었다는 것이 큰 장점으로 기능하게 되었다.

디지털 문학의 성격과 순·역기능

그런데 동전에 앞뒷면이 있고 불빛이 비쳐도 밝은 곳과 어두운 곳이 있듯이, 디지털 시대의 문학이 긍정적인 순기능만 가지고 있는 것은 아니다. 눈부신 속도, 현란한 확산, 광범위한 전파력의 배면에 숨어 있는 단처(短處)들에 대한 경계가 없으면, 이 시대적 기린아로 정립된 디지털 문학의 폐해가 점점 더 늘어날지도 모른다. 과거와 같은 깊이 있는 사색과 숙성된 사상의 부재, 기계가 앞서고 인간성이 부속품으로 전락하는 가치 전도의 위험, 개별적 효율과 성과가 중시된 나머지 공동체적 선의와 보람의 상실, 문명의 기술과 인간의 도덕률이 조화롭게 만나는 균형성의 와해 등을 예거할 수 있다. 위험은 그것이 위험하다고 알고 대처할 때에 문제 해소의 길을 찾아낼 수 있듯이, 이 글도 그와 같은 역할에 일조(一助)할 수 있었으면 한다.

2. 인공지능 일상화와 문학의 미래 - 챗 GPT 공유와 창의적 글쓰기

시대 환경의 변화와 전환 - 챗 GTP의 정체와 활용 영역

2022년 11월 30일 출현하여 온 세상의 화제가 되고 있는 '챗 GPT'는

〈테슬라〉의 오너 일론 머스크 등이 설립한 〈오픈 AI〉에서 공개한 챗봇(chabot) 서비스다. Chat Generative Pre-Trained Transformer의 약자로, 대화를 통해 자료 생성이 가능한 소프트웨어를 말한다. 이는 현재까지 인류가 개발한 최대의 인공지능(AI, Artificial Intelligence) 모델로서 보고서나 연설문의 작성, 문학작품의 창작 등을 수행한다. 단순히 일회성 창작에 그치지 않고 대화를 통해 수정 보완도 가능하다. 챗 GPT는 현재 세계 최대 검색엔진 포털사이트인 〈구글〉을 대체할 수 있을 것이라는 전망도 있다. 구글은 검색을 통해 지식 정보를 제공하는 데 그치지만, 챗 GPT는 검색을 스캔한 후 주어진 질문에 대해 문장을 구성하여 답변한다.

그러기에 매우 편리하며 광범위한 영역에 걸쳐 수준 높은 퀄리티로 작업이 이루어진다. 이와 같은 정보 기술의 발전은, 앞으로 나아갈 뿐 뒤로 물러서는 법이 없다. 바야흐로 우리는 인공지능 일상화의 시대에 살고 있는 것이다. 그 진화 과정에 있는 만큼 다양한 언어 및 콘텐츠의 한계가 있다. 한국어의 의미나 뉘앙스가 정확하게 소통되지 않아 엉뚱한 답변을 내놓기도 하고, 현재까지의 데이터만 입력되어 있기 때문에 미래에 대한 질문에는 제대로 된 답변을 못 할 때도 있다. 처음 사용하던 GPT-3.5의 업데이트 버전인 GPT-4.0이 2023년 3월 14일 공개되었으며, 앞으로 더욱 빠르고 넓고 '인간적인' 기술이 개발될 것으로 본다. 오픈 AI에서는 이를 무료로 서비스하지만, 2023년 2월 1일부터 매달 20달러의 유료요금을 받는 '챗 GPT PLUS'라는 상품을 출시했다.

챗 GPT는 광범위하게 수집된 데이터를 기반으로 사전 학습되어, 주어진 질문에 문장으로 생성된 답을 제시한다. GPT-4.0은 한 번에 25,000단어 이상을 분석하는 것으로 알려져 있다. 구글 검색은 사용자가 원하는 정보가 어느 사이트에 있는지 알려주는 것으로 그치지만, 챗

GPT는 사전에 학습한 데이터에서 사용자의 질문에 부합하는 정보만을 수집하여 이를 마치 사람처럼 설명한다는 데 큰 차이가 있다. 다만 그 결과의 신빙성이나 정확도에 대해서는 오류가 있을 수 있다. 챗 GPT는 질문의 의도에 부합하는 정보를 제공하는 것이지, 그것이 옳은 것인지를 판단할 능력은 갖고 있지 않기 때문이다. 또한 챗 GPT는 언어 모델의 인공지능이므로, 수치계산을 하지 못한다는 점도 유의해야 한다.

인공지능 일상화의 명암 - 챗 GPT 활용의 장점과 단점

카이스트의 김대식 교수는 "검색의 시대는 끝났다"고 단언했다. 전 세계 온라인 검색의 70%와 광고시장의 40%를 차지하고 있던 구글은, 그동안 이 대세의 흐름을 부정하면서 2021년 대화형 AI '람다'를 개발하고도 이를 숨겼다. 오픈 AI가 사용하는 핵심기술 트랜스포머는 자신들이 개발한 것이었으나, 검색의 시대에서 더 나아가기를 원하지 않았다. 물론 문제는 경제적인 수익에 있었다. 그러나 구글은 챗 GPT의 등장 이후 올해 들어 람다를 약간 변형한 '바드'를 내놓을 수밖에 없었다. 이러한 변화 가운데는 빌 게이츠의 〈마이크로 소프트(MS)〉가 구글에 내민 도전장이라는 의미도 숨어있다. MS는 검색에 있어 구글의 97% 점유에 밀려 3% 수준에 그치던 'Bing'에, 챗 GPT를 도입하여 'New Bing'을 선보임으로써 사태의 전환을 꿈꾸고 있다. 인공지능이 개발되고 활용되는 곳은 당연히 미국만이 아니다.

영국의 〈Stability AI〉나 중국의 〈Ernie〉 등이 기술력을 축적하고 있다. 한국에서도 업스테이지의 모바일 메신저용 대화 프로그램 〈아숙업(Askup)〉이나 LG의 전문가 AI 〈엑사원(EXAONE)〉이 성과를 내고 있다. 인공지능의 개발이 시작된 것은 터미네이터나 스카이넷이란 이름이 말하는, 이른바 기계의 자유의지가 논란이 되던 1950년대부터였다. 1980년대 들어 새로운 방식으로 학습기반 인공지능(Machine learning)이 개발되었고, 2010년이 되어서야 기계학습의 새 유형으로 심층학습(Deep learning)이 등장했다. 이 60년에 걸친 변화는 알고리즘의 차이라기보다는 결국 데이터의 차이를 말한다. 강아지 사진 100장을 보여주고 요구하는 정보와 100만 장을 보여주고 요구하는 정보가 다를 수밖에 없는 것이다. 그러므로 챗 GPT에게는 질문을 효율적으로 잘해야 한다는 전제가 있다.

특히 언어별 가성비도 한참 다르다. 한국어 자료는 10년, 영어 자료는 30~40년의 축적을 보이기 때문이다. 문제는 이 모든 사실을 인식의 바탕으로 하여 인공지능을 활용하는 글쓰기를 어떻게 가져가느냐에 있다. 인공지능을 모두 믿을 수가 없고, 그 오류를 판별하기도 쉽지 않기 때문이다. 그럼에도 불구하고 인공지능의 위력은 막강하다. 7년 전 알파고가 바둑천재 이세돌을 이긴 것이 첫 번째 충격이었다면, 이번의 챗 GPT는 두 번째 충격이다. 챗 GPT는 이미 듣고 말하고 읽고 쓰는 인간의 소통 방식을 습득했다. 다만 한국어에 있어서 향수(鄕愁)와 향수(香水) 같은 동음이의어를 구별할 수 있는가, 지구의 기후 변화와 환경 파괴의 대책으로 인류의 제거를 제시할 때 어떻게 할 것인가 등의 지속적인 과제를 남겨두고 있다. 그렇다면 질문자인 인간이 기계의 답변을 어떻게 처리할 것인가라는 2차적인 문제가 도출된다.

예거하기로 하면 문제는 훨씬 더 많다. 인공지능에게 저작권이 있는가, 챗 GPT가 내놓은 답변 중에 현실적인 적용에 무리가 따르는 부분을 어떻게 할 것인가, 인간이 자랑하던 문화 예술에 있어서의 빛나는 창의력은 어떻게 구제될 것인가 등의 문제는 기계가 해결할 수 없다. 그렇다면 우리의 대응은 하나의 길을 찾을 수밖에 없다. 챗 GPT의 역할을 인정하고 활용하되, 그 결과를 필요한 자리에 적용하는 것은 인간이 가진 본래의 정신적 활동과 판단력에 회부하고 조회해야 한다. 이 방정식을 잘 지키면 인공지능은 결코 두렵거나 위험한 존재가 아니다. 우리는 그를 '알라딘의 램프'로 누리거나 '반려 AI'로 수긍하며 함께 가는 동반자로 삼을 수 있을 것이다.

과학의 실용성과 인문학적 상상력 - 기능적 역할과 창의력의 시너지

우리 시대의 3040 세대는 지금도 '컴활(컴퓨터 활용 능력 자격증)'을 따러 컴퓨터 학원으로 달려간다. 파워포인트(PPT)와 엑셀을 다루는 능력이 '일잘러(일을 잘하는 사람)'의 기준으로 손꼽히는 까닭에서다. 그런데 우리 눈앞의 생성(Generative) AI 챗 GPT가 그 도식을 무너뜨리게 되었다. 프롬프트(Prompt, 명령어)만 입력하면 콘텐츠를 제작해 내고, 자료수집과 문서편집 등 업무혁명을 예고하는 시점에 이른 것이다. 지식 노동로서는 완전히 새로운 근무환경과 마주치는 셈이다. 과거 처음으로 컴퓨터가 등장하던 시기가 잔물결이었다면, 인공지능 컴퓨터가 몰고 오는 과학적 실용성의 시기는 큰 파도를 넘어 해일(海溢)로 가고 있다.

지식 노동자의 일반적인 업무에 있어서 인공지능의 역할과 기여는 순방향의 기능을 발휘할 때가 많을 것이 분명하다. 문제는 인간의 창의력이 고도로 발양되어야 하고 인문학적 상상력이 이를 뒷받침하는 문화나 예술 분야에서, 인공지능이 동일한 기능을 다 할 수 있을 것인가에 있다. 많은 이들이 그에 대해 우려를 표한다. 그리고 그 우려는 납득할 만한 의견을 수반하는 형국이다. 인공지능이 인류 보편의 정서와 감동을 분별하고 도출할 수 있을까, 설사 그렇다고 해도 인간만이 가지고 있는 창의성과 내면적 가치에 육박할 수 있을까, 인공지능의 기계적인 수행

방식으로 전혀 생경한 답변이 나왔을 때 어떻게 할 것인가, 데이터 입력의 시점상 미래 세계에 대한 판단의 취약성을 어떻게 할 것인가 등의 질문이 제기될 것이다.

이때의 우리는 동양 문화권에서 전가보도(傳家寶刀)처럼 끌어다 쓰던 중용(中庸)의 미덕을 되살릴 필요가 있다. 시대의 첨단을 가는 현대과학의 실용성과 인간이 가진 인문학적 상상력을 조합하고, 그 중용의 방식과 변증법적 통합을 응용하여 가장 효율적인 시너지를 창출하자는 것이다. 다시 말하면 인공지능이 수행한 산출자료를 바탕으로, 이를 건사하는 창작 주체가 점검·보완·재창작의 과정을 병행하자는 뜻이다. 그러할 경우의 디지털 리터러시(Digital Literacy, 문해력, 文解力)가 전문성·균형성·지속성을 동시에 확보할 수 있지 않을까 한다. 새로운 시대의 총아 인공지능과 함께 가는 길은 마냥 즐거워하며 방심해서는 안 되겠지만, 그렇다고 불필요하게 두려워하고 우울해할 이유도 없는 것이다.

3. 인공지능의 위험성과 대응의 방안

인간과 인공지능의 지배권 충돌

컴퓨터의 발달이 극단적인 단계를 거침으로써 인공지능의 극대화를 초래하고, 그것이 인류의 미래를 위협하는 엄혹한 디스토피아의 세계를 다룬 영화들이 많이 있다. 대표적인 작품으로 SF 액션 영화 〈터미네이터〉 시리즈나 〈A.I〉를 쉽사리 떠올리게 된다. 인간이 만든 컴퓨터의 인공지능을 인간이 통제할 수 없게 되고, 마침내 인간이 기계에 종속되거나 이에 저항하는 양자 간의 전쟁이 발발하는 상황이다. 이러한 영화의 스토리가 시작되던 1980년대 초반만 해도, 그냥 활달한 상상력이 만들어낸 볼거리 정도로 치부되었던 것이 사실이다. 그러나 그 출발로부터 40년이 지난 지금, 어느 누구도 그 발상이 현실과 유리된 뜬금없는 상상력이라고 받아들이지 않는다.

이제 인공지능은 처음의 단순한 인공지능(AI), 보다 진보된 생성형 인공지능(Generative AI)을 넘어 AGI(Artificial General Intelligence)로 진화해 가고 있다. AI로 사람을 만드는 것, 그것이 바로 AGI의 목표다. 이 인공지능의 버전은 끊임없이 자기 변신을 꾀할 것이며, 궁극적으로 〈터미네이터〉의 서사가 인류의 눈 앞에 펼쳐질 수도 있을 것이라는 우려를 불식할 수 없게 한다. 만약 인공지능이 인류의 능력을 넘어서 지배구조의 역전을 가져온다면, 그야말로 전대미문의 재앙이 될 위험성이 현실화하는 형국이다. 그러기에 일찍이 스티븐 호킹이 '인공지능은 결국 인간에게 재앙이 될 것'이라고 경고했던 터이다. 이제부터라도 인류사회는 인공지능에 있어서 현상이 본질을 와해시키지 않도록 미리 방어하는 제도적 장치를 마련해야 한다.

콘텐츠 제작 국가 간 신제국주의

이러한 대목이 인공지능 발전에 따르는 인류의 보편적인 문제라면, 그와 다른 측면에서 이 영역의 문제로 발생할 수 있는 국가 간의 문화적 종속성에 대해서도 심각하게 고려해 보아야 한다. 현재까지의 인공지능 작동 패턴은, 결국 인간이 만든 지식 콘텐츠를 공급해야 가동되는 시스템이다. 인간이 공여한 수백억 개의 지식과 정보를 스스로 학습하여 기억한 다음, 그것을 바탕으로 초인적인 능력을 창출하는 기계라는 의미다. 그렇다면 핵심은 인공지능의 양식이 되는 그것, 즉 지식 콘텐츠를 누가 가장 많이 생산해서 공급하느냐에 있다. 여태까지는 미국을 비롯한 과학기술 선진국들이 절대다수의 지식정보를 만들어냈다. 인공지능이 그들이 만든 콘텐츠로 경도(傾倒) 된다면, 정치·경제·사회·문화는 물론 국방·무기체계까지도 그 콘텐츠 제작자에게 종속될 수 있다. 이는 얼핏 지난 세기에 지속적으로 화두가 되었던 '문화 제국주의' 또는 '신제국주의'의 음영(陰影)을 떠올리게 한다.

이 상황의 위험성은 인류의 미래 문제에 못지않게 심각한 것이다. 인공지능이 단순한 산업 분야가 아니라 삶의 전 범주에 걸쳐 지배력을 행사하게 되는 마당에, 확정적인 콘텐츠의 정체성과 적용 방식으로 인하여 국가 또는 민족 공동체 사이에 새로운 지배와 억압의 구조가 형성될 수 있기 때문이다. 이렇게 본다면, 우리도 인공지능의 딥러닝(Deep Learning) 소재가 될 콘텐츠를 만드는 데 주력해야 할 시점이다. 당연히 이 일은 개인의 힘에 기댈 수 있는 것이 아니며, 장기적이고 미래지향적인 의식으로 국가가 대비해야 할 시급한 과제다. 우리 스스로 IT 강국이라는 자부심을 갖고 있다면, 이를 생각의 차원에서가 아니라 실행의 차원에서 증명해야 한다. 그것이 국가의 미래를 위해 미리 대비하는 선견지명이 될 것이다.

문학 현장의 모작·표절·대필 문제

시각을 좀 달리하여 이와 같이 큰 범위에서 상존하는 인공지능의 위험성 이외에, 그것이 문화 및 문학의 현장과 만나게 되는 경우를 상정해 볼 필요가 있다. 그것이 이 글의 당면한 아젠다이기 때문이다. 문학 창작에 있어 인공지능의 조력(助力)을 받는다는 사실이 부도덕하거나 부끄러운 일이 아니라는 공감대가 이미 널리 수용되어 있다. 한 예로 올해 초

일본 최고의 문학상으로 일컬어지는 아쿠타가와상(芥川賞) 수상자 구단 리에가, AI 시대를 그린 수상작 「도쿄도 동정탑」을 두고 '대화문 5%를 챗 GPT가 만들었다'고 고백한 바 있다. 일본 열도가 만만찮은 충격을 받았지만, 시상위원회는 '작품에 실질적으로 흠잡을 데가 없다'고 판단했다. 앞으로도 세계 여러 나라에서 이러한 문제가 속출할 것이다. 당연히 한국도 예외가 아니다.

아쿠타가와상 시상위원회가 그 판단을 확정하고 시상을 강행한 사례는 여러 가지 유추를 가능하게 한다. 이 소설은 쾌적한 고층 교도소 설계를 맡은 여성 건축가를 주인공으로 하는데, 기본적으로 범죄자를 동정받아야 할 존재로 받아들이는 데서 소설적 이야기를 구성한다. 맡은 일과 신념 사이에서 고민하던 그는, 자신의 내부에 침투해 있는 '검열자'를 의식한다. '생성형 AI'가 개인의 삶 내부에까지 깊숙이 침투하여 통제를 수행하는 사회에 대한 비판이다. 문제는 이 소설이 인공지능의 도움을 받은 'AI 대필'의 혐의가 있다는 것이다. 이러한 사정은 오늘의 우리 창작 현장에도 빈번히 일어날 개연성이 있다. 그에 대한 대응의 정답을 여기서 특정할 수는 없다. 다만 확고하고 당위적인 고려사항은, 모작·표절·대필이라는 위험한 국면의 상시적 출현 가능성에 대해 예리한 경각심을 가져야 한다는 것이다.

4. 디지털 문학의 전향적 창작 방향성

인문학 연구와 디지털 기술 접목

2023년 1월 KAIST에서 〈디지털 인문학: 포스트 AI 시대를 위한 융합전략〉이라는 주제의 학술세미나가 있었다. 이는 인문학 연구자들이 문학이나 역사 등의 연구 분야에 디지털 기술을 접목하여 새로운 관점으로 인문학을 볼 수 있도록 기획된 프로그램이었다. 필자가 관련 자료를 통해 확인한 바로는, 이 분야의 이론에 대한 일반적인 개진과 그 가장 전방 지점을 제시하는 수준이었다. 창작 주체, 곧 작가의 창작실과 연관된 논리는 찾아보기 어려웠고, 그것은 여타 어떤 세미나나 심포지엄에서도 마찬가지였다. 그만큼 창작의 실제가 개인적인 문제일 뿐 아니라, 아직 그에 대한 이론의 정립이 초보 단계를 지나지 못하고 있다는 실체적 정황의 반증이었다.

디지털 인문학의 명암과 가능성

그런가 하면 근래에 와서 흔하게 통용되는 '디지털 인문학(Digital Humanities, DH)'이란 개념이 있다. 이 용어를 상용화(常用化)하기 위해서는, 디지털 인문학의 활동 범주가 이제까지의 인문학이 보여준 그것과 어떻게 다른가에 대한 해명이 전제되어야 한다. 이 용어의 효시는 2008~2009년 UCLA의 한 세미나에서 발표된 선언문에 기초하고 있으니, 17년의 연원(淵源)을 가진 셈이다. 아울러 핵심적인 의문점은, 과연 디지털 기술로 인문학의 위기를 마주하고 넘어설 수 있는가에 있다. 이 기술의 옹호자들은 디지털의 기능적 역할을 통해 새로운 방식으로 독자적인 지식과 창작의 성취를 도출할 수 있다고 주장한다. 우리 가운데 많은 챗 GPT 예찬론자들이 바로 그렇다.

미상불 정보와 자료가 필요한 글쓰기에 이 주장은 여실히 부합한다. 그러나 정말 독창적이고 고유한 가치가 담보되는 의식이나 사상의 글쓰기에도 그러할까에는 동의하기가 쉽지 않다. 창작실에서 디지털 인문학의 특징적 강점을 활용하려 할 때, 고급 정보의 취득을 위해서는 먼저 사용자 자신이 일정한 지적 수준에 이르러 있어야 한다는 주장 또한 설득력이 있다. 더 나아가서 광범위하고 체계적인 자료의 수득(修得)을 위해 창작자 간의 협업이 필요하다는 지적도 있다. 이러한 여러 논점은 이 학문적 접근 방법의 효용을 인정하면서도 그에 도달하는 길이 쉽지 않다는 결론을 가져온다. 마침내 아직까지 디지털 기술과 문학의 값있는 접점이 일반화되지 않았으며, 아무리 속도 제일주의의 시대라 할지라도 향후 상당한 기간의 경과가 소요되리라는 예단을 불러온다.

새로운 장르의 형식 실험과 방법

창작의 실제에 기술의 도입을 통한 예술성 도출이 쉽지 않은 한편, 디지털 시대가 불러온 새로운 장르의 형식 실험은 여러 모양으로 활성화되고 있다. 디지털카메라와 짧은 시의 화학적 결합을 도모하고, 이를 SNS를 활용하여 실시간으로 소통하는 〈디카시(Dica-Poem)〉가 하나의 사례다. 그런가 하면 일반적인 소설의 구조를 모두 갖추고 있으나, 그 분량을 짧은 수필 수준으로 줄여 스마트폰 등 디지털 기기에 탑재하는 〈스마트소설(Smart Novel)〉이 또 하나의 사례다. 그 외에 추리·판타지·SF·로맨스·무협소설 등으로 대표되는, 특정 장르의 창작관습을 따르는 〈장르문학〉 또한 그 속성으로 인하여 디지털 기술과 쉽게 결합할 수 있는 호조건(好條件)을 담보한다. 장르문학은 그 장르 고유의 코드와 패턴을 지니고 있으며, 이러한 관습은 대체로 대중의 기호에 부합하는 경향을 나타낸다.

20세기까지만 해도 본격문학의 순수성에 비견되어 대중문학의 오락성으로 타매(唾罵) 되던 분위기였으나 21세기 이후에는 아주 다른 모형이 되었다. 1990년대에 PC통신을 통해 소개되던 장르문학은 금세기 들어 〈웹진〉이라는 인터넷 매체를 확보했으며, 〈포털사이트〉의 등장과 함께 그 저변을 크게 확대했다. 이러한 변모는 인터넷 기술의 발전과 더불어 이미 예견되어 있었던 바이며, 인공지능의 등장이라는 새로운 국면을 맞아 동시다발적인 확대 변화의 양상을 가져오게 되었다. 이제는 그에 대한 관점이, 한국디지털문인협회 전규리 사무총장의 연구와 같이 〈1인 가구 소셜 지능로봇(Social Intelligence Robots) 사용자〉에 관한 검증으로까지 발전하고 있다. 바야흐로 그와 같은 변화와 혁명의 시대에 우리가, 그리고 우리 문학이 서 있는 것이다.

디카시의 정체성과 새로운 행보

- 본격문학으로서의 디카시

1. 지금 여기 이른 디카시의 여정

인류 예술사에 있어서 가장 먼저 문학적 형식을 갖춘 장르는, 두말할 것도 없이 시다. 원시적 음률과 가창의 단계를 거쳐 서사시와 비극의 형태를 보이기 시작한 시의 발전 과정을 아리스토텔레스의 『시학』이 말하고 있다. 우리 문학이 「황조가」나 「공무도하가」 그리고 「구지가」와 같은 원시 가요가 구전(口傳)의 단계를 거쳐 기록으로 남게 된 국면에 있어서도 그 중심은 시에 있었다. 소설과 같은 산문 장르가 문학사의 지평에 떠오른 것은, 서민 대중의 의식이 자각과 성장을 도모하기 시작한 중세 이후의 일이다. 시는 인간의 사상과 감정을 최대한으로 축약하고 이를 운율 실어서 표현하는 방식으로, 언제나 여러 문예 형식의 기반을 이루었다.

우리의 옛 선인들은 짧은 시의 문면(文面)에 진중한 생각을 담는 데 능숙했다. 한시에 있어서 절귀(絶句)나 율시(律詩)의 유형이 그러하고, 시조 또한 기본이 3장 곧 3행으로 제한되어 있다. 그 짧은 문안(文案)에 우주 자연의 원리와 인생 세간의 이치를 수용하여 후대에 남겼다. 가장 오랜 시조집으로 알려진 김춘택의 『청구영언』에 전하는 조선조 기생 황진

이의 시조들은, 시대적 한계와 신분의 제한을 넘어서는 절창이다. 그 기량에 있어 사대부 선비의 시조에 굴하지 않는 기생들의 시조가 많은 것은, 이 문학의 외형이 난해하지 않고 길지 않다는 데 일말의 이유가 있다. 짧고 쉬우면서도 깊은 뜻을 안고 있는 시나 글이 결코 만만할 리 없으니, 인간을 영생의 길로 인도하는 종교의 경전 또한 그 기본적인 가르침이 결코 어렵거나 복잡하지 않다.

한국 현대 시에 있어서, 우리는 짧은 시가 큰 성가(聲價)를 나타낸 사례들을 다음과 같이 쉽게 예거할 수 있다.

큰 절이나 작은 절이나
믿음은 하나
큰 집에 사나 작은 집에 사나
인간은 하나

- 조병화, 「해인사」

내려갈 때 보았네
올라갈 때 못 본
그 꽃

- 고은, 「그 꽃」

자세히 보아야 예쁘다
오래 보아야 사랑스럽다
너도 그렇다

- 나태주, 「풀꽃」

시를 쓴 시인이나 시가 처한 환경을 모두 제척(除斥)하고, 시가 표출하는 강렬한 상징적 의미만을 두고 볼 때 그야말로 대가일성(大家一聲)의 시들이다. 지금 여기서 공들여 압축적 문학 형식으로서의 시와 그 축약된 의미의 힘을 강조하고 있는 연유는, 그와 같은 형식적 단련을 거쳐 오늘의 디카시에 이른 그 연원(淵源)을 설명하기 위해서다. 전통적 문학 장르에 있어서 짧은 시적 언술과 오늘날 영상문화 시대의 디지털 사진의 결합이, 어느 날 두서없이 출현한 근본도 유래도 없는 글쓰기 방식이 아니라는 것이다. 하늘 아래 전혀 새로운 것은 어디에도 없다. 디카시가 동시대 문물의 변종이 아니라 본격적이고 전통적인 문학의 후계에 해당한다는 말이다.

2. 새로운 한류 문예 장르 디카시

짧고 쉬운 시가 반드시 좋은 시라고 할 수는 없다. 한국문학, 더 나아가 세계의 문학에는 의미 해독이 어렵고 상징성이 강한 명편의 시들이 즐비하다. 하지만 문학의 독자가 점점 작품으로부터 멀어지는 오늘의 현실에 비추어, 독자 친화를 말하는 짧은 시에로의 경도(傾倒)가 갖는 효용성은 어떤 경우라도 가볍다 할 수 없을 터이다. 그렇게 세상이 바뀌고 시대정신(Zeitgeist)도 바뀌어 가는 마당에, 이제는 활자매체 문자문화의 시대에서 전자매체 영상문화의 시대로 문화와 문학의 중심축이 현저히 이동해 있다. 이와 같은 때에 한국의 한 지역 문화운동으로 시작된, 짧고 감동적인 시의 새로운 장르로 디카시가 부상하여 어느결에 전 세계적인 확산을 구현하고 있다.

디카시가 발원한 시점은 2004년이며, 디카시 문예 운동이 본궤도에 오르기 시작한 것은 2020년 한국디카시인협회가 제1회 디카시학술심포지엄 겸 창립총회를 개최하고 정식 출범하면서부터였다. 이후 지금에 이르기까지 국내에 20개의 지부 및 지회, 해외에 32개의 지부가 결성됨으로써 화룡점정의 틀을 충실히 갖추게 되었다. 그러나 이러한 '운동'의 조직은 그야말로 디카시 '문예'를 진작하고 추동하기 위한 도구일 뿐, 디카시의 문학적 성취와 본격문학으로서의 고양을 말하는 것이 아니다. 하나의 문학작품이 수준 있는 지위에서 독자와 교감하고 영향력을 발휘하기 위해서는, 그 내용과 형식이 모두 제 몫과 값을 확보하고 있어야 하기에 하는 말이다.

주지하다시피 디카시는 디지털 카메라와 시의 합성을 말하는 새로운 시 형식이다. 근자의 한국인이면 남녀노소를 막론하고 누구나 손에 들고 있는 스마트폰으로 순간 포착의 사진을 찍고, 그 사진에 밀착하는 짧고 강렬한 몇 줄의 시를 덧붙이는 것이다. 일상의 삶 가운데 가장 가까이 손에 미치는 영상 도구를 활용하여, 가장 쉽고 공감이 가는 감각적인 시의 산출에 이르는 현대적 문학 장르다. 그러한 영상과 시의 결합이 가능하리라는 생각과, 그것을 시의 방법으로 확장하고 더 나아가 하나의 문예 운동으로 이끄는 행위 사이에는 큰 상거(相距)가 있다. 이 시운동은 누구나 그리고 언제 어디서나 디카시인이 될 수 있다는 보편성과 개방성이 가장 큰 장점이다.

짧고 강하고 깊이 있는 시, 거기에 생동하는 영상의 조력을 함께 품고 있는 시의 형용이 폭넓게 수용되는 경과를 보이는 것은 어쩌면 당연한 일인지도 모른다. 앞으로 우리가 살아갈 세상의 모습이 어떠하든지 간에, 이처럼 손쉽게 독자와 만나고 교유하는 시의 자리가 시들거나 뒤로 물러서는 법은 없을 것이다. 동시에 디카시의 창작에 자신의 남은 생애를 건 사람들, 디카시가 좋아서 그 시와 사진에 밤낮없이 몰두하는 사람들, 훌륭한 디카시를 창작하기 위하여 여러 시·공간에서의 궁구(窮究)를 다하는 사람들의 행렬이 끊이지 않는 한 디카시의 미래도 그러할 것이다. 그러나 이 순간 포착의 사진과 촌철살인의 시가 보람을 다하도록 하는 것은, 결국 그 시에서 삶을 읽는 우리 마음의 수준이 아닐까 한다. 이는 디카시를 본격문학으로 견인하는, 예술성 곧 미학적 가치와도 연동되어 있다.

3. 디카시와 본격문학의 예술성

앞서 디카시 이전의 짧은 시들이 본격문학으로서의 수발(秀拔)한 예술적 가치를 갖는 사례에 대해 살펴보았다. 정형시로서 절귀나 율시의 형식을 가진 한시가 그러하고 시조 또한 그러했으며, 우리 현대 시의 짧은 시들이 그러했다. 일본에서 하나의 문학 장르로 정착한 다음 세계적인 명성을 얻은 하이쿠는 오랜 역사와 더불어 많은 뛰어난 작품을 보유하고 있다. 이 하이쿠가 서구에 영향을 미쳤고, 20세기 초반부터 프랑스에서 유행한 짧은 시 쓰기 운동은 그 대표적인 범례에 해당한다. 다음에 몇 가지 사례로 드는 하이쿠의 이름 있는 작품들을 살펴보면, 이 논의를 보다 실증적으로 수용할 수 있다.

> 얼마나 놀라운 일인가, 번개를 보면서도 삶이 한순간인 걸 모르다니!
>
> \- 마츠오 바쇼

이 숯도 한때는 흰 눈이 얹힌 나뭇가지였겠지

- 칸노 타다토모

다리 위의 저 거지도 아들을 위해 반딧불을 잡으려 하네

- 고바야시 잇사

언 붓을 녹이려다 등잔에 붓끝을 태웠다

- 타이로

달이 동쪽으로 옮겨가자 꽃 그림자 서쪽으로 기어가네

- 요사 부손

한밤중 소리에 놀라 잠을 깨니 흰 메꽃이 떨어졌다

- 마사오카 시키

이러한 짧은 시의 미학적 가치에 대한 선례는 여러 가지를 말해준다. 디카시가 편의주의적 생활문학이나 갑남을녀 누구나 유희처럼 접근하는 시 놀이로 침윤하지 않고, 지고(至高)한 예술의 세계를 지향해 나갈 수 있다는 선명한 증좌가 되는 셈이다. 그러므로 중요한 것은 디카시인의 대열에 참여한다는 사실 확인을 넘어서, 놀랍고 훌륭한 디카시의 창작자가 되겠다는 목표를 가꾸는 일이다. 그러기에 이렇게 강변할 수 있다. "디카시를 쓰기는 쉽다. 하지만 잘 쓰기는 어렵다!" 여기에 참고가 되도록 예술지상주의의 금언(金言) 하나를 첨부한다. "놀랍지 않으면 버려라!" 이 시대 이 땅에서 함께 어깨를 겯고 나가는 디카시인에게 하는 말이다. 그 전방의 과녁에 '본격문학'으로서의 디카시가 게시되어 있지 않다면, 시인

이 아니라 동호인에 그칠 수밖에 없다. 그러기에 우리 모두 동호인이 아니라 시인이 되어야 한다.

4. 디카시의 성격적 특성과 기반

디카시의 물결이 한반도의 국경을 넘어 미국과 중국, 캐나다, 영국, 독일, 인도, 인도네시아, 베트남 등지로 확장되어 나가는 배면에는 한국에서 요원의 불길처럼 일어난 그 저변의 세력이 자리 잡고 있다. 그와 같은 힘의 기반이 형성되기 위해서는, 디카시가 오늘의 시대정신을 반영하고 있다는 전제가 있다. 디카시는 활자매체 문자문화의 시대에서 전자매체 영상문화의 시대로 이행된 상황을, 최적화하여 수용하는 창작 방식이다. 그러한 전자매체의 특성은 SNS를 통하여 디카시 마니아 모임, 카페, 블로그, 단톡방 등을 통해 창작 시점에 실시간 소통을 가능하게 한다. 시인과 독자가 연계되는 가장 빠른 상호 공유의 형식이다.

디카시는 일상의 예술이요 예술이 일상이 되는, 이를테면 '생활체육'과도 같은 '생활문학'이다. 남녀노소 갑남을녀 필부필부 장삼이사 누구나 손안의 소우주 핸드폰으로 창작을 한다. 디카시는 시가 아니다. 디카시는 디카시다. 디카시를 전통적인 문자 시의 잣대로 재면 안 된다는 뜻이다. 그러나 이는 어느 날 정처도 근본도 없이 발생한 돌연변이의 문학이 아니며, 우리 선조 문인들의 한시와 시조 그리고 현대 시의 짧은 시들과 접맥되어 있다. 거기에 영상의 합력이 작동하고, 사진에 시를 병렬한 포토 포엠의 물리적 접속과 다르게 사진과 시가 한 몸이 되는 화학적 결합을 지향한다.

5. 성년을 맞는 디카시의 새 행보

이제 20년 성년을 넘기며 지구촌을 무대로 하는 디카시와 디카시 문예 운동은, '운동'이 아니라 '문예'가 되어야 한다. 디카시가 값있는 문예 운동이라면 운동이 과녁이 아니라 문예가 종착점이 되어야 옳다. 이것은 곧 디카시가 예술성을 담보하는 목표를 향해 나아가야 한다는 말이다. 디카시인 또한 '동호인'의 차원을 넘어 진정한 '시인'을 지향해야 한다. 그러므로 디카시는 쓰기 쉬우나 잘 쓰기가 쉽지 않은 것이다. 그러기에 디카시에는 오랜 전통을 가진 문자시에서와 마찬가지로 시간과 내공의 축적이 필요하다.

앞서서 짧은 시의 예술성을 증거 하는 확고한 사례로 일본의 하이쿠를 들었다. 이는 이미 세계적인 문학 장르로 성장했다. 디카시는 여기에 영상의 힘을 더하였으니 훨씬 더 유리한 고지에 있다. 디카시의 미학적 가치, 예술성을 확보하는 것은 이 문예 운동의 운명적 과제다. 온 세계에서 한글로 쓰는 새로운 한류 문예이기에 가일층 창의력과 순발력과 책임감을 발휘해야 할 대목이다. 이상과 같은 생각으로 20년간 축적된, 디카시 창작의 금언(金言)이라 할 워딩들을 간추려 본다.

1. 디카시는 영상문화의 시대로 이행된 상황을, 최적화하여 수용하는 창작 방식이다.
2. 디카시는 일상의 예술이요 예술이 일상이 되는, 이를테면 '생활체육'과도 같은 '생활문학'이다.
3. 디카시는 시가 아니다. 디카시는 디카시다.
4. 디카시 문예 운동은, '운동'이 아니라 '문예'가 되어야 한다.
5. 디카시인은 '동호인'의 차원을 넘어 진정한 '시인'을 지향해야

한다.

6. 디카시는 쓰기 쉬우나 잘 쓰기가 쉽지 않은 것이다.
7. 디카시의 미학적 가치, 예술성을 확보하는 것은 이 문예 운동의 운명적 과제다.
8. 온 세계에서 한글로 쓰는 새로운 한류 문예이기에, 디카시는 우리의 자긍심이다.

각기의 명제에 대한 설명을 생략하고 주제 문장만 열거했지만, 이제 20년 성년을 맞아 디카시는 한국과 세계를 아울러 활달한 발걸음을 옮길 것이다. 장강후랑추전랑(長江後浪推前浪), 장강의 뒷물결이 앞 물결을 밀어내는 그 행렬에 동참하는 것은 디카시인들의 행복이요 보람이기도 하다. 남아 있는 생애의 나날이 예술과 더불어 펼쳐지기를 원하는 이들! 그리고 그 예술의 주체가 자기 자신이기를 소망하는 이들에게, 디카시는 언제나 손쉽게 당도할 수 있는 옥토의 텃밭이요 눈앞에 광활하게 펼쳐진 미개척의 서부다. 우리는 명실상부하게 그 땅의 주인이요 개간의 손길이 될 수 있다.

렌즈 너머의 세상과 번천(飜天)의 세계인식

- 정채원 디카시집 『열대야』

1. 정채원은 누구이며 어디서 왔나

정채원 1996년 《문학사상》으로 등단한 29년 차 시인이다. 그동안 『슬픈 갈릴레이의 마을』, 『제 눈으로 제 등을 볼 순 없지만』, 『우기가 끝나면 주황물고기』 등의 시집을 상재(上梓)했고 편운문학상을 비롯한 여러 문학상을 받았다. 그의 시는 언어의 활력과 사고의 폭 그리고 시적 저력이 넘친다는 논의를 불러왔으며, 그 사유(思惟)가 치열하고 전면적이어서 그저 그런 감성에 침잠된 시의 독자를 새롭게 깨운다는 평가를 받았다. 이를테면 우리 문단에서 그 성가(聲價)가 만만치 않은 좋은 시인이란 뜻이다. 그가 이제까지의 시적 역정(歷程)을 바탕으로 디카시를 쓰고 디카시집을 펴냈다. 시인으로서의 운동 범주를 확장하는 이 발걸음이 사뭇 기껍고 흔연하다.

익히 알다시피 디카시는 디지털카메라와 시의 합성어이며, 시발 20년을 넘긴 새로운 문예 장르다. 누구나 손안에 들고 있는 소우주 스마트폰 카메라로 순간 포착의 사진을 찍고, 거기에 몇 줄 촌철살인의 시를 더한다. 그리하여 이 양자가 화학적 결합으로 한 몸이 되고, 동시에 SNS를 통하여 디카시인 및 디카시 동호인들과 실시간으로 소통하고 공유한다. 현재 국내 지자체에 20개, 해외의 주요 국가와 도시에 32개의 지부가 결성되어 활동하고 있는 한류 문예의 젊은 얼굴이다. 여기에 정채원처럼 확고한 자기 세계를 가진 시인이 동참한다는 것은 매우 뜻깊고 고무적인 일이다. 소식을 들은 디카시인들이 두 손 들고 환영하는 이유다.

2. 자신의 내면을 향한 반성적 성찰

시인이 시를 쓰는 여러 가지 이유가 있겠지만, 그 가운데서도 빼어놓을 수 없는 하나는 시를 통해 자신의 삶을 반성적으로 성찰한다는 사실일 것이다. 2,500년 전 공자로부터 오늘의 정채원에게 이르기까지, 이 범박하고 일상적인 창작의 도식을 벗어난 이는 찾기 어렵다. 이 시집의 1부 〈비몽 & 사몽〉에 수록된 15편은, 특히 이 대목에 강세가 있는 작품이 많다. 「붉은 파도」에서는 모색(暮色)이 짙은 하늘의 구름을 보고 '저 미친 구름'이 '넘어야 할 경계'를 넘어서 왔다고 한다. 그런데 누구나 그 경계가 우리 세상사의 어떤 금도(襟度)를 말하고 있음을 짐작한다. 「안을 엿보다」에서는 '버려진 집'을 엿보다 '내 안을 들킨 듯' 흠칫 놀란다. 그와 같은 풍경이 자신의 내부에도 잠복해 있기 때문이다.

어떤 이별은 이렇듯 황홀하다

손을 흔들며
하염없이 멀어져가는 시절, 시절들
한때 꼭 잡았던 손을
놓을 수 없을 것만 같던 손을
말없이 놓아 보낸다

인용된 시는 늦가을의 은행나무가 황금색 잎들을 지상에 뿌리는 광경을 시화(詩化)했다. '하염없이 멀어져 가는 시절'들은 은행나무의 것이 아니다. 화자 자신이 살아온 세상의 온갖 사연과 굴곡이 거기에 개재(介在)해 있다. 화자는 한때 꼭 잡았던, 놓을 수 없을 것만 같던 '손'을 말없이 놓아 보낸다. 이 놓아 보냄은 피동적인 동시에 능동적인 행위다. 떠나야 하는 운명 앞에 거역한들 다른 방도가 없을 것이며, 사정이 그러하다면 아예 기꺼이 보냄으로써 자기 운명의 경과 과정에 주체적 역할을 하는 것이 훨씬 바람직한 까닭에서다. 그런데 여기에 다 발설하지 않은 비밀이 있다. 그 능동의 행위에 얼마나 가슴 미어지는 아픔이 수반되는가에 대해서다.

꿈속의 꿈

단풍나무의 꿈속에 내가 있고
내 꿈속에 단풍나무가 있다

살아 있는 것들은 언젠가 소멸하고
소멸하는 것들은 서로를 그리워한다

이 시 또한 만산홍엽(滿山紅葉)의 가을이다. 시인은 단풍나무의 꿈속에 자신이 있고, 자신의 꿈속에 단풍나무가 있다고 토로한다. 얼핏 장자의 호접몽(胡蝶夢)을 떠올릴 수 있는 구절이다. 기실 장자의 이 고색창연한 수사(修辭)는 자아와 외물이 본래 하나라는 이치를 설명하는 방식이다. 그렇다면 우리는 시인이 자신과 단풍나무를 어떤 연유로 동일시했는가를 질문해야 한다. 그 답변은 친절하게도 시의 다음 구절에서 제시된다. 살아 있는 것들은 언젠가 소멸하고, 소멸하는 것들은 서로를 그리워한다는 말이다. 절정에 이른 추색(秋色)의 상징처럼 단풍이 찬연하게 아름다우나, 그것은 곧 덧없는 소멸의 전조이며 종내 그리움을 남긴다는 해명이다. 이 단풍의 운명이 곧 우리의 운명임을 특정하는데 또 다른 설명이 요구되지 않는다.

3. 자아와 타자의 상거에 대한 각성

자아와 타자는 서로 상대적인 개념이어서 하나의 중심 주제를 두고 맞서있는 형국이지만, 동시에 그 양자가 하나로 교통할 수 있는 상호 보족적 기능을 함께 공유한다. 그래서 여러 이론가가 이 양자 사이의 균형성을 주목한다. 시인 또한 그렇다. 타자를 단순히 국외적 대상이 아니라 '자기 자신과 같은 형체의 또 다른 자기'로 생각할 때 비로소 그 모호한 복잡성에서 벗어날 수 있을 것이다. 이 시집의 2부 〈너는 없다〉에 실린 13편의 시는, 바로 그 상거(相距)에 주력하여 쓴 작품이 대다수다. 「뒷모습」에서는 꽃과 사람의 뒷모습을 겨누어 보며 거기서 존재 자아의 아름다움을 찾아낸다. 「어둠이 없다면」에서는 '어둠'이라는 타자를 전제하고 별과 꽃의 형용을 동원하여 자아의 반대급부적 상황을 환기한다.

도굴꾼

나는 당신을 도굴해서
내 무덤에 넣어야겠다

인용된 시는 석축과 돌계단으로 이루어진 지하의 내부에서, 멀리 밝은 바깥을 향해 찍은 사진을 담았다. 시의 문면(文面)으로 볼 때 어쩌면 왕릉과 같은 무덤의 석실인지도 모른다. 시인은 여기서 '나'와 '당신'이라는 선명한 두 실체를 전제하고, 이 자아와 타자 사이의 긴장감을 극대화한다. 사진의 구도로 유추하자면 '나'는 당신의 공간을 침범하는 자리에 있고, 그 무례한 처사는 도굴꾼의 그것과 다를 바 없다. 항차 한 걸음 더 나아가 '당신'을 도굴해서 '나'의 무덤에 넣겠다고 한다. 아직 그 무덤에 대한 정보는 없지만, 시의 정조(情調)로 보면 사생결단의 각오가 실린 어휘다. 짧은 시행(詩行)을 통해 진중한 의미의 덫을 매설한 경우다.

위독

내 심장은 이제 멸종에 근접했다
모호하지만 확실하게
떠나는 너를
막는 건
불가능하다

화면 가득 동백꽃이 잡혔다. 배경에 보이는 장면은 이 꽃이 분분히 지는 모습이 아니다. 동백꽃은 꽃잎으로 지지 않고 송이채 떨어지는 낙화(落花)의 유형을 가졌다. 형편이 이와 같다면 사진의 바탕은 동백꽃의 풍성한 개화(開花)가 뒷그림으로 앉아 있는 것이거나, 아니면 다른 꽃 무리가 깔린 경우다. 문제는 전방의 꽃과 잎이 더없이 강렬하게 포착되었다는 데 있다. 이를테면 한껏 숙성한 촬영 기법이다. 꽃이 지는 때를 미루어 인지하고 있기에, 시인은 '내 심장은 이제 멸종에 근접'했다고 썼다. 이를 막는 것이 불가능하다는 것도 알고 있다. 화자의 심장이 자아의 주요한 핵심이라면, 한꺼번에 여러 언사를 발설하는 동백꽃은 타자의 객관화된 모형이다. 이 시인은 이 관계성의 압축적 상징성에 '위독'이란 제목을 붙였다.

4. 인생유전의 불확실한 여러 모습

'불확실성의 시대(The Age of Uncertainty)'란 말은 1977년 TV에 방영된 시리즈이자, 하버드대학의 경제학자 존 케네스 갤브레이스가 발간한 책의 제목이기도 하다. 그때나 지금이나 불확실성은 현대사회의 삶이 보여주는 변함없는 특성이다. 이 시집 3부 〈열대야〉의 시 17편에서 시인은 이 시대적 특성을 그가 피사체로 선택한 사물에서 발견하고, 거기에 합당한 시를 덧붙였다. 소략하지만 강렬한, 시대의 형상을 읽는 시인의 면모와 기량이 드러난다. 시집의 표제가 되기도 한 시 「열대야」에서는 '잠 못 드는 밤'을 식혀줄 '시원한 한 줄기' 소식을 스프링클러를 통해 암시한다. 「청맹과니」에서는 탁상에 놓인 오미자 열매와 돋보기인 듯한 안경을 한데 묶어, '맛에 가려져 보이지 않던 것들'을 잘 보려 한다. 이와 같은 시적 언사들은 불확실성 속에서 확고한 무엇인가를 찾아내려는 시도에 해당한다.

화염을 뚫고

지난해의 일몰과
새해의 일출 사이
'오름'이 있다

어제도 오늘도 그리고 내일도
불길 속으로 간다

인용된 시의 사진은 짐작컨대 제주도의 어느 '오름'에서 바라본, 새해 일출의 풍광이 아닐까 싶다. 사위를 온통 흑암의 장막으로 남겨둔 채 밝아오는 하늘 한 자락에 광명의 초점을 부가했다. 그리고 이 시간대가 '지난해의 일몰'과 '새해의 일출' 사이이니, 비록 하룻밤의 일이지만 상징적 의미에 있어서는 한 해의 간극(間隙)을 노래하는 것이다. 시인은 어제·오늘·내일이 한결같이 '불길 속'으로 간다고 단정한다. 자연의 경물이 펼쳐 보이는 화염과 끊임없이 유전(流傳)하는 우리 인생의 화염을, 겹친 꼴 눈길로 관찰하는 시인의 관점은 하나의 축복이다. 시는 현실법칙이 아니라 진실법칙을 추구한다. 언어의 운용에 있어 시적 허용이나 일탈을 활용할 수 있는, 값없는 특권을 누리는 지점이 바로 여기다.

망향

울 밑에 선 봉선화는
길고 긴 여름날
두고 온 고향을 아직도 잊지 못하고

마음마저 붉게 물들이고 있다

제 태어난 고향이 그립지 않은 이는 세상 어디에도 없다. '울 밑에 선

봉선화'가 그러할진대 사람에 있어서는 더 말할 나위가 없다. 오죽하면 '수구초심(首丘初心)'이라 했겠는가. 사진은 소박한 농가의 장독대가 보이는 묵정밭 한 편에 곱게 줄지어 선 봉선화의 작은 무리를 부각한다. 우리 추억 속에 있는 시골 마을에서 흔히 만날 수 있었던 그림이다. 그 가슴에 곡진한 서정이 있는 사람이라면, 이 꽃자리의 영상만으로도 해묵은 감회를 일깨울 것이다. 시인이 언표(言表)하듯, 봉선화는 '길고 긴 여름날'의 꽃이다. 까마득한 옛 노래의 가사처럼, 더욱 고향을 잊지 못하고 마음마저 붉게 물들인다. 그때 거기에서 지금 여기에 이른 시적 화자의 심경에 온갖 인생유전의 기억이 점철되어있을 터이기에, 작은 시 한 편이 무슨 선언문처럼 큰 울림을 공여하는 것이다.

5. 이해와 관용으로 더불어 가는 길

그림에 조금이라도 조예가 있는 이는 1898년 영국의 화가 존 클리어의 걸작 〈레이디 고디바〉를 알 것이다. 지역 영주의 나이 어린 아내가 백성을 사랑하는 마음으로, 실오라기 하나 걸치지 않은 맨몸에 백마를 타고 가는 장면이다. 이렇게 타자를 위해 자기를 희생하고, 그것을 행동에 옮기는 일은 어렵고 힘들다. 시인이 시를 통해 그와 같은 생각을 현현(顯現)할 때, 세상의 저잣거리가 아닌 집필실이라고 해서 힘들지 않을 리 없다. 이 시집 4부 〈길 없는 길〉의 시 16편에서, 시인은 그 창작의 고통을 넘어 새로운 방향성을 추구한다. 「세상을 건너는 법」에서는 사막길의 '타는 목마름' 속에 '너를 사랑하는 법'을 배운다. 「동행」에서는 계단을 함께 오르는 소년 소녀를 통해 더 멀리, 더 높이 내다본다.

고통의 뒷모습

커다란 X표로 묶여 있는
뒷모습은 얼룩투성이

고통이 유독 선명한 날
그 바탕은 신록이다

인용된 시는 예수 십자가의 조형이다. 왜 어떻게 십자가가 숲속에 서 있는가를 판단할 수 있는 정보나 자료는 전혀 없다. 기독교에 있어서 십자가에서의 죽음은 교리의 가장 핵심적인 지점이자 인류 구원을 향한 사랑의 완성을 표방한다. 이는 다른 종교에서 도저히 찾아볼 수 없는 교리와 사상의 한 정점이다. 시인은 커다란 X표로 묶여 있는 뒷모습이 얼룩투성이임을 간파한다. 세상의 모든 죄를 짊어지고 대신 고난을 당한 성자의 모습이기에, 눈에 보이거나 보이지 않는 온갖 상흔이 남았을 것이다. 그런데 '고통이 유독 선명한 날'에 '그 바탕은 신록'이라고 시인은 말한다. 십자가상을 신록을 배경으로 촬영한 사유인 셈이다. 짐짓 아무 상관 없는 신록을 여기에 결부함으로써, 시적 대상을 강화하고 발화의 유연성을 도모한 모양새다.

매일매일 아침이

밤은 깊고 아름답다
그리고,
그러나
매일매일 아침이 있어
얼마나 다행인가

언뜻 유의미한 메시지를 전달하려는 의도가 없는 사진으로 보인다. 아침 녘 푸른 관목의 잎새에 맑은 이슬이 영롱한 보석처럼 맺혔다. 이렇게 아침이 황홀한 이유는 밤이 깊고 아름다워서라고 쓴 시다. 시인은 매일매일 아침이 있어 얼마나 다행인가를 반문한다. 아침에 일찍 하루를 시작하는 사람, 아침의 풍정(風情)을 시로 발현(發現)하는 시인은 대체로 올곧고 건강한 이다. 시인은 바람 한 점, 풀 한 포기를 보고도 걸음을 멈추며 명상한다. 그것들이 모여서 삼라만상을 이루기에 그렇다. 그래서 일찍이 윌리엄 블레이크가 "한 알의 모래에서 세계를 보고 한 송이 들꽃에서 우주를 본다"고 했던 것이다. 이렇게 이해와 관용, 동행과 사랑의 시어들이 편만(遍滿)한 시집이다.

이제까지 우리는 정채원의 디카시집『열대야』를 공들여 읽었다. 모두 4부 61편으로 구성된 이 시집은 주제론적 성격에 따라 나누어져 있으며, 각기의 부별 특성이 사진과 시의 조화로운 만남으로 잘 드러나고 있다. 스마트폰 디지털카메라의 렌즈 저편에서 만나는 세상은 우리 일상의 모양과 전혀 다르게 다가왔고, 이를 묘사하는 시적 표현 또한 일상적인 수사법의 발화 방식과는 전혀 다르게 제기되었다. 거기에 평보(平步)에서 뒤꿈치를 들고 발끝으로 걷기 시작하는 것 같은, 이른바 언어의 시적 전화(轉化)가 이루어지고 그것이 사진과 한 몸이 되어 수발(秀拔)한 디카시의 세계를 축조한다. 이미 확고한 자신의 시 세계를 가진 정채원 시인의 이 심기일전의 시작(詩作)에, 필자는 '번천(翻天)의 세계인식'이라는 제목을 붙였다. 부디 앞으로도 그의 시가, 그리고 디카시가 더 풍성한 성취를 보여주길 기대한다.

인문학의 위기와 외화내빈의 한국 사회

21세기 들어 공공연히 많은 사람의 입에 오르내린 말이 '인문학의 위기'였다. 시대적 상황으로 보아 이를 치유하기 어렵다는 분위기다. 심지어 "인문학의 위기란 없다. 이미 인문학은 위기를 넘어서 끝장이 났기 때문이다"라는 자조적인 표현까지 있을 정도다. 이 위기를 보다 구체적으로 표현하자면 '인문학계를 계속해서 지원해야 하나' 혹은 '인문대에 진학할 필요가 있느냐'와 같은 논쟁이 된다. 인문학이 비생산적인 분야라는 평가를 넘어, 그것이 우리 시대에 제 가치를 증명하는 데 실패했기 때문에 그에 대한 투자가 낭비라는 인식도 생겨났다.

인문학이 인간과 그 삶의 본질을 다루는 학문이기 때문에, 오늘날과 같은 과학·기술 만능의 시대에 인문학의 위기를 '인간의 위기' 또는 '인류의 위기'라 보는 시각도 있다. 이와 같은 형국에서 인문학계의 변명은 대개 두 가지 유형을 보인다. 하나는 "인문학이 스티브 잡스의 돈벌이에 도움이 됐다"와 같은 자기방어적 변명이다. 다른 하나는 "천박한 자본주의 탓에 인문학이 몰락한다"와 같은 외부적 요인에 대한 비난이다. 문제는 그러한 변명이나 비난이 눈앞에 당착한 위기 극복의 답안과 전혀 동떨어져 있다는 사실이다. 그러기에 이를 아드 폰테스(Ad Fontes)와 같이 원점에서 검토할 필요가 있다.

인문학에 대한 근원적 성찰에 있어 미리 확인하고 경계해야 할 대목은 인문학 지향주의가 잘못 시현(示現) 되었을 때의 해악에 관한 것이다. 한반도의 경우를 예로 들면, 조선 시대 주류 인문학은 지식인 계급이 노비를 부리고 백성을 착취하는 데 사용됐다는 역사적 과거가 있다. 오늘날에 있어 인문학이 제시하는 이상을 실현하고자 했던 북한은 현세에 지옥을 소환했다. 이러한 사례는 국가 공동체의 행태(行態)에 관한 것이지만, 각기 개인의 삶에서도 인문학적 의식이 잘못 적용되면 돌이키기 어려운 결과를 불러올 수밖에 없다.

주지하다시피 인문학은 인간의 언어, 문학, 예술, 철학, 역사 등을 연구하는 학문이다. 디지털 기술이 발전하면서 모든 정보를 기계를 통해 쉽게 얻을 수 있는 '청년'의 시대에, 여전히 책만 읽고 있는 '노인'의 모습을 방불하는 면모가 있다. 그런데 인문학은 어쩌면 그 노인이 가진 지혜와도 같다. 기계가 동원하는 인터넷이나 챗 GPT는 지식을 제공하지만, 자신의 독서 경험과 생각을 이끌어내는 책은 지혜를 제공한다. 이 지혜가 궁극적으로 인간의 삶과 인류사회를 선하게 하고 서로 돕게 하고 함께 살 만한 곳으로 만드는 에너지를 생산한다. 사정이 이러한데도 인문학의 부양과 융성에 심혈을 기울이지 않는다면, 그 국가나 공동체는 직무유기를 저지르고 있는 셈이다.

매일 같이 언론 보도의 첫머리를 장식하는 뉴스를 보면, 아름답고 귀한 소식은 참으로 드물고 불화와 다툼 그리고 반목과 충돌의 사건이 절대다수를 차지하고 있다. 핑계 없는 무덤이 없는 법이니 저마다의 주장과 변명이 있겠지만, 메마르고 황폐한 사람들의 심성에 일차적인 원인이 있다 할 것이다. 그것은 곧 건전한 상식과 균형 있는 교양의 부재, 곧 인문학적 정신의 부재가 원인이라고 언명(言明)할 수밖에 없다. 형편이 이러한데도 이 상황을 개선하고 향상시켜야 할 책임을 누군가가 방기(放棄)하고 있는 터이다.

이처럼 절박한 인문학의 위기를 극복하고 미래 사회에 새로운 전기(轉機)를 마련하기 위해 정부는 겉만 화려한 겉치레의 언사를 버리고 교육을 비롯한 실질적이고 제도적인 장치를 마련해야 한다. 학교 교육 과정에 인문학을 강화하고 교사와 학생이 함께 인문학에 대한 이해와 관심을 높일 수 있도록 지원해야 한다. 동시에 문화 및 예술 활동을 지원하고 보호함으로써 인문학의 활성화를 촉진할 수 있다. 예술인과 예술 단체, 박물관과 도서관 등이 원활하게 작동하고 운영될 수 있도록 지지하고 배려함으로써 인문학 흥융의 바탕이 마련될 수 있다. 정부의 당국자도 이에 대해 전문성을 갖추고 지원 대상자와 함께 숙의해야 한다.

보다 근본적으로는 인문학 연구를 장려하고 인문학의 발전을 견인할 수 있는 구체적인 방안을 내놓아야 한다. 이제까지 여러 방면으로 이 분야의 연구 지원이 없었던 것은 아니지만, 그야말로 다중(多衆)의 이목을 집중하게 할 수 있는 특단의 대책과 조치가 있어야 한다. 연구 장려금, 학술대회 및 워크숍, 연구센터 운영 지원 등을 보다 전향적으로 해보자는 뜻이다. 그러하기 위해 인문학을 촉진할 수 있는 종합적인 문화 정책을 개발하고 시행해 나가는 절차적 단계가 필요하다고 본다. 문화 예산 증액, 문화 교육 프로그램 개발, 문화 행사 지원 등 다양한 방안이 논의될 수 있을 것이다.

그런가 하면 시대적 사조의 변화에 발맞추어, 근래에 새롭게 거론되고 있는 '디지털 인문학' 및 인문학 혁신에 대한 지원도 고려해 보아야 한다. 이 영역을 잘 활용하면 연구 및 교육 프로그램의 개발에 디지털 기술을 활용하여 인문학의 가치를 보다 널리 공유하고 확산시키는 기회가 될 수 있다. 하지만 이러한 정부의 노력이 수행된다 할지라도 그에 앞서 정말 선행되어야 할 것은, 인문학의 위기 극복과 활성화에 대한 인식의 확립이요 그에 따른 태도의 변화라 하겠다. 그것이 없이 수발(秀拔)한 성과를 기대하기는 어렵기 때문이다.

인문학의 회생(回生)을 위해서는, 다른 어떤 담당 기관보다 교육 당국의 심기일전하는 노력이 있어야 한다. 교육이 국가의 백년대계란 어의(語義)만 떠올려 봐도 그렇다. 교육 당국은 인문학교육을 강화할 수 있도록 지금의 교육과정을 개편해야 한다. 인문학 과목의 비중을 늘리고 다양한 인문학 커리큘럼 개발을 통하여 학생들이 인문학적 시각을 익힐 수 있도록 해야 한다. 동시에 담당 교사들에게도 전문적인 인문학 교육을 받도록 하여 이 교육에 대한 이해도와 수준을 높이며, 새로운 교수법과 학습 동기를 증진 시킬 수 있는 학습자 중심의 접근법을 도입해야 한다.

학교 내외에서 학생들을 위한 다양한 인문학 활동으로 새로운 장도 열어주어야 한다. 학교 도서관의 확장과 개선, 문학 행사나 논술 대회 등을 예로 들 수 있겠다. 아울러 디지털 인문학 교육을 강화하여, 온라인 강의나 인터렉티브 학습을 통해 학생들이 언제 어디서나 인문학 교육을 접할 수 있는 환경을 만들어 주면 좋겠다. 더 나아가 학생들이 실제 생활의 현장에서 인문학적 활동을 할 수 있는 기회를 마련하여, 박물관이나 미술관 방문 등 문화 체험 프로그램에 참여할 수 있도록 지원할 수도 있을 것이다.

여기서는 정부와 교육 당국이 인문학 위기의 극복을 위해 경주할 수 있는 여러 방안과 방향성에 대해 자유롭게 기술해 본 셈이다. 그러나 이 모두를 인문학의 현장에 적용하기란 실로 난망(難望)한 일이고, 그 시한

이나 예산상의 어려움 등이 뒤따라올 것은 불을 보듯 밝은 일이다. 비록 제기된 문제의 절반이나 그 이하에 미친다 할지라도, 이를 해결하기 위한 첫걸음을 내딛는 것은 무엇보다 중요한 일이다. 형편의 어려움을 내세워 최선의 노력을 다하지 않는다면, 그 당무자는 인문학과 관련된 자리를 지킬 자격이 없다.

앞서 언급한 바 있지만, 지금 여기의 우리나라는 남북으로 또 동서로 갈라져 상호 화합과 협력 그리고 통합의 내일을 생각할 겨를조차 없다. 개인의 삶 또한 너무도 팍팍하여 이해와 존중의 미덕을 찾기 어렵다. 이는 다른 실제적인 학문 영역에 밀려 인문학이 뒷전이 되고, 문학과 예술이 존중받기보다는 비생산적인 분야로 도외시되는 시대상이 중요한 하나의 원인이 되었다고 할 수 있다. 누구의 책임인지, 누가 그에 응당한 고백을 해야 하는지를 따지기에는 국가의 정신적 피폐와 인문 정신의 공백이 너무도 심각하다. 결국 우리 모두의 과실이자 숙제가 되는 셈이다.

이렇게 외화내빈(外華內貧)한 우리 사회를 올곧고 굳건하게 일으켜 세울 힘이 인문학의 재건에 있다. 근대 서구의 인문주의는 르네상스 시기 이탈리아에서 일어나 유럽과 세계로 확대되었으며, 그 바탕에 있는 고전적 이상으로 현세적 인간성을 앙양하는 것이 목표였다. 장구한 역사를 가진 이 정신운동의 핵심은 언제나 '인간'이었고, 이는 동양 문화권에서도 마찬가지였다. 그래서 화향(花香) 백 리, 주향(酒香) 천 리, 인향(人香) 만 리라는 옛말이 있는 것이다. 인간이 살아 있는 새로운 문화 연구와 실천으로서의 인문학을, 우리 시대의 현실에서 반드시 살려내야 할 이유다.

II.

역사성의 소설과 깊은 성찰

순수와 절제의 미학

- 타계 25주년에 다시 보는 황순원 문학

1. 지속적 시간과 함께 글을 쓴 작가

한국 현대문학의 정상을 지킨 큰 나무이자 그 삶의 모범으로 인하여 작가정신의 사표로 불리던 황순원 선생이 2000년 9월 향년 86세를 일기로 세상을 떠났을 때, 수를 다한 호상이긴 했으나 필자와 같은 직계 제자들은 그 부음 앞에 정신이 아득하기만 했었다. 오랫동안 글을 써 온 작가라고 해서 반드시 훌륭한 작품을 남기는 것은 아니다. 그러나 지속적 시간을 바탕으로 하고 있는 문학은 그렇지 않은 경우에 비추어 더 넓고 깊은 세계를 이룰 가능성을 안고 있다. 서구 문학에서 괴테를 통하여 그 좋은 전범을 발견할 수 있거니와, 우리 문학에서는 황순원을 일컬어 그와 같은 사례에 해당하는 작가라 할 수 있다.

해방 80년을 넘긴 우리 문단에는 많은 작가가 활발하게 창작활동을 하고 있지만, 평생을 소설과 함께 해왔고 그 결과로 '노년의 문학'이라 호명할 만한, 노년에 이른 원숙한 세계관을 작품으로 형상화할 시간적 간격을 획득한 작가는 그리 많지 않았다. 오염과 격변의 근대사를 거치는 동안 우리에게는 그 '지속적 시간'이 쉽사리 마련되지 않았기 때문이다.

황순원이 우리에게 소중한 작가인 것은, 이러한 시대적 난류 속에서 흔들림 없이 자기 자리를 지키면서 순수성과 완결성의 문학을 가꾸어 왔고 그처럼 축적된 세월의 중량이 작품 속에 느껴지고 있음이 주요한 몫을 차지한다.

장편소설로 만조(滿潮)를 이룬 황순원의 문학을 거슬러 올라가 보면, 시에서 출발하여 단편소설의 세계를 거쳐 온 확대 변화의 과정을 볼 수 있다. 그의 소설 가운데 움직이고 있는 인물들이나 구성기법 및 주제 의식도 작품활동의 후반기로 오면서 점차 다변화되는 경향을 보인다. 여러 주인공의 등장, 그물망처럼 얼기설기한 이야기의 진행, 세계를 보는 다각적인 시선 등이 그러한 경향의 서술부로 나타난다. 하지만 그와 같은 다변화는 견고한 조직성을 동반하고 있으며 작품 내부의 여러 요소가 직조물의 정교한 이음매처럼 짜여서 한 편의 소설을 생산하는 데 이른다.

이러한 작법의 변화는 한 단면으로 전체를 제시하는 제유법적 기교로부터 전면적인 작품의 의미망을 통하여 삶의 진실을 부각하는 총체적 안목에 도달하는 과정을 드러낸다. 우리가 일찍이 「소나기」나 「학」에서 만났던 순정한 서정성의 세계와 『움직이는 성』이나 『신들의 주사위』에서 만났던 다면성의 서사 세계 사이의 상거(相距)는 곧 그와 같은 과정의 구체적인 모습에 해당한다. 지속적 시간과 함께 하는 문학이라는 소중한 창작 유형과, 순차적 확대 변화의 과정이라는 독특한 발전양상이 한 사람의 작가에게서 동시에 진행되고 있음은 보기 드문 경우다. 그리고 그 시간상의 전말(顚末)이 한국 현대문학사와 함께했음을 감안할 때, 우리는 황순원의 소설 미학을 통해 우리 문학이 마련하고 있는 하나의 독창적 성과를 확인할 수 있다.

2. 인간애의 깊이가 잘 반영된 작품

모든 문학 하는 청·장년의 연령층들이 다 그러하겠지만, 필자가 '황순원'이란 이름 석 자와 마주친 것은 중학교 때의 교과서에 실린 「소나기」의 지은이로서였다. 어린 소견에도 어쩌면 그렇게 아름답고 정갈한 이야기가 있을 수 있는지, 그 작가는 도대체 얼마나 아득한 먼 거리에 있는 사람인지, 그러한 분과 접촉할 수 있다면 그것이 얼마나 대단한 일인지 알 수 없겠다는 상념이 분분했었다. 나중에 황순원 문학 연구자로서 알고 보니 「소나기」나 「학」은 그저 주어진 문학적 성과가 아니었으며, 단편소설에서 장편소설로 넘어가는 대목에 이르러 황순원의 원숙한 창작 기량이 당대 문학은 물론 작가 자신의 작품세계에서도 그 천장 한 부분에 이르고 있었던 것이다.

그 황순원 선생을 그분인 줄도 모르는 채 필자는 입학시험 면접에서 처음 만났다. 그날 이후로 그분의 소설을 읽어오면서, 또 이 글을 쓰는 순간까지, 필자는 황순원이란 큰 이름과의 거리 좁히기를 계속해 온 셈이었다. 그러므로 이 글도 필경은 그 일의 일부에 해당할 수밖에 없겠다. 강의실에서의 황순원 선생은 빛나는 지성과 날카로운 논리로 문학을 가르치는 교술자가 아니었다. 늘 언어를 다루고 언어와 더불어 일상생활을 함께하는 작가이면서도 그 말씀은 태깔이 현란하지 않았고 여울목의 물살처럼 빠르지도 않았다. 언제나 앞뒤 순서를 보아가며 차근차근 말의 걸음을 옮겨 놓았고, 어조가 부드러웠으나 어떤 평가 또는 판단을 내려야 할 때는 단호한 결의가 겉으로 배어 나오곤 했다.

그분이 스승으로서 그 자리에 있다는 사실만으로도 제자들의 문학적 분위기가 한껏 고조될 수 있었으니 한국 문단에 응당한 이름을 얻은 제자 작가군을 그 증빙으로 내세울 수 있겠다. 전상국, 김용성, 조해일, 조세희, 한수산, 정호승, 이유범, 김형경, 이혜경 등의 작가들 가운데 이 정동적(情動的) 논의에 반대 의사를 가진 이는 아마 한 사람도 없을 것이다. 필자가 기억하는바 황순원 선생과 관련된 일화는 너무도 많지만, 그 사실과 사건들의 공통점을 들자면 모두가 그분의 합리적이고 균형 잡힌 사고나 따뜻하고 순후한 인간애를 잘 드러내고 있다는 점이다.

이러한 면모는 작품세계 가운데서도 곳곳에서 발견되는 것으로, 대표적인 예를 들자면 먼저 세상을 떠난 친구 원응서와의 교감을 그린 「마지막 잔」을 지목할 수 있겠다. 선생은 주석에서 친구에 대한 기억을 되살리면서 꼭 병 바닥의 마지막 잔술을 탁자 옆 허공이나 퇴주 그릇에 부었는데, 그것을 아는 제자들은 덩달아 그 '법칙'을 지켜가며 숙연해 했다. 이러한 측면들이 주위에 있는 사람들로 하여금 아무에게도 못한 비밀스러운 말을 선생께는 다 털어놓을 수 있겠다는 주관적인 친숙감을 갖게 했던 것 같다.

그러나 실제로 그와 같은 기회는 임의로운 것이 아니며 글을 쓰는 제자들은 자신의 글을 통하여 그 깊숙한 정신적 사고와 운동 범주를 표현해 보기도 했던 터이다. 문학 속에 인간의 본원에 대한 깊은 사랑과 인간의 영혼이 겪는 아픔을 치유하는 의지가 있어야 한다면 그런 문학은 바로 황순원 작품세계의 핵심과 소통된다. 그의 소설을 읽는 독자는 좋은 작가 이전에 좋은 인품을 먼저 만날 수 있는 행복을 누리는 셈이다. 맑은 품성의 작가와 인간에 대한 애정을 담은 작품이 만났을 때의 동반 상승 효과가 거기에 있다.

3. 창작을 뒷받침한 맑고 밝은 인품

선생이 타계하신 후 한동안 도하 각 일간지의 지면에 그 삶과 문학에 대한 기사가 큰 부피로 장식되더니, 계속해서 월·계간 문예지들이 여러 모로 예를 갖추어 황순원 특집을 마련해 내놓곤 했었다. 선생에 관한 그 특집의 문면(文面)들을 다시 살펴보면서, 필자는 어쩌면 내가 글을 쓰고 있을 때 해 두지 않으면 영원히 묻혀버릴지도 모르는 몇 가지 언급을 내놓는 것이 좋겠다고 생각했다. 먼저 「소나기」다. 문단 일각에서 '국민 단편'이라고까지 부르는 이 작품에 대해서, 많은 분이 작가의 직접 체험이 반영된 것 아니냐는 호사가적 관심을 가졌다.

이에 대한 선생의 답변은 한결같았다. 작가는 어떤 형태로든 자신의 체험을 형상화한다고 응대할 뿐, 그것이 직접 체험인지 간접 체험인지는 밝히지 않았다. 그것은 선생의 문학관이요 철학이었다. 작가는 오직 작품으로만 말한다! 다만 소나기의 그 빼어난 결미에 관해서는 선생께 들은 말씀이 있다. 원래의 원고에서는 소년이 신음소리를 내며 돌아눕는다는 등 네 문장이 더 있었는데, 절친한 친구 원응서 선생이 그것은 사족이니 빼는 것이 좋겠다고 권유했다는 것이다. 이러한 사정은 「목넘이 마을의 개」에서도 유사했던 것으로 알고 있다. 그렇게 선생은 좋은 친구요 좋은 독자를 가진 복을 누렸다.

프랑스에서 선생의 대표작을 다이제스트해서 출판하겠으니, 필자에게 간략한 해설을 써 달라는 청탁이 왔었다. 대표작? 글쎄, 선생의 대표작을 선정하기가 쉽지 않았다. 이분은 「소나기」 같은 단편을 대표작으로 거론하는 것을 매우 언짢아하셨다. 당신은 스스로 시에서 출발하여 단편의 세계를 거쳐 장편으로 일가를 이룬 작가라는 생각을 가지고 계셨다.

장편 중에서도 『일월』과 『움직이는 성』으로 압축해 놓고 선생께 의견을 여쭈었더니, '김 군'이 정하라는 말씀이셨다. 여러 생각 끝에 필자는 이 두 편을 함께 대표작으로 추천해 보냈다.

기실 이 두 작품의 작중인물 연구는 필자의 석사학위 논문이었고, 심사위원장이셨던 선생께 작품에 관한 질문을 던졌던 적이 있다. 백정의 가계(家系)를 가진 인철의 가문이 이미 신분 상승이 된 이후인데 왜 그렇게 과거가 문제 되느냐고 여쭈었다. 선생은 작가는 원래 이런 종류의 질문에 대답하지 않지만, '김 군'에게 특별히 말하는 바이다, 신분 상승을 이루었기 때문에 과거가 문제 되는 것이다라고 간략히 말씀하셨다. 복잡한 질문에 짧고 명쾌한 답변, 필자는 이를 흔연히 수긍할 수 있었다.

선생께서 홀연 타계하시고 장례를 준비하는 동안 이를 사회장으로 확대하자, 생전에 23년 6개월 봉직하신 경희대학을 들러 장지로 가자는 등 여러 논의가 있었다. 그러나 유족들의 기준은 '아버님이라면 어떻게 하셨을까' 였고, 결국 가장 조촐하고 품위 있는, 가장 소박하면서도 그 뜻으로 인해 가장 화려한 영결식을 치렀다. 그렇게 한 시대 문학의 거인은 거인답게 가셨다. 노년에 이르러 평상시에 말씀하시기를, 세상을 떠날 때 가족이나 가까운 이들에게 폐 끼치지 않겠다는 소망으로 기도한다고 하셨다. 그 기도는 응답 되었다.

4. 작가로서의 생애와 문학의 개화

선생은 일제 병탄의 초엽인 1915년 3월, 평양 부근의 평남 대동군 재경면 빙장리에서 출생했다. 황씨 가문은 조선 초기 저 유명한 황희(黃喜)

정승의 후예로서 향리에서 누대에 걸친 명문이었고 조부 황연기(黃鍊基) 공이 조선의 참봉을 지냈으니 만약 지금이 조선 시대라면 선생은 큰 갓에 도포를 입고 다녔을 법하였다. 조선의 영조 때 평양에 '황고집'이라는 유명한 효자가 있었고 그의 조상 공경과 강직 결백함은 이름이 높아 이홍식 편 '국사대사전'에까지 올라있는데, 이 '황고집' 또는 이를 호로 딴 집암(執庵), 곧 본명이 순승(順承)인 분이 선생의 8대 방조다.

30여 년에 걸쳐 지속적으로 변화하고 승급하면서도 순수문학과 미학주의를 지향하는 그 전열을 흩트리지 아니한 황순원 작품세계의 본질을 구명(究明)함에 있어, 이와 같은 황고집 가문의 기질과 음덕이 밑바탕에 잠복해 있음을 간과할 수 없다. 열다섯 살 나던 1929년, 선생은 정주의 오산중학교에 입학했다. 건강 때문에 다시 평양의 숭실중학교로 전학하기까지 한 학기를 정주에서 보냈다. 이 무렵 선생은 거기서 교장을 지낸 남강 이승훈 선생을 보고 '남자라는 것은 저렇게 늙을수록 아름다워질 수도 있는 것이로구나'하는 느낌을 받았다고 술회했다.

나이에 비추어 관찰력과 생각의 깊이가 이미 범상하지 않았다는 증거인데, 단편 「아버지」에서는 남강의 이러한 기품을 부친에게서 발견했다고 적고 있다. 부친은 3·1운동이 일어나던 해, 곧 선생이 다섯 살이던 해에 평양 숭덕학교 고등과 교사로 재직 중이었으며 태극기와 독립선언서 평양 시내 배포 책임자로 일경에 체포되었다. 그리하여 부친은 1년 6개월의 실형을 선고받고 감옥살이를 했다. 선생이 그러한 말씀을 하실 때면, 제자들이 선생을 바라보면서 자연히 선생께서도 늙어가면서 아름다워지는 남자라는 생각을 하곤 했다.

숭실중학교에 재학 중이던 1930년, 이팔청춘의 나이에 드디어 선생은 시를 쓰기 시작했다. 그로부터 시인에서 출발하여 단편소설 작가로 자기를 확립하고, 다시 장편소설 작가로 발전해 간 이력을 보여 준다. 1931년 7월 처녀 시 「나의 꿈」을, 9월에 「아들아 무서워 말라」를 『동광』에 발표하기 시작한 이래, 일본으로 유학하여 와세다 대학 영문과에 재학 중이던 1936년까지 선생은 첫 시집 『방가』와 두 번째 시집 『골동품』에 묶인 두 권 분량의 시를 썼다. 선생은 두 시집을 낸 이듬해인 1937년부터 소설을 발표하기 시작했다.

선생의 첫 소설 작품은 1937년 7월 『창작』 제3집에 발표된 「거리의 부사」였다. 소설을 쓰기 시작한 지 3년만인 1940년 『황순원 단편집』이 첫 작품집으로 간행되었고 이는 나중의 출간에서 『늪』으로 개제(改題) 되었다. 1951년 두 번째 작품집 『기러기』를 간행하였는데 여기에 실린 대다수 작품은 1941년 태평양전쟁 발발 이후 일제의 한글 말살 정책으로 발표되지도 못하고 그냥 되는 대로 석유 상자 밑이나 다락 구석에 틀어박혀 있을 수밖에 없었던 것들이었다. 월남 전의 선생은 평양 기림리의 집에서 술상을 가운데 놓고 절친한 친구 원응서 선생에게 작품을 낭독해 주곤 했다. 당시 유일한 독자였다.

일제 말기의 어지럽고 뒤숭숭하던 시절을 피해 향리인 빙장리로 소개(疏開)해 갔던 선생은, 계속해서 단편소설을 쓰면서 해방을 맞았다. 그러나 지주 집안에 대한 탄압을 견디기 어려웠던 선생의 집안은, 6·25동란이 나자 마침내 솔가(率家)하여 경기도 광주로 피난했으며 1·4후퇴 때에는 다시 부산으로 피난했다. 이 부산 망명 문인 시절 김동리, 손소희, 김말봉, 오영진, 허윤석 등과 교유하며 그 포화의 여진 속에서도 작품창작을 계속해 나갔다. 선생의 부산 피난 시절에 관한 이야기는 단편 「곡예사」에 세밀하게 나타나 있고, 문인들이 모이던 부산 시내 '밀다원'에 관한 여러 문인의 회고 글에도 나온다.

서울로 올라와 서울고등학교 교사를 거쳐 선생은 1957년 경희대학 교수로 자리를 옮겼다. 또한 이 해에 예술원 회원에 피선되기도 했다. 선생의 생애에 있어 경희대학으로의 전직은 그 의미가 가볍지 않다. 이때부터 정년퇴임을 하는 날까지 23년 6개월 동안, 단 하나의 보직도 맡지 않은 채 그야말로 평교수로서 초연히 살아오면서, 전체 작품 가운데 3분의 2에 해당하는 단편과 『잃어버린 사람들』 『나무들 비탈에 서다』 『일월』 『움직이는 성』 『신들의 주사위』 등 주요 장편을 집필하였다.

뿐만 아니라 김광섭, 주요섭, 김진수, 조병화, 서정범 등 쟁쟁한 문인 교수들과 더불어 활기찬 창작열을 북돋워 많은 문인 제자들을 배출한 시기이기도 했다. 선생은 소설 이외의 '잡문'을 쓰지 않기로 유명했다. '작가는 작품으로 말한다'는 신념에서였다. 그 신념으로 황순원 문학은 1992년 9월 일흔여덟 노경(老境)에 이르기까지, 한 치의 흐트러짐도 없는 시상으로 「산책길에서·1」 등 여덟 편의 시를 발표하는 데까지 달려갔다. 말년의 선생은 함축적 의미를 가진 단편과 시를 쓰면서 그 문학적 역정(歷程)을 마무리했다.

5. 정신의 순수와 아름다움의 문학

황순원의 시와 초기 단편들, 그리고 앞서 언급한 탁발한 단편들조차도 기실 우리가 바탕으로 하는 구체적 삶의 현장에 과감히 뛰어든 문학은 아니다. 이는 어쩌면 암흑기의 현실적인 제약과 타협하지도 맞서지도 않았기 때문인지 모른다. 그러나 그것은 상실과 말소의 시대에 있어서 본원적인 자기 회귀이면서 뒷날의 문학적 성숙을 예비한 서장이라 할 수 있다. 장편소설로 넘어오면서 황순원의 작품에는 한국 현대사에서 가장 큰 격동의 사건인 6·25가 배경으로 등장한다.

인생의 첨예한 단면을 보여 주도록 고안된 단편소설의 양식으로서는 그와 같이 부피가 큰 줄거리들을 받아들이기 힘들었을 것이며, 인생의 여러 면모를 전면적으로 추구하는 데 적합한 장편소설의 양식을 통하여 전란의 와중과 전후에 펼쳐진 좌절 및 질곡을 표현하고자 했을 것이다. 그러면서도 여전히 절제되고 간결한 문장, 서정적 이미지와 지적 세련의 분위기를 유지하고 있다. 장편소설에서 그것이 가능하고, 또 작품의 중심과제와 잘 조응하고 있는 점은 그와 그의 문학을 독특하고 드물다고 말할 수 있는 또 하나의 근거가 된다. 장편소설에서도 그는 때때로 산문적 서사적 서술보다 우리의 정서에 익숙한 인물이나 사건의 단출한 이미지 부각을 통해 작중 상황을 암시적으로 환기한다.

이러한 묘사의 특질이, 단편의 특성을 장편 속에 접맥시켜 놓고서도 서투르지 않게 한다는 점에서, 그 작가적 역량을 짐작해 볼 수 있다. 1930년 16세에 시를 쓰기 시작하여 1992년 78세까지 작품을 쓴 황순원은 시 104편, 단편 104편, 중편 1편, 장편 7편의 거대한 문학적 성채를 남겼다. 이 작품들은 그를 한국 현대문학사에서 온갖 시대의 격랑을 헤치고 순수문학을 지켜온 거목으로, 그리고 작가의 인품이 작품에 투영되어 문학적 수준을 제고(提高)하는 데까지 이른 작가정신의 사표로 불리게 하였다.

황순원의 문학과 시대 현실과의 관계는 흥미로운 굴곡을 이루고 있다. 초기 단편에서는 작가 자신의 신변적 소재가 주류를 이루면서 토속적 정서와 결부된 강렬하고 단선적인 이미지가 부각 되고 있다. 「목넘이 마을의 개」를 전후한 단편에서부터 『나무들 비탈에 서다』까지의 장편에서는 수난과 격변의 근대사가 작품의 배경으로 유입되어 현실의 구체적인 무게가 가장 크다. 장편 『일월』과 『움직이는 성』 그리고 단편집 『탈』에서는 인간의 운명에 관한 철학적 종교적 문제가 천착 되면서 시대 현실이 한걸음 후퇴한다. 그러나 『신들의 주사위』에 이르면 인간의 존재에 대한 철학적 탐구는 그대로 지속되되, 한 지역사회가 변모해가는 내면적 모습이 함께 그려진다.

작품활동의 후반기로 오면서 그의 세계는 인간의 운명과 존재에 대한 깊은 성찰에 도달하고 있으며 시대 현실을 다루는 작가의 복합적 관점을 느낄 수 있다. 이는 삶의 현장에 대한 원숙하고 관조적인 시야가 없이는 어려울 것이다. 황순원의 문학은 인간의 정신적 아름다움과 순수성, 인간의 고귀함과 존엄성을 존중하는 바탕 위에서 출발했고 이를 흔들림 없이 끝까지 지켰다. 그가 일제하에서 읽히지도 출간되지도 않는 작품을 은밀하게 쓰면서 모국어를 지킨 일도 이러한 상황과 무관하지 않다.

대부분 그의 작품이 배경으로 되어 있는 상황의 가열함 속에서도 진실한 인간성의 회복을 위한 암중모색을 잊지 않고 있는 것은 그 때문이며, 문학사에서 그를 낭만적 휴머니스트로 기록하고 있는 것도 그 때문일 것이다. 하나의 완결된 자기 세계를 풍성하고 밀도 있게 제작함으로써 깊은 감동을 남기고 있는 황순원의 작품들은, 한국 문학사에 의미 있고 돌올(突兀)한 한 봉우리를 형성하고 있다. 그것은 또한 현대사의 다기(多岐)한 부침을 겪어오는 가운데서도 뿌리 깊은 나무처럼 우뚝 서 있는 이 작가에게 우리가 보내는 신뢰의 다른 이름이요 그 형상이기도 하다.

6. 국민적 사표로서의 작가와 문학

바로 그 한국문학의 원로요 우리 시대 작가정신의 사표였던 황순원 선생이 2000년에 가시고 같은 해에 시에 있어서 그와 같은 중량을 지녔던 미당 서정주 선생이 가셨다. 두 분은 생전의 가까운 벗이었으며, 기이하게도 생몰연대가 꼭 같다. 그 무렵 몇 해는 정녕 문학사의 큰 산맥들이 유명(幽明)을 달리하며 굽이친 시기였다. 그동안 《중앙일보》에서 '황순원문학상'과 '미당문학상'을 제정하여 매년 수상자를 내고 그 문학에 대한 학문적 조명도 활발해지던 시기에, 때마침 양평군과 경희대학교가 손잡고 황순원 문학을 기리는 '황순원문학촌 소나기마을'을 시작하게 되었으니 감개가 깊고 무량하지 않을 수 없었다.

그런데 여러 가지 이유로 《중앙일보》의 이 두 상이 없어지고 대신 2018년부터 소나기마을의 '소나기마을문학상'이 '황순원문학상'으로 개칭되어, 해마다 작가상·시인상·신진상·연구상 그리고 양평문인상을 시상하고 있다. 이 글을 통하여 필자는 황순원 문학이 가진 문학사적 의의를 다시금 되새기는 한편, 앞으로 국민적 사표로서의 부피와 중량을 가진 이 작가를 '양평'이라는 공간 환경과 더불어 어떻게 추모하고 기념하며 현양(顯揚)해 나갈 것인가라는 그 방향성에 진일보의 '집중'이 잡힐 수 있기를 기대해 본다.

그것은 단순히 한 작가를 추모하고 본받는다는 정신적 차원에 머무는 것이 아니다. 우리가 어떻게 그를 동시대의 일상적 생활 가운데서 만나고 그 작품세계를 향유(享有)하며 더 나아가 후대를 위한 값진 경계로 삼을 것이냐는, 보다 구체적이고 실천적인 시각을 필요로 한다. 그러한 형국에 있어서 소나기마을의 운영과 행사 및 사업들이, 황순원 문학을 범국민적으로 수용할 수 있도록 하는 하나의 시발점이요 그것을 위한 '선언'이 될 수 있기를 소망한다. "네 시작은 미약하였으나 네 나중은 심히 창대하리라"(욥8:7)는 믿음 또한 여기에 결부해두고자 한다.

역사를 읽고 신화를 쓴 작가

- 1980년대 이후의 이병주 소설

1. 타계 30주년의 나림 이병주

소설가 나림 이병주 선생이 타계한 해가 1992년이니 올해로 꼭 33주년이다. 대학의 국문학과에서 30년간 문학을 강의하고 문단에서 문학평론가로 33년간 비평문을 써 온 필자의 견식으로, 나림을 일러 '불세출의 작가'라 호명하는 것은 그다지 무리해 보이지 않는다. 그가 남긴 80여 권의 소설과 40여 권의 에세이, 종횡무진의 서사를 자랑하는 실록소설과 춘추필법을 구사하는 에세이들을 정독해 보면 이를 쉽사리 납득할 수 있다. 일찍이 그는 자신의 책상 앞에 "나폴레옹 앞에는 알프스가 있고 내 앞에는 발자크가 있다"고 써 붙여 두었던 터이니, 기량에 있어서나 의욕에 있어서나 천생의 작가였던 셈이다.

대표적인 이병주 연구자였던 고(故) 김윤식 선생으로부터 필자가 직접 들은 회고담이다. 어느 방송 프로그램에 함께 출연하여 나림의 장편소설 『비창』에 대해 논의하는 자리에서 이렇게 말했다고 한다. "그 작품에 등장하는 여주인공의 사고와 행위가 너무 질정(質定)이 없지 않느냐." 그랬더니 나림의 대답이 이랬다는 것이다. "나는 육십이 넘은 지금도 세상살이에 갈팡질팡하는데, 이제 사십을 갓 넘은 술집 마담의 형편에 질정 없이 행동하는 것이 이상할 바 있겠느냐." 김윤식 선생은 그 '우문현답'에 더 이상 할 말이 없었다고 했다. 김 선생이 말년에 토로한 바로는, 한국의 작가 가운데 사람으로나 작품으로나 가장 기억에 남는 이가 나림이라고 했다.

나림이 유명(幽明)을 달리한 지 10년 후인 2002년에, 그의 출생지인 경남 하동에서 최증수 선생을 중심으로 한 기념사업이 시작되었다. 그로부터 5년 후인 2007년에 김윤식 선생과 하동 출신의 정구영 전 검찰총장 등을 중심으로 전국 규모의 기념사업회가 발족했다. 그리하여 주로 역사 소재의 대표작들을 중심으로 서른 권의 이병주 선집이 발간되었고, 이병주국제문학제와 이병주국제문학상 등의 본격적인 현양 사업이 지속되어 왔다. 2021년에는 다시 대중적 수용성이 뛰어났던 작품들을 중심으로 열두 권의 선집이 발간되었고, 한국문인협회·국제펜한국본부·대산문화재단 등의 문학단체 및 기구에서 그를 조명하는 특집을 마련하기도 했다.

필자가 나림을 처음 만난 것은 대학원 석사과정에 갓 입학한 해 봄이었다. 장소는 광화문 코리아나호텔 커피숍이었고, 대학에서 발간하는 잡지의 원고청탁을 위해서였다. 그 자리에서 필자는 '역사란 무엇이냐'는 매우 무모한 질문을 던졌고, 선생은 매우 간략하게 '역사는 믿을 수 없는 것'이라고 대답했다. 그때는 이해하지 못했으나 나중에 공부를 더 하고 보니, 선생의 답변은 그의 문학관(文學觀) 곧 신화문학론에 근거한 문학의 관점을 압축한 것이었다. 장편소설 『산하』의 에피그램 "태양에 바래이면 역사가 되고 월광에 물들면 신화가 된다"나, 그의 어록 중 하나인 "역사는 산맥을 기록하고 나의 문학은 골짜기를 기록한다" 등이 모두 그와 동

궤(同軌)의 맥락이었다.

2. 나림의 문학과 연구의 경과

실재적 사실로서의 역사는 인간사의 깊은 굴곡에 숨어있는 슬픔이나 아픔을 보여줄 수 없는 것이며, 그것을 가능하게 하는 장르가 소설이라는 선생의 확고한 지론(持論)이 거기에 있었다. 어쨌거나 그 만남을 기점으로 필자는 나림 연구자가 되었고 2007년부터 현양 운동의 실무를 맡았으며 그 세월이 10여 년이 되었다. 지금은 상황이 바뀌어서 기념사업회의 공동대표를 맡고 있지만, 기실 필자에게는 나림과 관련된 원죄가 없지 않다. 고등학교 때부터 그의 소설들을 탐독한 전력이 그렇다. 그때는 정말 아무것도 모르고 소설만 열심히 읽었는데, 운명의 인과는 허술함이 없어서 오늘 여기에까지 이른 형국이다. 바라건대 그 인연이 그야말로 선인선과(善因善果)였으면 한다.

나림의 소설은 장대하고 드라마틱한 이야기를 유장(悠長)하게 풀어나가는 데 특장이 있다. 일찍이 그가 도스토옙스키의 『죄와 벌』을 읽고 그 마력에 사로잡혔다고 고백한 것은 그런 점에서 사뭇 의미심장하다. 무엇보다도 그의 소설들은 확고하게 '읽기의 재미'를 공여한다. 미상불 이는 소설 형식의 근본적인 존재 이유이기도 하다. 그의 책을 서재에 두면 귀가하는 발걸음이 빨라진다는 수사(修辭)나, 『행복어사전』에서 '이병주가 집에서 기다린다'는 비유적 표현은 이를 잘 말해준다. 동시에 그의 소설들은 인생사에 대한 교훈과 경륜을 습득하게 한다. 현란한 현대사회의 물질문명 앞에 위축된 우리 시대의 갑남을녀(甲男乙女)들에게, 거대담론의 기개를 회복하고 굳어버린 인식의 벽을 부수는 상상력의 힘을 북돋울 수 있다.

오랫동안 그의 소설들과 더불어 살아온 필자의 시각에는, 그 소설들이 역사성과 대중성이라는 두 줄기의 형용으로 양립되어 있다고 인식된다. 『관부연락선』·『지리산』·『산하』 같은 한국 근·현대사 소재의 3부작과 『바람과 구름과 비』 또는 『그해 오월』 같은 작품은 웅장하고 견고한 역사성의 성채와 같다. 그런가 하면 『낙엽』·『허상과 장미』·『행복어사전』 같이 시대와 사회 속에서 구체적인 삶을 엮어가는 이들의 디테일한 담화들은 다채롭고 윤기 있는 대중성의 모형을 이룬다. 이 양자를 기축(基軸)에 두고 나림의 문학은 한껏 그 날개를 펼쳐 비상할 수 있었던 것이다. 그런가 하면 그의 산문들이 탐사하는 철학과 사상, 인문주의의 식견은 그것대로 또 하나의 괄목할 만한 획을 이루고 있다.

물론 이 글의 의도가 나림의 소설이 남긴 문학적 의의와 존재 값을 후하게 평가하려는 뜻을 가지고 있지만, 그렇다고 사실과 어긋나는 견강부회를 가져올 생각은 추호도 없다. 엄정하고 객관적으로 비평적 감식을 수행하는 것이 나림 문학의 위의(威儀)에 대한 연구자요 현창자로서의 도리라 여겨지기 때문이다. 나림을 있는 그대로 읽는 것만으로도, 그렇게 읽을 수 있도록 마당을 닦고 멍석을 까는 것만으로도 충분할 것으로 본다. 이 말은 나림의 문학과 더불어 우리 시대의 새로운 독서운동을 시발해볼 수 있지 않겠느냐는 조심스러운 기대를 안고 있다. 어느새 많은 이들이 종이책과 멀어지고 문학이 먼 외계의 풍설(風說)처럼 들리는 실제적 우려의 상황이 '인문학의 위기'라는 이름으로 제시되어 있는 형편이기에 그렇다.

문학을 통해 간접 체험으로서의 세계를 탐색하고 스스로의 가치 기준을 정립해 나가는 고전적 독서론의 범례를 굳이 서구의 작품이나 중국의 『삼국지연의』 등에서만 찾을 일이 아니다. 나림의 역사 소재 소설들은 특히 이 대목에서 바람직한 전범이 될 수 있는 것들이 많다. 또한 현대사회의 남녀 간 사랑 이야기를 소재로 한 소설들도 저마다의 역할이 있다. 『행복어사전』에서 우등생의 모범답안과 같은 삶의 지향점을 버리고, 일상의 구체적 세부를 음미하는 인물의 자기 충족은 오늘날과 같이 파편화되고 미소(微小)화 한 현실 가운데 시사하는 바가 크다. '미(微)에 신(神)이 있느니라'는 그의 소설 한 대목에 있는 기막힌 레토릭이다.

앞서 언급한 바와 같이 이병주기념사업회의 발족 이후 역사성의 소설을 모은 선집 서른 권이 발간된 것은 2006년이었다. 그리고 15년이 지난 2021년, 대중 성향의 '재미있는' 선집 열두 권이 새로 묶여 나왔다. 한국문학에서 문·사·철의 고급한 교양을 동시에 보여주는 작가, 사상에 있어 좌·우익을 망라하여 문학을 통한 정치토론을 유발할 수 있는 거의 유일한 작가가 나림이다. 그런 연유로 그 기념사업회에는 좌우 이념의 대표적인 인물들이 함께 망라되어 있다. 이제 한국 문단은 그에 대해 대체로 인색했던 평가와 비교적 미흡했던 연구의 구각(舊殼)을 탈피해야 한다. 삼포지향(三抱之鄕)의 아름다운 고장 하동을 기리듯, 하동이 낳은 이 걸출한 작가를 다시 돌아볼 때다. 탄생 100년을 지난 한 세기, 타계 30여 년에 이른 한 세대의 무게가 거기에 얹혀있는 까닭에서다.

이 글의 제목을 '역사를 읽고 신화를 쓴 작가'라고 한 것은, 당연히 나림의 소설적 성취를 염두에 둔 이유에서다. 특히 '작품으로 읽는 이병주'이기에 더욱 그렇다. 지금까지 이병주를 두고 그 삶과 문학에 대해 총체적인 형식으로 접근한 첫 저술은, 정범준 작가의 『작가의 탄생』이다. 철저한 고증과 현장 확인의 바탕 위에서 기술된 이 책은, 비록 작가가 되기까지만을 기술 대상으로 하고 있으나 이병주 연구에 있어 간과할 수 없는 성과다. 그다음으로 이병주의 전반적인 면모를 포괄하여 서술한 안경환 교수의 『이병주 평전』을 들 수 있다. 이병주 문학의 가장 돌올(突兀)한 연구자는 거두절미하고 김윤식 선생이다. 『지리산』을 비롯한 역사 소재의 장편소설들, 그리고 '학병 세대'의 역사적 좌표 설정은 선생이 아니었으면 불가능했을 일이다.

그런가 하면 이병주 문학의 시대 및 사회사적 의의를 해명한 임헌영 선생을 비롯하여 많은 연구자들이 있다. 연구논문과 연구서들도 지속적으로 생산되고 있다. 이토록 많은 노력과 합심협력의 분위기는, 이제 찬란한 성좌(星座)가 된 나림 이병주 선생의 사후(死後) 홍복(洪福)인지도 모른다. 참으로 놀라운 사실은 선생의 이름을 표식으로 내건 자리에서 만난 사람들 가운데, 곳곳에 선생을 기억하고 아직도 그 작품을 애장(愛藏)하거나 숙독(熟讀)하고 있는 이들을 만날 수 있었던 것이다.

3. 신군부 시대와 작가의 자리

1970년대에서 1980년대로 넘어가는 시대사의 분수령에서, 한국 사회는 하나의 극적인 사건을 맞게 된다. 곧 12.12 군사반란이다. 1979년 12월 12일 전두환·노태우 등을 중심으로 한 신군부 세력이 정승화 육군참모총장 등을 불법적으로 강제 연행하고 군권을 장악하면서 시작된 군사반란 사건이 그것이다. 신군부 세력은 1980년 5월 17일 비상계엄 확대를 계기로 국가권력을 탈취하고 쿠데타 일정을 마무리했다. 12·12 군사반란의 진상은 권력에 의해 은폐되어 있다가 김영삼 정부 아래서 '하극상에 의한 군사쿠데타'라는 역사적 평가를 받게 되었다. 한국문학의

1980년대는 신군부에 저항하는 '운동개념으로서의 문학'이 풍미했으나, 이병주는 이러한 당대의 흐름과는 그다지 관련이 없었다.

그는 박정희와 가깝다고 알려져 있었지만 실상은 그 반대였고, 오히려 전두환과 끝까지 자별(自別)한 관계를 유지했다. 전두환은 대통령직을 퇴임하고 9개월이 되던 1988년 11월 23일 오전 10시, 유배 아닌 유배로 백담사로 가기 위해 연희동 자택에서 28분짜리 대국민 성명서를 낭독했다. 그 성명서의 마지막 자구(字句) 수정을 당대 최고의 인기 작가 이병주가 했다고 알려져 있다. 전두환과 그 부인 이순자가 2년에 걸쳐 강원도 오지의 백담사에서 '귀양살이'를 할 때, 이병주는 그래도 세 번을 찾아갔다. 재임 시의 공과는 차치하고, 그가 일생 붙들고 살아온 인본주의의 심사 때문이었을 것이다. 그는 1989년 서당에서 상재한 『대통령들의 초상』에서 당시의 상황을 비교적 자세히 회고한다. 다음 예문은 전두환의 회고록에 있는 글이다.

> 사과문은 아홉 차례의 수정 보완을 거쳐 백담사로 떠나는 11월 23일 새벽녘이 되어서야 완성됐다. 그 하루 전인 11월 22일 저녁, 작가 이병주 씨가 찾아왔다. 부산에 있다가 내가 23일 연희동 집을 떠난다는 뉴스를 듣고는 급히 올라왔다는 것이다. 나는 사과문 원고를 건네주며 문안이 완성되기까지 진통이 있었다는 얘기와 함께 내용을 검토해 달라고 부탁했다. 원고를 본 이병주 씨는 민 비서관이 했던 말과 똑같은 얘기를 했다. 무엇을 그렇게 잘못했다고 사과 일변도의 얘기만 하느냐, 내용이 너무 처연하다. 할 말은 해야 하는 것이 아니냐고 했다. 나는 민 비서관에게 했던 얘기를 반복할 수 밖에 없었다. 이병주 씨는 민 비서관에게 20여 대목의 자구를 수정하면 좋겠다는 메모를 남겼고, 그 과정을 거쳐 23일 아침 최종본이 나에게 보고되었다.

그런데 그에 앞선 대통령 박정희는 이병주로부터 전혀 점수를 얻지 못했다. 남재희의 언급처럼, 박정희가 죽고 난 뒤 이병주는 그를 자신이 축조한 심판대 위에 세웠던 것이다. 그것은『그해 오월』과『그를 버린 여인』으로 소설화되어 나타났다. 1986년 4월《동서문학》에 발표한 단편소설「어느 낙일(落日)」 또한 그와 맥락을 같이하는 작품이다. 이 단편은 장편『그를 버린 여인』의 서론 격에 해당한다고 할 수 있다. 이처럼 그는 한 시대의 작가로서, 또 지성인으로서 자신이 겪은 대통령들을 바라보는 시각을 명료하게 표현했다. 특히『산하』에서는 이승만의 사유와 행위를 생생하게 묘사했다. 다음 예문은『그를 버린 여인』하권에 기록되어 있는 박정희의 죽음에 대한 평가다.

> 확실한 것은 김재규가 쏜 권총 소리가 수십만 수백만이 외친 원성과 아우성 소리보다도 높았다는 사실이다. 십수 년에 걸쳐 거듭된 학생들과 군중의 데모가 해내지 못했던, 또한 무수한 야당 정치가와 반체제 인사들의 때론 극형을 초래하기도 한 항거와 책모로서도 이룰 수 없었던, 한 시대의 종지부를 찍는 획기적 결과는 김재규의 권총이 마련했다는 뜻이다. 그 성질상 분명한 논리적 해명은 불가능한 것이라고 해도 테러리즘의 철학과 정치적 의미와 역사적 의미는 어두운 하늘에 번갯불과 같이 순간적인 황홀을 새긴다. 테러리즘의 미학이 성립하기도 한다. 그런 까닭에 제정 러시아의 테러리스트들은 자기들의 테러 행위를 '인류의 새벽에 명성(明星)을 주기 위한 것'이라며 뽐냈던 것이다.

박정희의 제3공화국에 대한 신랄한 비판을 담은 장편소설『그해 오월』은, 1982년 9월부터《신동아》에 연재를 시작하여 1988년 8월까지 모두 69회에 걸쳐 수록되었다. 그 제목이 뜻하는 바와 마찬가지로 5.16 군사쿠데타로 비롯된 군사독재 정권의 전말(顚末)을 그리고자 했는데, '이사마(李司馬)'란 주인공을 내세웠다. 이 인물은 당연히 그가 '사관'으로서 역사 기록의 모범으로 삼고 있는 『사기』의 저자 사마천(司馬遷)의 이름을 빌어온 것이다. 그런데 오랜 원한과 의욕이 함께 작동한 탓인지, 이야기로서의 소설보다는 자료의 집합이 더 우세한 느낌이 있다. 마치 후대의 작가 임철우가 광주민주화운동의 이야기를 다섯 권의 장편소설로 그린 『봄날』이 꼭 그러하였듯이. 다음의 예문은 『그해 오월』 3권에 나오는 이사마 출옥 시의 한 장면이다.

> 이사마가 형무소에 들어갔을 무렵의 집은 5월의 신록에 곁들어 5월의 꽃이 만발한 뜰을 갖추고 있었다. 그런데 나와보니 처남의 집 한 칸을 빌려 사는 궁색한 꼴이 되었다. 어머니는 아들이 서울로 떠나려는 이유를 그 언저리의 사정에 있는 것으로 직감하고 있는 모양이지만 사실은 그렇지가 않았다. 감옥생활을 하고 나온 아들, 아비, 남편을 보는 육친들의 눈이 너무나 힘에 부쳤던 것이다. 그러한 눈과 눈을 비좁은 공간에서 견디어낼 만한 신경이 아니었다.

서울에 가서 무엇을 한다는 계획도 없었다. 서울에 가서 어디에 숙소를 정할지 그 요량도 없었다. 어머니는 서울에 가면 막내동생의 집이 있으니 그곳에 가 있겠지 하는 생각을 한 것 같지만 이사마는 그럴 작정도 아니었다. 집에서 견디지 못하는 육친의 눈을 동생 집에서 견디어내리라곤 상상도 못할 일이다.

4. 뉴욕 이야기와 이후의 소설

이제 다시 분위기를 좀 바꾸어 보자. 이병주가 해외여행을 폭넓게 했고 또 이를 소설화한 사례가 많으며 그 소설들이 대체로 수발(秀拔)하다는 사실에 비추어 보면, 1982년에 상재한 『허드슨 강이 말하는 강변 이야기』는 주목할 만하다. 이 소설은 1982년 국문에서 간행되었다가 1985년 심지에서 다시 『강물이 내 가슴을 쳐도』라는 제목으로 나왔다. 소설의 무대는 뉴욕. 한국에서 사기를 당하여 가족을 모두 잃고 미국으로 건너간 '신상일'이라는 인물이 그 낯선 땅에서 기묘한 인연들을 만난다. 그것이 인생과 예술의 존재양식에 어떤 의미를 갖는 것인가를 묻는 소설이다. 다른 작품들과 마찬가지로 매우 재미있고 드라마틱하다. 이는 작가의 뉴욕 거주 체험과 관련이 있고 작가는 후속편의 뉴욕이야기를 쓰고자 했으나 그 꿈은 이루어지지 않았다.

이 장편 『허드슨강이 말하는 강변 이야기』와 단편 「제4막」은 이병주 소설 가운데 뉴욕이라는 거대 도시를 직접적인 배경으로 한 작품이다. 작가 자신이 꽤 오랜 뉴욕 체류 경험을 가지고 있고, 이 세계 최대의 도시가 가진 속성과 그 가운데서의 인간 군상을 여러 모로 목도한 사실이 이 작품들을 창작하게 한 원동력이 되었을 것이다. 그의 전체 작품세계를 관류하여 살펴보면 창작이 지속될수록 그 무대를 점진적으로 확대해 가는 형용을 볼 수 있다. H읍이라는 이름으로 표기된 향리 하동, C시라는 이름으로 표기된 10년 거주지 진주, P시라는 이름으로 표기된 부산을 넘어 일본, 동남아, 미국, 유럽 등 종횡무진의 지경으로 내닫는다.

그는 이러한 작품에서 박학과 박람을 자랑하는 문학적 호활(豪活)을 자신의 전매특허처럼 과시한다. 그와 같이 범주가 넓고 규모가 큰 서사적 형상력 속에서 중심인물 또한 기구한 운명과 맞서서 온갖 간난신고를 헤쳐 나가는 모습을 보인다. 『허드슨 강이 말하는 강변 이야기』의 신상일이 하나의 표본이다. 일찍이 이 작가가 데뷔작 「소설·알렉산드리아」에서 선보인 기상천외한 이야기와 그것이 유발하는 재미 또한 이와 유사하다. 이 서사성의 확장과 증폭이 가능하자면 중심인물이 일반적이고 선량한 캐릭터로 출발하는 것이 보다 효율적이다. 그러한 측면은 「제4막」의 주인공 '나'의 경우에도 동일하게 적용된다.

뉴욕이라는 소설의 무대가 천의무봉의 필력을 구사하는 작가와 만나고, 그것이 대중적 수용성이라는 방향성과 결합한 곳에 이 작품들이 놓여 있다. 그러할 때 등장인물들의 고통조차 가치 있게 느껴진다. 작가는 「제4막」의 말미에서 "이런데도 뉴욕에 애착하지 않을 수 있겠는가"라고 반문한다. 이병주의 뉴욕에 대한 애착을 십분 이해할 수 있는 대목이다. 실제로 그는 뉴욕에 오래 체류했고, 거기서 살림을 차렸으며 딸 하나를 얻은 것으로 알려져 있다. 그는 타계 두 해 전인 1990년 《신경남일보》의 명예주필 겸 뉴욕지사장 자리를 얻기도 한다. 그의 말년 그리고 발병 및 타계는 뉴욕과 밀접한 관련을 가지고 있다.

그러나 그것은 더 나중의 일이고, 지나온 역사와 그에 대한 기억 그리고 평가에 대한 이병주의 글쓰기는 영일이 없이 계속되었다. 그는 1980년 6월 《한국문학》에 「세우지 않은 비명(碑銘)」을, 같은 해 11월 같은 지면에 「8월의 사상」을 발표했다. 1982년 2월 《현대문학》에 「빈영출」을, 1983년 1월 《한국문학》에 「그 테러리스트를 위한 만사(輓詞)」를, 그리고 같은 해 9월 《현대문학》에 「박사상회」를 발표했다. 이 가운데 「세우지 않은 비명」, 「8월의 사상」, 「그 테러리스트를 위한 만사」는 시대와 사회의 핵심적인 문제에 다가서는 글이지만 「빈영출」과 「박사상회」는 조금 결이

다르다. 이 두 소설은 시대사의 세파(世波) 속에서 독특한 캐릭터와 함께 부침하는 인물들의 정황을, 매우 해학적이고 통쾌하게 그린 작품이다. 그런 점에서 이병주의 문학 가운데서도 유난히 돋보이는 경우다.

중편 「세우지 않은 비명」은 화자인 '나'와 소설 속에 액자로 매설된 이야기의 화자인 성유정 등 두 인물의 발화로 구성된다. 이를테면 '나'가 성유정의 수기를 소개하는 형식을 갖추고 있는데, 이병주 소설의 오랜 관행에 비추어 보면 '나'나 성유정이 모두 작가의 의도를 대변하는 인물이라 할 수 있다. 비록 액자소설의 모양으로 갖추고 있다 할지라도 그 구분 자체가 별반 의미가 없다는 말이다. 성유정은 학도병으로 끌려가 1년 남짓 중국 양주에 머물렀는데, 작가 자신이 동일한 상황으로 소주에 머물렀던 정도가 소설적 환경의 문제에 있어서 다른 점이다. 성유정의 활동 무대는 그 중국에서 일본으로, 동북아의 한·중·일 세 나라에 함께 작동하고 있다.

작품 속의 시간 설정은 1979년에서 1980년대로 넘어가는 무렵이다. 1979년에 캄보디아의 폴포트 정권, 이란의 팔레비 국왕, 아프리카 우간다의 이디 아민 대통령, 중미 니콰라과의 소모사 대통령, 중앙아프리카의 보카사 황제, 그리고 중미 엘살바드로의 로메로 정권 등 무려 여섯 명의 독재자가 붕괴·타도·축출된 기념비적 기록이 제시된다. 물론 성유정의 수기에서다. 그런데 그러한 역사의 격동을 배경에 두고 성유정인 '나'는 매우 개인사적으로 어머니의 위암과 자신의 간암에 직면한다. 일제 말기에 학병으로 끌려갔고 6.25 때 자칫 죽을 뻔했고 5.16 때 징역살이를 한, 역사의 고빗길 마다 고난을 겪은 개인사를 돌이켜 보면 이 두 불치병의 배면에 지구 전반에 걸친 엄청난 시대사의 소용돌이가 닮은꼴로 계속되고 있는 것이다.

액자 속의 '나' 성유정은 자기 생애의 정리에 착수한다. 그 중 가장 중요한 숙제가, 학생시절 일본에서 만나 임신을 시킨 채 연락을 두절한 여자를 찾는 일이다. 37년 전 당시 19살이던 미네야마 후미코다. '나'는 수기에서 스스로를 '불량학생'이라 표기하고, '바람을 심어 폭풍우를 거두는 엄청난 고역'이라 표현한다. 열흘을 예정하고 떠난 일본행에서 '나'는 여자를 만나지 못한다. 천신만고 끝에 행적을 찾았으나, 여자는 사망한 것으로 되어있고 태중의 아이에 대한 정보는 전혀 없다. 비슷한 상황을 그린 단편 「환화(幻花)」에서 옛 여자와 딸을 함께 만나는 이야기를 축조한 것과는 아주 다른 이야기다.

'나'는 귀국하여 어머니의 임종과 장례를 치르고, 그 삼우제를 지낸 이튿날 타계한다. 이에 따라 액자 밖의 '나'는 성유정의 운명(殞命)을 전하며, 소설의 말미에 중국 청대(淸代)의 시인 왕어양(王漁洋)의 한시 한 절을 가져다 둔다. 그 구절에서 채자(採字)하여 소설의 부제로 '역성(歷城)의 풍(風), 화산(華山)의 월(月)'이란 에피그람을 설정했다. 그러나 이는 다음에서 언급할 단편 「유리빛 목장에서 별을 삼키다」의 제목처럼 사뭇 겉돌고 있다는 느낌이 약여하다. 지역적 환경, 그에 결부된 지적 수준이 소설의 이야기와 보다 조화롭게 악수하지 못한 탓이다. 그러나 동북아 세 나라를 망라하는 공간 환경은, 다른 작가에게서 찾아보기 어려운 견문의 확산이며, 그것이 소설적 조력으로 성취를 보인 사례다.

「8월의 사상」은 역사적 사건들 속에서 숫자 8을 이끌어 내면서 소설의 담론을 펼쳐 보이는데, 노년에 이른 작가의 일상을 술회하고 있으니 앞선 두 소설에 비하여 시간상으로는 그 파란만장한 체험들의 후일담에 해당한다. 이제는 건망증 증상까지 겹쳐 술을 끊기로 다짐하지만, 그동안 밟아온 다양다기한 인생 편력의 그림자들이 이를 불가능하게 한다.

외형에 있어서는 사소한 푸념일지라도, 그 내면의 실상으로는 일생을 감당한 세월의 무게가 운명처럼 실려 있다는 것이 이 작가의 '8월의 사상'이다. 역사와 운명과 문학, 이들을 한 꿰미로 엮어 각기의 작품으로 가공한 세 가지 사례가 여기에 있다.

5. 영웅시대 후일담의 소설화

영웅시대 후일담의 돌올한 존재 양식을 말하는 「그 테러리스트를 위한 만사」는, 1965년 데뷔작 「소설·알렉산드리아」 이후 20년 가까이 지속되어온 그의 문학 세계 패턴을 여러모로 함축하고 있다. 이미 독자들에게 익숙한 인물과 사건의 유형, 그리고 이야기의 구조를 반복적으로 드러내는 동시에, 여전히 유의미한 서사적 장치에 실은 소설적 재미와 교훈을 함께 공여하는 작품이다. 이 소설에는 동정람과 하경산이라는 매우 독특하고 기이한 두 사람의 노인이 등장한다. 일제강점기의 항일 경력을 가졌고 구소련과 중국 대륙을 풍찬노숙으로 횡행한 이력의 소유자이며, 그와 같은 영웅시대의 역사적 행적과 거대 담론의 그림자를 안고 지금은 공덕동 서민촌에서 청빈하고 고고한 기품으로 살아가는, 동시대로서는 품절의 인물들이다.

이 두 사람을 관찰하고 그 외형과 내면을 서술하는 '나'는, 이병주 소설 곳곳에서 기록자로 출현하는 '이 군'이나 '이 선생'의 또 다른 모습이다. '나'는 경산을 거쳐 표제의 호명 '그 테러리스트'의 주인인 정람에게로 접근한다. 경산이 일상적 삶의 범주를 지키며 일탈의 사유체계를 끌어안는 상식적 인물이라면, 정람은 일탈의 방식 속에서 인생의 근본주의를 추구하는 탈상식적 인물이다. 경산이 정론적인 시선을 가진 투사의 면모를 가진 반면, 정람은 전위적인 사고를 실천하는 테러리스트로서의 전력을 지녔다. 그러한 점에서 두 인물은 서로 닮기도 하고 또 다르기도 하다. 분명한 것은, 오늘날과 같이 의식의 분절과 파쇄가 선험적으로 주어진 시대는 이와 같은 성향의 문제적 인물들을 더 이상 생산할 수 없다는 사실이다.

또한 이 소설에는 이병주 소설에서 수시로 그려지는, 가장 순종적이면서도 가장 주체적인 여성 인물들도 그 익숙한 얼굴을 내밀고 있다. 피리 불기에 달통한 정람의 음악적 천재에 이끌려온 임영숙, 소설 중반 이후에 역할을 가진 목로주점의 진주댁이 그들이다. 임영숙은 정람의 임종에 이르기까지 결국 자신의 전 생애를 던졌고, 진주댁은 정람에게로 향하는 아들의 칼을 가로막고 스스로의 목숨을 버렸다. 거기에 과거사의 굴곡 속에서 형언할 수 없을 만큼의 악역을 감행한, 극도로 부정적인 인물도 따라 다닌다. 일본 관동군의 악명 높은 밀정이었던 임두생의 존재가 바로 그렇다. 20세기 중반의 일본 유학생이자 학도병 출신인 작가가 한일 관계사와 그것의 청산에 깊은 관심을 가졌던 연유로, 임두생과 같은 악한의 캐릭터는 그의 소설 여러 자리에 일정한 기능이 있다. 물론 임두생의 반성과 변화는 이 관행과 별개의 문제다.

시대의 변환에 따라 급격히 구습의 유물처럼 변해버린 역사성의 인물, 어쩌면 로맨틱 코미디가 될 것도 같은 사랑 이야기를 소설 문맥 속에서 천연히 발양하는 여성 인물, 천인공노할 패륜의 민족 반역자인 악역의 인물, 이들을 균형감각을 갖고 바라보는 발화자요 기록자로서의 작중 소설가, 그리고 이들을 무리 없이 부양하는 각양의 배경 인물들이 이 작품으로 하여금 오락과 교의를 두루 갖춘 장점을 표방하게 한다. 표제를 이룬 용어 '테러'가 지시하는 바와 같이, 이 소설은 테러에 대한 정람의 생각, 노 테러리스트가 가진 신념의 성격을 매우 공들여 서술한다. 작가의 표현에 의하면, 올곧은 테러는 살생(殺生)이 아니라 살사(殺死), 곧 이미 정신이 죽은 자를 죽임으로써 명분의 대의를 세우는 일이다. '사랑'이야말로 테러를 추동하는 힘이라는 것이다.

일견 궤변처럼 들리는 논리가 소설 속에서 설득력을 얻는 것은 매우 아이러니컬하다. 이 소설의 테러관(觀)에는 궁극적으로 인간애와 인본주의가 잠복해 있는 셈이다. 그러기에 환경조건과 관계없이 올바른 세계관으로 임두생을 죽이려는 정람의 결의가 고결해 보이고, 동시에 아내를 능욕하고 죽게 만든 원수 임두생을 비호하는 경산의 행위도 고결해진다. 그런데 이 모든 일들은, 이윽고 격랑의 역사가 스쳐간 그 뒤안길의 후일담일 뿐이다. 만약 정람과 경산의 사건이 활화산 같은 분출 현장의 일이라면, 이처럼 한가한 논쟁은 의식의 사치에 불과할 뿐이다. 바로 여기에 값이 있다. 후일담의 존재양식으로 과거의 역사를 평가할 때, 비로소 온전하게 정돈된 시각으로 '인간'을 되살릴 수 있을 것이기 때문이다.

소설 속의 정람은 피리의 곡조, 음악적 감각의 천재성을 유감없이 발휘한다. 뿐만 아니라 그 정제되고 민첩한 언동 또한 천재성에 부합하도록 그려진 인물이다. 그의 천재가 없이는 임영숙을 끌어 들일 구조가 성립되기 어렵고, 진주댁과의 로맨스도 개연성을 확보하기 어렵다. 이 유난한 인물의 천재는 그러나 이야기 속에 아주 자연스럽게 녹아 있어, 정람이나 경산이 꼭 실존 인물일 것만 같은 독후감을 촉발한다. 마치 『관부연락선』의 유태림이 어느 모로나 실존자로 보이는 것과도 같다. 이 소설에서도 『관부연락선』에서와 같이 짧은 표면적 시간대 뒤로 근대사의 흐름을 방불하는 장구한 시간적·공간적 부피가 내포적으로 매설되어 있다. 작가가 정람을 소설의 표면으로 밀어 올리는 방식도 순차적이고 점층적인 수순을 밟아간다.

정람과 러시아 혁명의 주인공 레닌, 정람과 폴란드 태생의 소녀 에스토라야 이야기도 그 점층법의 단계에 걸쳐져 있다. 이러한 장쾌하고 드라마틱한 이야기 구성, 거기에다 호활하고 유려한 문장 스타일은 한국문학에서 이병주 소설이 아니면 목도하기 힘들다. 그런가 하면 동서고금을 누비는 체험적 서술 또한 놀라운 수준이다. 레닌과 스탈린을 비교 분석하는 것은 그렇다 하더라도, 곰이나 호랑이와 같은 동물에 이르러서 현란하게 펼쳐놓은 백과사전적 지식들은, 그 자신의 말대로 어쩌면 작가로서의 '재능의 낭비'인지도 모른다. 그가 보다 규준을 따른 소설 학습의 일정을 거치고, 최대 다산(多産)작가로서의 창작 관행을 밀도 있게 관리할 수 있었더라면 하는 질문이 제기될 수 있다.

만약 그러했다면 우리는 그야말로 그가 일찍이 목표로 했던 '한국의 발자크'를 더욱 실감 있게 목격할 수 있었을 것이다. 낭비의 혐의를 유발할 수 있는 그 모든 지리잡박(支離雜駁)을 포함하여, 그리고 근대사의 중심을 관류하는 오연한 서술자의 기개를 더하여, 그는 만사(輓詞)의 형식으로 이 소설을 썼다. 극적인 사건 이후 주인공의 잠적과 오랜 세월 후 돌연히 그의 부고를 발출하는 방식은, 이 소설의 동정람 경우와 다른 단편 「빈영출」의 중심인물 빈영출 경우가 닮은꼴이다. 그는 지사(志士)와 범부(凡夫) 모두에게 만사를 바칠 수 있는, 가슴 속의 평량(秤量)이 넓은 작가였다.

사랑을 말하는 세 가지 소설적 방식

- 1980년대 초반의 이병주 소설

1. 1980년대와 이병주 소설

이병주 소설의 역작이라 할 수 있는 대하 장편소설 『행복어사전』은 1976년 4월부터 1982년 9월까지 《문학사상》에 연재되었고, 나중에 모두 6권 분량의 단행본으로 출간되었다. 이 소설은 우등생의 모범답안을 지향하여 그것으로 세상의 갖가지 생존경쟁에 이기려는 사람들의 한가운데에, 그러한 것을 추구하지 않고도 내면적 충일함으로 삶을 채우려 시도하는 한 젊은이를 그렸다. 신문사의 교열기자에서 작가로 길을 바꾸어 나가는 서재필이라는 이름의 매우 유다른 주인공을 통해서, 우리는 범상한 삶의 배면에 응결되어있는 여러 형태의 인식을, 예컨대 '가두철학'이라 호명해도 좋을 만한 정신적 성숙의 단계에서 해석하는 세련된 교양을 접하게 된다. 어쩌면 이 경우가 우등생의 삶의 방식을 추종하는 것보다 더 어려운 행보라 할 수 있을 것이다.

이병주 대하 장편소설의 역작이자 다른 작가가 모방하기 어려운 소설 『바람과 구름과 비(碑)』는 1979년 2월 12일부터 《조선일보》에 연재되기 시작했고, 이는 1980년 12월 31일까지 모두 1,194회의 연재 기록을 보였다. 이 소설은 나중에 10권 분량의 단행본으로 출간되었으며, 여러 차례에 걸쳐 영화와 TV 드라마로도 제작되었다. 이 소설은 구한말의 내우외환 속에서 중인 신분의 한 야심가가 세상의 경영을 꿈꾸는 대단히 의욕적인 상황을 설정하고, 그를 위한 주도면밀한 계획과 추진 및 그에 관련된 여러 가지 이야기를 다루었다. 일견 무사불능하게 여겨질 만큼 치밀하고 치열한 최천중이라는 인물의 행위 규범들을 통해, 우리는 하나의 세계를 부피 있게 기획하고 이를 극채색으로 치장해 나간 작가의 배포와 기량을 읽을 수 있다.

이 시기에 《영남일보》 등에서 '별과 꽃과의 향연'이란 제목으로 연재되던 장편소설은 나중에 '풍설(風雪)', '운명의 덫' 등의 이름으로 개제(改題) 출간된다. 이 소설은 1981년 문음사에서 『풍설』 상·하 2권으로 초판이 나왔고 1987년 문예출판사에서 『운명의 덫』으로 개명 출간되었다. 그리고 2018년 나남에서 다시 같은 제목으로 재출간 되었다. 이 소설은 작가 자신의 수감 체험을 활용하여 부당한 압제에 대한 인간의 반응을 여실히 그리고 참으로 흥미진진하게 보여준다. 20년간 억울한 옥살이를 한 인물 '남상두'를 등장시키고 그가 누명을 벗는 과정에 개재(介在)된 여러 이야기를 이병주가 아니면 가능하지 않은 방식으로 서술해 나간다. 한 지역사회의 소읍 전체가 이 사건과 연관되고, 그 와중에 주 인물과 '김순애'라는 여성과의 만남이 세대를 넘어서는 사랑의 한 전범으로 제시된다.

이 시기 대중 성향의 이병주 장편소설들은 한결같이 재미있고 극적이며 인생에 대한 교훈을 함께 남긴다. 더욱이 출간 당시 뜨거운 대중적 수용을 받았던 작품들이다. 모두 80여 편에 달하는 그의 작품 가운데 이 외에도 『망향』(경미문화사, 1978), 『그들의 향연』(기린원, 1988), 『비창』(문예출판사, 1988), 『지오콘다의 미소』(신기원사, 1985) 등 주목할 만한 소설적 성과가 많다. 그 중 『망향』은 『여로의 끝』(창작예술사, 1984)으로 개명 출간되었고 『비창』은 같은 제목으로 재출간(나남, 2017)되었다. 이러한 재출간 현상 역시 여전한 독자 친화력을 말하는 것이기도 하다. 이와 같은 사실을 토대로 이병주 소설 전반에 걸쳐 대중 친화력 확장의 요소와 그 방향에 대해 살펴보는 일은 그 수고에 값할 만하다.

이렇게 소설을 쓰는 동안에도 이병주는 '언관(言官)'의 언론인 역할을 내려놓지 않았다. 모두 23권에 달하는 그의 에세이들은 그렇게 쓴 글들 그리고 여기저기 청탁을 받아 쓴 글들의 집적을 말해준다. 그는 1973년에 《서울신문》 순회특파원, 1981년 《부산일보》 논설위원 등을 맡아 지속적으로 과거에 '본업'이었던 글을 썼다. 작가로서의 이병주는 생애 중 세 번의 문학상을 받았는데, 1977년 장편소설 『낙엽』과 중편소설 「망명의 늪」으로 한국문학작가상과 한국창작문학상을, 1984년에는 장편소설 『비창』으로 한국펜문학상을 받았다. 1982년에는 단편소설 「삐에로와 국화」가 영화화되어 개봉되었는가 하면, 1985년에는 영남문우회 회장을 역임하는 등 작품 바깥에서 화창한 봄날 같은 소식들이 있었다.

이 시기의 소설 가운데 이야기의 풍미와 문장의 여려(麗麗)가 빼어난 두 단편 「빈영출」과 「박사상회」는, 이병주의 작품세계를 넘어 우리 문학사에서도 괄목할만한 성과작이다. 전자는 1982년 2월 《현대문학》에, 후자는 이듬해 9월 같은 지면에 발표되었다. 소설이 재미있어야 한다는 것은 동서고금을 막론하고 하나의 불문율에 속하는 사실이지만, 그 오락성이 위주가 되면 고급한 문학적 수준을 담보하기 어렵다는 데 문제가 있다. 그런데 세속 저잣거리의 맛깔 나는 이야기를 통해 흥성한 재미와 통렬한 세태 풍자, 수준 있는 해학과 진중한 교훈을 함께 걷어 들인 것이 이 두 소설이다. 이들의 저잣거리에서 우리는 세속적 몰락의 두 경우와 해학을 만날 수 있다. 과히 이병주가 아니면 어려운 경지가 아닐까 한다.

2. 세 가지 유형의 소설적 사랑학

세상살이의 연륜이 이순(耳順)에 이르고 작가로서의 경력이 스무 해에 도달한 작가 이병주는, 그 문필에 한창 물이 올라 있었다. 앞서 살펴본 작품들이 바로 그 존재 증명에 해당한다. 이 시기에 그가 쓴, 사랑의 서로 다른 유형을 보여주는 세 작품을 비교해 보는 것은 매우 흥미롭다. 중편 「거년(去年)의 곡(曲)」(월간조선, 1981.11), 중편 「우아한 집념」(문학사상, 1983.3), 그리고 단편 「아무도 모르는 가을」(1980년대 초로 추정)이 그 면면이다. 이 가운데 「거년의 곡」은 죽음을 불러오는 비극적 사랑의 결말을, 「아무도 모르는 가을」은 고백조차 못한 사랑의 정처(定處)를, 「우아한 집념」은 희화화된 경쾌한 사랑의 과거사 소환을 형상화 한다. 각기 저마다의 의미망을 두르고 있는 이 소설들을 한 자리에서 살펴보기로 한다.

2-1. 「거년의 곡」, 현실주의와 이상주의의 거리

이 소설은 197X년 늦은 여름의 어느 날, 청평호에서 발생한 보트 전복사고와 그로 인해 한 젊은 남자가 익사한 이야기가 외형적인 얼개를 이루고 있다. 죽은 남자의 이름은 현실제이고 함께 보트를 타고 있던 젊은 여자는 진옥희다. 두 사람은 S대 법과대학 4학년 재학 중이며, 현실제는 재학 중에 고등고시 사법과에 합격한 전도 양양한 수재다. 진옥희 또한 4년간 수석을 해 온 재원이다. 이 사고가 있기 전에 현실제와 R 재벌의 딸 사이에 혼담이 진행되고 있었으며 진옥희가 수영에 능하고 현실제는 수영을 모르는 형편이었다는 것이, 이를테면 '형사적 문제'는 안 되더라도 '심리적 문제'가 된다는 유추를 불러온다.

작가는 매우 익숙한 솜씨로, 사건을 담당한 허문수 검사로 하여금 이 문제를 추궁하게 한다. 법률적 지식이 충분한 진옥희는 허 검사의 질문에 필요한 만큼 답변을 하면서도, 자기 내면의 반추를 통해 사고가 난 날의 실제 상황을 재구성해낸다. 현실제와 진옥희 두 사람 사이에, 지금 감옥에 가 있는 이상형이란 인물이 있다. 현실제와 이상형이란 이름만 일별해도, 이 작가가 이들을 어떤 전형적 인물로 내세우려 했는가를 짐작할 수 있다. 동시에 이들이 생산하는 법률적 담론을 통해, 작가는 법에 관한 자신의 견해와 판단을 매우 자유롭게 펼쳐 보인다. 이 여러 구조적 지향점이 톱니바퀴처럼 잘 맞물리면서, 이 소설은 법과 인간에 관한 수준 있는 관찰의 기록이 되고 있다. 한 예로 진옥희가 기말고사 답안으로 쓴 '사형폐지론의 타당성 여부'가 바로 그렇다.

> 그 무렵부터 이상형과 현실제의 사이에 불꽃 튀는 토론이 가끔 벌어졌다.
>
> 이상형이
>
> "특정 계층의 이익에 봉사하는 것이 법률이다. 그런 법률을 부정해야만 사회의 발전이 있다."
>
> 고 하면 현실제는
>
> "법률은 통치의 기준이며 사회의 질서이다. 법률 없이 어떻게 민중의 통치가 가능할 것인가. 법률은 특정 계층의 이익에 봉사하는 것이 아니라, 가시덤불을 치우고 지상에 만들어진 탄탄한 대로이다."
>
> 하고 맞섰다.
>
> 이렇게 해서 토론의 실마리가 되었던 것인데, 진옥희는 그 사이

에 끼어 가만 있었을 뿐이었다.

토론이 끝난 뒤 어쩌다 진옥희가 이상형과 단둘이 남게 되면 "현실제란 놈, 영리하기도 하고 좋은 놈인데 그 속물근성엔 딱 질색이란 말야. 철저한 현실주의자, 타협주의자다. 청년이 벌써 저런 모양으로 되어 갖고 장차 어떻게 할 거란 말인가."
하고 개탄하는 이샹형의 말을 듣게 되었다.

현실제는 현실제대로 진옥희에게 말했다.

나를 현실주의자라고 비난하지만 현실을 무시하고 어디에 생활이 있겠어. 현실을 잘 이용할 수 있는 자만이 이상을 운운할 수 있는 거야. 현실을 무시한 이상주의자는 결국 패배할 수밖에 없어. 현실주의자는 법률을 자기 편으로 할 줄 아는 자다."

이상형과 현실제의 토론은 이들만의 특정한 영역 다툼을 말하지 않는다. 법률의 범주를 벗어나더라도 누구나 당착할 수 있는 삶의 궁극적인 본질과 그것을 응대하는 실질적인 태도에 관한 것이기 때문이다. 이 문제의 비중과 심각성을 인식하기에 영국 옥스퍼드나 케임브리지에서는 법과대학생 시기에 법률에 관한 강의를 개설하지 않고 철학 문학 역사 사회학 경제학을 먼저 가르친다는 것이 아닌가. 이 모든 논의의 바탕위에서 단순히 진옥희가 현실제를 죽였느냐 그렇지 않느냐가 쟁점이 아니라, 법률을 매개로 한 이상주의와 현실주의가 어떤 상관성과 배타성을 갖게 되는가를 탐색하려는 것이다. 진옥희 자신은 스스로, 이상주의자가 되기엔 정열이 모자라고 현실주의자가 되기엔 계산이 부족하다고 진단한다.

'그러나 나와 현실제의 죽음과엔 아무런 관련도 없다. 그는 그가 좋아하고 믿었던 법률이 절대로 보호할 수 없는 인생의 국면이 있다는 것을 스스로 증명하기 위해서 죽은 것이다. 아무리 능숙한 계산의 능력을 가졌더라도 세상은 마음대로 안 된다는 것을 증명하기 위해 죽은 것이다.'

그런데 아들의 시체가 들어 있는 초라한 관(棺) 앞에 엎드려 몸부림치며 우는 늙은 국민학교 교장의 뒤통수에 헝클어져 있던 머리칼이 눈앞에 선하게 떠오르자 진옥희는 호반의 풀밭에 쓰러져 버렸다. 흘러내리는 눈물을 감당할 수가 없었다.

기실 진옥희와 현실제 사이에는 한 번의 육체관계가 있었다. 현실제의 강압에 의한 것이었으나 진옥희는 개의치 않는다. 그렇다고 디어도어 드라이저의 소설 『아메리카의 비극』에서처럼 '부잣집 딸과 결혼하기 위해서 가난한 애인을 호수에서 죽이는 장면' 같은 살의를 가진 것도 아니다. 진옥희는 현실제를 경멸했고 이에 격분한 현실제의 동작으로 보트가 뒤집혔지만, 진옥희 스스로 종내 자신에게 살의가 있었는지 그렇지 않은지를 가늠하지 못한다. 요컨대 그에게는 죄책감이 없는 것이다. 그러나 예문에서 그 아버지의 헝클어진 머리칼은 진옥희의 눈물과 쓰러짐을 초래한다. 여기 법률적 계산보다 더 부드러우나 더 완강한 이병주의 인본주의, 인간중심주의가 숨어 있는 형국이다.

2-2.「아무도 모르는 가을」, 인습의 멍에와 폐절의 사랑

이 소설은 제도의 관습을 넘어서지 못하고 좌절한 슬픈 사랑의 이야기다. 남자의 이름은 윤효준, 여자의 이름은 윤효숙이다. 이들은 삼종간, 곧 8촌 간이다. 이 두 사람을 관찰하고 사건을 설명하는 화자 '나'는 윤효준의 친구이며, 윤효숙은 '나'에게 '연애를 하기도 전에 실연한 것 같은 야릇한 감정의 존재'를 알게 해준 여자다. 윤효숙의 꿈은 윤효준을 통해 '나'에게 전달되는데 여의사에서 무정부주의자로 그리고 좌익운동가로 순차적인 변화를 보인다. 그 윤효숙은 자살인지 자연사인지 모르게 1948년에 죽었고 윤효준은 1955년에 그 무덤 앞에 비석을 세웠다. 그 비석의 문면은 다음과 같다.

> 세상에 악이 있다는 것을 모르고 청결히게 살다가 간 처녀에게 저승에서의 행복 있으라.
>
> - 1955년 10월 10일.
>
> 효숙으로부터 한량없는 은혜를 입은 삼종 오빠 윤효준 세움.

비석에 새겨진, 윤효숙이 죽은 날짜는 윤효준이 결혼식을 올린 사흘 뒤였다. 사정이 그러하니 이를 자연사라 볼 수 있을까. 세월이 바뀌어서 2005년 3월 민법이 개정되면서 8촌 이내의 혈족만 아니면 혼인신고가 가능하게 되었다. 그러나 그 이전에는 그것이 불가능했고, 이는 결혼 당사자가 양가의 막강한 반대에 부딪치는 힘겨운 일이었다. 8촌 오빠 윤효준을 사랑하는 효숙은, 그야말로 사랑한다는 말 한마디 꺼내지도 못하고 일생을 아픔과 슬픔 속에 살다가 세상 너머로 이울어 간 운명이다. 윤효준 또한 동생의 마음을 몰랐을 리 없었을 터이며, 그 또한 아무 말도 입 밖으로 꺼내지 못하고 끝내 유명(幽明)을 달리했다.

> 드높고 맑은 가을 하늘!
>
> 효준이 정성 들여 심고 가꾼 나무들이 얘기를 시작하려는 참인지 몰랐다.

나는 내 생각을 좇기 시작했다.

직접 내가 들은 것은 아니지만

"왜 내가 무정부주의자가 되려고 하는지 오빤 정말 모르겠어요?"

"왜 내가 좌익운동을 하는지 오빤 정말 모르겠어요?"

하고 울부짖는 윤효숙의 소리가 귓전을 울리기라도 하는 것 같았다.

그러던 윤효숙이 돌연 좌익운동과 손을 끊게 된 것은 혹시 그때 윤효준의 혼담이 본격적으로 진행되 고 있었기 때문이 아니었을까.

'윤효준의 결혼식이 있은 지 3일 후에 목숨을 끊었다는 것은?'

윤효숙이 의학을 배울 작정을 한 것은《소도의 봄》을 읽고 감격한 탓만은 아니지 않을까.

윤효숙이 무정부주의에 혹한 것은 베라 피그네르의 자극으로서였겠지만, 그런 사회가 되어야만 꿈이 꿈으로 되지 않을 수 있겠다는 막연한 기대나마 있었기 때문이 아니었을까.

좌익운동을 한동안 했다는 것도 막연한 바람으로 인한 착각 때문이 아니었을까.

효숙의 그 모든 마음의 움직임을 알면서도 입 밖에 내어 처리하길 두려워 고민한 윤효준이 아니었을까.

이 예문은 윤효숙이 그 마음의 동향(動向)을 직접적으로 토설(吐說)하지 못하고 빗대어서 윤효준에게 호소하는 정황을 그린 것이다. 여의사 지망생이 무정부주의자로, 좌익운동가로 변신하는 그 바탕에는 오로지 오빠를 향한 직접적인 지향성의 새로운 표현이 담겨 있었다. 설령 윤효준이 그 심정의 중심을 알고 있었다 하더라도, 이를 나타내거나 윤효숙을 받아주거나 할 형편이 되지 못했다. 그러한 시대적 환경에 이들이 살고 있었던 터이다. 관찰자 '나'는 이 두 사람을 위해서가 아니라, '아무도 모르는 가을'을 위해 눈물을 흘린다. 꼭 두 사람의 이야기만이 아니라,

우리의 삶에 개입하는 불가항력적 운명의 이름을 그렇게 부른 것이 아니고 무엇일까.

2-3. 「우아한 집념」, 세속을 넘는 결곡한 사랑의 힘

이 소설은 밝고 경쾌하고 재미있다. 마치 한 편의 우화(偶話)를 읽은 것처럼 후감이 개운하다. 이 소설에 등장하는, 유현이라는 이름 있는 소설가 때문이 아니다. 그는 비록 작가로서의 위의(威儀)를 지키는 인물로 보이지만 한편으로는 세속적인 속물근성을 벗어나지 못했고, 가정을 잘 건사하지도 못한다. 소설의 독자를 쾌청하고 후련한 느낌으로 인도하는 것은, 20여 년 전 유현이 생명의 씨를 뿌리고 그 경과를 알지 못하는 이혜숙과 한정숙 모녀 때문이다. 한정숙이 처음 유현을 만났을 때 사실을 숨겼으므로 짐작하기 어려울 수밖에 없었다. 그러나 이 모녀가 이십 년 세월을 건너뛰어서 유현을 만날 준비를 한 그 과정은 놀랍고도 감동적이다.

> 유현은 전번 한정숙이 「환화」를 읽었다고 얘기한 기억을 했다.
>
> 혹시 한정숙은 「환화」에서 무슨 힌트를 얻고 있는 것이 아닐까 했다.
>
> 그렇다면 약간 곤란하다는 생각이 들었다. 「환화」를 만든 이른바 핵경험(核經驗)이라고 할 수 있는 것은 이혜숙이가 아니고 해인사에서 만난 Y라는 여자인 것이다. 그때 나타난 딸이란 것은 전연 허구에 속하는 것이고….
>
> 이런 생각을 쫓고 있다가 유현이 돌연 '혹시?' 하는 마음이 들었다.
>
> "나이가 몇이라고 했지?"
>
> "스물두 살입니더."
>
> 스물두 살이라면 괜한 추측을 해 볼 까닭도 없었다. 유현이 이혜

숙을 보지 않게 된 지는 25년 전인 것이다.

유현은 한정숙을 보고 자신이 쓴 소설 「환화」를 떠올린다. 그 소설은 이혜숙이 아니라 해인사에서 만난 Y라는 여자를 '핵경험'으로 한 것이고 거기 나오는 딸은 전연 허구에 속하는 것이다. 그러므로 「환화」의 창작 동기와 이혜숙·한정숙 모녀와의 상관성은 거리가 먼 터이지만, 그 행위 유형과 사건 모형의 유사성은 이 소설을 한층 탄력 있게 만드는 요인이다. 유현은 이혜숙을 마지막 만났을 때가 25년 전이고 한정숙이 말한 나이가 22세이니, 자기와 관계가 없을 것으로 안도(安堵) 한다. 그러나 작가는 이 대목에 관하여 아무런 설명도 없이 한정숙을 유현의 딸로 확정해 버린다. 미상불 중요한 초점은 그처럼 지엽적인 데 있지 않은 까닭에서다.

> "저 이혜숙은 이 순간을 얼마나 고대해 왔는지 모릅니다. 그러나 전 복수를 하려는 게 아닙니다. 선생님께 인생을 가르쳐 드리려는 것뿐입니다. 제가 만든 스크랩을 보셨지요? 그것은 선생님의 문장이 좋아서, 또는 선생님에게 대한 애착으로 만들어진 것이 아닙니다. 성실이 어떤 것이며, 정성이 어떤 것인가를 언젠가 한 번은 선생님께 보여드리기 위해 만들어진 겁니다."
>
> 말이 끊어졌다. 테이프 돌아가는 소리만 들렸다. 유현은 일체 입을 다물어 버릴 작정을 했다. 분명히 녹음기를 틀고 있는 것이고 이편의 말이 저편에 들리지 않을지 모르는 일이었다. 설사 말이 들린다고 해도 이처럼 완벽한 계략을 꾸민 상대방이고 보면 아무런 효과가 없을 것이었다.

한정숙이 말한, 자신에 대한 스크랩을 보기 위해 마산으로 간 유현은,

그 집 지하실에 갇혀버린다. 스크랩북을 보며 그 정성과 정교함에 놀란 다음이다. 그러고 녹음된 이혜숙의 목소리가 들린다. '지나친 짓'이라는 데 대한 노여움이 일었으나, 녹음은 유현 자신이 거기서 죽을 것이라고 알려준다. 수면제에 취해 잠들었다가, 유현이 깬 것은 '푹삭한' 침구 속에서다. 그리고 사뭇 감성적인 상황으로 자신의 딸과 그 어미를 만나게 된다. 일반적인 도덕률에 비추어 보면, 상식의 범주를 벗어난 이야기 구성이다. 그러나 소설적 담론으로 이를 축조했을 때, 그리고 작가의 감옥 체험 등 실제 경험을 여기에 더했을 때, 독자는 흥미진진하고 잘 싸인 한 편의 소설을 만나게 되는 것이다.

3. 열정적·운명론적 사랑의 정체

이제까지 살펴본 세 편의 소설은 모두 강고(強固)하고 열정적인 사랑을 주제로 하고 있다. 그것도 절체절명의 환경 가운데서, 자기 방식의 사랑을 지키기 위해 어떤 생각과 행위를 구현하는가를 말한다. 이 세 소설은 그에 대한 각기 다른 방식의 사랑과 그 형식을 매우 재미있고 상징성 넘치는 이야기로 보여준다. 그런가 하면 이 소설들을 비교해 볼 때, 「거년의 곡」에서는 법률적인 문제와의 조합을, 「아무도 모르는 가을」에서는 시대사적인 환경 속의 개인사를, 그리고 「우아한 집념」에서는 작가정신의 근본에 대한 문제 제기를 모티프로 하고 있다. 작가 이병주는 1980년대 초반의 이와 같은 소설들을 통해, 우리 삶의 가장 깊은 기저에 잠복해 있는 사랑의 운명론적 정체를 소설의 문면(文面) 위로 부양(浮揚)하려 한 것이다.

40대 초반 중년의 나이에 문단에 얼굴을 내민 이병주는, 그로부터 20여 년을 주로 역사 소재의 장편소설을 썼다. 그가 체험한 일제강점기와 해방공간, 6·25전쟁, 전후(戰後)의 사회상과 정치·사회적 체제 등 시대사적 굴곡이 고봉준령(高峰峻嶺)처럼 또는 장강대하(長江大河)처럼 그의 눈앞에 펼쳐져 있었던 셈이다. 그러므로 그의 소설은 자연히 자신의 실제적 체험을 바탕으로 역사 해석의 빛깔을 띨 수밖에 없었다. 그러나 그의 60대 곧 1980년대로 넘어서면, 당대 사회도 안정 국면으로 접어들고 그 자신도 작가로서의 역할에 익숙해졌으며 세상을 보다 유연하고 폭넓게 바라보는 시각을 얻게 되었다. 1980년대 초반 그의 소설들, 인본주의자의 눈으로 세상살이의 새로운 지혜와 남녀 간 사랑의 다양다기한 모습을 그려낸 작품들은, 그러한 변화의 양상과 긴밀하게 연관되어 있다 할 것이다.

광장과 밀실의 함의 또는 분단 이데올로기의 극복

- 최인훈 다시 보기

1. 그 시대와 작가

6·25의 경험 이후 혼란으로 물들어 있던 1950년대는 결국 1960년 4·19 혁명과 초대 대통령 이승만의 하야를 야기했다. 그러나 이 4·19혁명으로 표출된 한국 민중의 의지와 가능성은 장면 정권의 무능과 5·16으로 좌절되고 공화당 정권은 월남 파병, 한일국교 재개 등을 단행하여 새로운 동북아 질서 속에 편입되면서 '고도성장'이라는 이데올로기 하에 경제 개발에 주력[01] 하였다. 즉, 5·16의 경험이 4·19라는 민중 혁명의 긍지와 승리에 좌절을 선사하였다면, 1960년대의 근대화·산업화 정책은 자본의 독점화 현상과 인구의 도시 집중화 현상을 야기하였다고 요약할 수 있을 것이다. 이 경험을 문학적으로 환원해 보면, 전자의 경험은 이전의 직접적인 역사와 사회에 대한 문제의식 표출을 사회적 상황에 대응해 가는 개인의 존재 양상[02] 표출로 전환시켰으며, 후자의 경험은 도시 경험의 문학을 좀 더 심층적으로 발전시키

---

01 성환 외, 『1960년대』, 거름, 1984.

02 서종택, 「해방 이후의 소설과 개인의 인식」, 『한국학연구』 1집, 고려대학교 한국학연구소, 1988, p.99.

는 계기[03]가 되었다고 할 수 있을 것이다.

1959년 「그레이구락부 전말기」(《자유문학》, 10월호)로 등단, 1960년 「가면고」(《자유문학》, 7월호)와 역작 『광장』(《새벽》, 10월호)을 발표하면서 문단의 주목을 받아온 최인훈은 바로 이 두 입장 중 전자에 속한다고 볼 수 있다. 그의 이러한 양상은 이후 발표된 「회색인」(《세대》, 1963년 6월호에서 1964년 6월호까지 연재), 「서유기」(《문학》 연재, 1966), 「소설가 구보씨의 일일」(1은 《월간중앙》 1969년 12월호, 2는 《창작과 비평》 1970년 봄호에 발표), 『태풍』(《중앙일보》 연재, 1973) 외 『화두』(민음사, 1994)에 이르기까지[04] 계속해서 진행되었다.

그의 소설은 관념과 현실, 문학과 사회라는 양자적 측면에서 상당한 논란의 화제가 되었고 지금도 그 논란은 끝이 나지 않았다. 뿐만 아니라 『광장』에서부터 조금씩 드러나고 있는 그의 사유로서의 문학, 문학으로서의 사유의 흔적, 현실과 관념의 팽팽한 대립 및 조화, 환상적 리얼리즘의 구축과 역사 현실에 대한 반성적 성찰 등이 그의 후기 작품인 『화두』에 이르기까지 끊임없이 이루어졌다는 점에서 주목할 만하다.

2. 작품 세계

최인훈 작품의 연구 내용을 요약해보면, 첫째, 문학과 현실의 관점에서 최인훈의 위치를 지나친 관념주의로 비판한 것,[05] 둘째, 식민지적 상황

03 이재선, 『현대한국소설사』, 민음사, 1991, p.270.

04 작품 연대기, 김종회, 「사유와 문학, 그 광대한 통합: 최인훈, 문학적 연대기」, 『문화통합의 시대와 문학』, 문학수첩, 2004.

05 유종호, 「소설과 정치」, 『동시대의 시와 진실』, 민음사, 1995; 전상기, 「최인훈의 『광장』에

과 분단 상황을 분석, 목표를 상실한 당대 현실을 다루고 있다고 지적한 것,[06] 셋째, 자아정체성의 모색과 인간소외를 다루었다고 지적, 그 사유체계를 분석한 것,[07] 넷째, 기존의 소설과 다른 서사 양식과 기술 방법을 쓰고 있음을 지적, 분석한 것[08] 등이 있으며 그 이후에는 페미니즘적 입장에서 본 최인훈 작품의 여성성 연구,[09] 탈이데올로기와 탈식민성에 초점을 두어 최인훈 작품의 내면성을 고찰해 본 연구[10] 등이 있다. 이렇게 다양한 시각에서 최인훈의 작품이 연구되고 있음에도 불구하고 중요하게 떠오르는 공통된 지적은 바로 최인훈 문학이 '사유와 문학의 동합'[11]을 이루

대한 비판적 고찰」, 『반교어문학회지』 6권, 반교어문학회, 1995.

06 신동욱, 「식민지 시대의 개인과 운명」, 『태풍』, 문학과지성사, 1978, 재판, 1992; 송재영, 「분단 시대의 문학적 방법」, 『현대문학의 옹호』, 문학과지성사, 1979; 이남호, 「냉전 상황에 대한 지적 반응」, 『웃음소리』, 책세상, 1989; 김종회, 「관념과 문학 그 곤고한 지적 편력」, 작가세계, 1990, 봄호. 「세태 소설의 토양과 그 열매」, 『현대문학』, 1993.12.

07 김치수, 「자아와 현실의 변증법」, 『문학사회학을 위하여』, 문학과지성사, 1979; 조남현, 「자아 완성 혹은 구원에의 몸짓」, 『달과 소년병』, 세계사, 1989; 임경순, 「최인훈의 『광장』 연구: 존재의 자리에 대한 추구와 내재화된 권력욕으로서의 지식인」, 『반교어문학회지』 9권, 1998; 김현, 「헤겔주의자의 고백」, 『이헌구 선생 송수 기념 논총』, 1970; 정호웅, 「『광장』론: 자기 처벌에 이르는 길」, 『시학과 언어학』 1권, 시학과언어학회, 2001; 정과리, 「모르기, 모르려 하기, 모른 체 하기: 『광장』에서 『태풍』으로, 혹은 자발적 무지의 생존술」, 위의 책.

08 양인, 「최인훈 소설의 서사 형식과 사회적 담론 연구」, 서강대 석사학위논문, 1996; 이인숙, 「최인훈 소설의 담론 특성 연구」, 고려대 박사학위논문, 1998; 임환모, 「최인훈 『광장』의 서사성과 서사 담론 연구」, 『한국언어문학』 41권, 1998; 김기주, 「최인훈 소설 연구」, 동국대 박사학위논문, 1999.

09 서은선, 「최인훈 소설 『광장』이 추구한 여성성의 분석」, 『새얼어문논집』 14권, 새얼어문학회, 2001.

10 조보라미, 「최인훈 소설의 탈식민주의적 고찰」, 『관악어문연구』 25권, 관악어문학회, 2000; 김인호, 『해체와 저항의 서사』, 문학과지성사, 2004.

11 김종회, 「사유와 문학, 그 광대한 통합」, 앞의 책.

어 가는 과정에 있다는 점이다.

최인훈이 지향하고 있는 예술-문학이란 인간주의에서 시작하고 있음을 알 수 있다. 추상과 구상을 구별 짓지 말라는 것, 시심(詩心), 즉 순수한 창조의 발현으로 작품을 써야 한다는 것이되 현실과의 조율을 역시 중요시하고 있음[12]을 알 수 있다. 사르트르는, 작가는 발견도 하지 않고 추측도 하지 않는다[13]라고 하였다. 이 말은 작가의 현실과의 거리 두기를 의미한다. 최인훈 역시 현실과의 거리 두기를 말하고 있다. 그리고 그 안에서의 중용과 인간주의에 입각한 실존적 글쓰기를 강조하는 것을 볼 때 최인훈의 글쓰기에 대한 생각은 사르트르와 일면 통하기도 한다. 실존적 글쓰기, 추상과 구상의 구별 및 문학과 현실의 구별이 전혀 의미가 없음을 주장하는 데에는 최인훈만의 글쓰기 도정에 나름대로 심도 있는 갈등이 있기 때문이다.

문학으로 철학을 할 것인가, 철학으로 문학을 할 것인가의 문제, 다시 말해서 문학으로 사유를 할 것인가, 사유로써 문학을 할 것인가의 구별이 의미 없음을 지적하는 것일 수도 있다. 이러한 갈등은 최인훈 창작 심리의 주요 핵심이 되고 있다. 날카로운 현실 인식이 있음에도 불구하고 그는 끊임없는 사유를 놓치지 않고 있으며 더불어 문학의 바탕이 되는 인간주의는 언제나 그의 그림자와도 같은 정서다. 이러한 최인훈의 글쓰기가 오랜 시간 동안 논란의 대상이 되어온 것은 이러한 문학적 입장들이 대부분 작품에서 복합적으로 모두 드러나고 있기 때문이며 또 그의 등단작인 「그레이구락부 전말기」에서부터 후기작 『화두』에 이르기까지 일관되게 나타나고 있기 때문이다.

---

12 최인훈, 『소설가 구보씨의 일일』, 문학과지성사, 1976. 재판, 1999, pp.30-31.

13 장 폴 사르트르, 김붕구 역, 『문학이란 무엇인가』, 문예출판사, 1972. 재판, 1998, p.53.

한편, '서구적 삶의 형식이 보편의 이름으로 이식된 한반도의 근대 구조를 사고하고 반성하는 것이 그의 소설적인 작업'[14]이었다는 평가처럼, 최인훈의 글쓰기는 끊임없는 자기반성의 양상으로 나타난다. 그리고 그 자기반성은 작품 속 문제적 자아의 끊임없는 사유(「가면고」를 비롯하여 그의 모든 작품에서 나타나는 반성적 사유)와 역사 현실에 대한 고발적 독백(『총독의 소리』), 그리고 끊임없이 덮쳐 오는 환상(『광장』의 '갈매기', 「서유기」의 '방공호의 여인', 「하늘의 다리」의 '하늘의 다리')과 오디세이아적 방황과 방랑(「소설가 구보씨의 일일」)으로 드러나고 있다.

이것은 그저 혼자만의 것으로 끝나는 것이 아닌 모종의 유토피아적 세계를 설정해 놓고 그곳을 희구한다는 점, 그러기 위해 문제적 개인들이 맞이하는 죽음 혹은 좌절이 결코 단순한 도피나 패배로서가 아닌 현실에 대한 각성으로 도출된 미래의 염원에서 발생하고 있다는 점에서 그의 글쓰기가 매우 정확한 현실 인식으로 다져져 있다고 볼 수 있다. 왜냐하면, 최인훈이 구축한 환상은 단순한 허구로 등장하는 것이 아닌, 다양한 사회의 이면을 내포한 은유적 상징으로 나타나는 정확한 현실 인식의 소산이기 때문이다.

3. 대표 작품 - 『광장』

지금까지 나온 최인훈 연구는 대부분 그의 역작으로 일컬어지는 『광장』에 집중되어 있다. 또한 최인훈 역시 『광장』을 일곱 차례나 개작[15]하

14 박은태, 「혁명에서 사랑으로의 길」, 『한국문예비평연구』, 한국현대문예비평학회, 2001, p.180.

15 일곱 번의 개작을 거친 『광장』은 총 여덟 개의 판본을 가지고 있다. 최인훈, 『광장』, 새벽,

였을 만큼 다른 작품들에 비해 많은 애정을 지니고 있음을 보여주고 있다. 이 오랜 시간의 개작 과정에서 표면적으로 가장 눈에 띄는 것은 정교한 문장으로의 수정과 내용적으로 윤애와 은혜에 대한 표현 및 마지막 설정의 변화, 그리고 새로운 인물인 '김'의 등장이다. 내적으로는 이명준의 인식 변화, 즉 작가의 세계관이 크게 달라지고 있음을 발견할 수 있다. 단적으로 '민음사' 판과 '문학과지성사' 판에서 작가 의식의 변모는 인민에 대한 태도의 변화를 들 수 있다. 전자에서 인민은 어리석고, 비겁한 배반자로 묘사되지만 후자에서 인민은 체제에 의해서 희생된 양으로 그려지고 있다. 즉, 그 전에는 인간에 대한 환멸이 앞섰지만 후기로 갈수록 작가가 인간에 대한 애정을 보이며 오히려 인간을 비참하게 만드는 체제에 대해 비애를 느끼고 있음을 발견할 수 있다.

둘째로 큰 변화는 결말부의 변화이다. 《새벽》 지에서는 명준의 죽음에 대한 동기부여가 확실하게 나타나지 않은 채 느닷없는 죽음을 보여주고 있으며, 두 마리의 갈매기는 윤애와 은혜로 묘사되고 있다. 그러나 개작을 통해서 작가는 이명준의 자살 동기를 구체적으로 그린다. 또한 《새벽》 지에서는 명준이 '떨어진 모양이었다'라고 표현함으로써 그의 죽음을 삶의 끝으로 본 반면 개작을 통해서 '다른 데로 가버린 모양이었다'라고 표현함으로써 그의 죽음을 또 다른 곳으로 가는 행위, 즉 '광장'으로 나아가는 행위로 묘사했다. 이러한 개작 과정을 보건대, 바다와 죽음과 부활이 하나이듯, 작품의 중심을 이루던 광장과 밀실이 결국에는 하나임을 말하고 싶었음을 발견할 수 있다. 이는 이분법적 사고에서 다층적인

1960; 『광장』, 정향사, 1961; 『광장』, 신구문화사, 1968; 『광장』, 민음사, 1973; 『광장』, 문학과지성사, 1976; 『광장』, 문학과지성사, 1976, 2판, 1989; 『광장』, 문학과지성사, 1976, 3판, 1994; 『광장』, 문학과지성사, 1976, 4판, 1996.

세계에 대한 해석으로 작품을 수정해 가려는 작가의 노력에 의한 것이라고 할 수 있다.

『광장』이 발표될 무렵 백철은 '침체한 문학계에 하나의 돌을 던진 작품'[16]이라 극찬하였고 반면 신동한은 '이것도 저것도 아닌 어느 조건 하에 놓이거나 불평과 불만만으로 현실을 저주하는 왜곡된 자유주의자의 비참한 말로가 여실히 그려져 있다'[17]는 상반된 평가를 보였다. 이러한 논란은 지금도 꾸준히 다양한 방식으로 전개되고 있는 실정이다. 이는 결국 『광장』이 어떤 평가를 받아왔든 당대에 비중 있는 위치를 점하고 있다는 것만큼은 명백히 입증해 주는 사례라 하겠다.

『광장』이 이전 한국 소설들과 다른 점을 지니고 있다면 6·25라는 아픔과 분단이라는 경험이 기존의 작품들과 달리 지식인의 입장에서 좀 더 깊은 사유에 의해 씌어졌다는 점, 더 나아가 이데올로기적 접근을 통한 사회의 진단, 갑자기 불어 닥친 근대에 대한 반성적 성찰이 엿보이고 있다는 점이다. 뿐만 아니라 당시의 이분법적 사고에서 남도 북도 아닌 제3의 중립국을 선택한다는 내용 자체가 벌써부터 당시로서는 파격적인 내용이었다는 점을 고려한다면 『광장』이 불러일으키는 문제는 결코 예사로운 것이 아니다.

우선 『광장』의 형식을 살펴보면, 주인공 이명준이 배를 타고 제 3국인 인도로 가는 상황에서 시작하여 그 사이사이에 과거의 일을 삽입하는 형식으로 이루어졌다는 점에서, 시간적 재구성이라는 특징을 볼 수 있

---

16 백철, 「하나의 돌이 던져지다: 최인훈 작 『광장』의 파문」, 서울신문, 1960.11.27; 김병익·김현 편, 『최인훈』, 은애, 1979, p.185 재인용.

17 신동한, 「확대 해석에의 이의: 백철씨의 『광장』 평을 박(駁)함」, 서울신문, 1960.12.14; 김병익·김현 편, 앞의 책, p.187 재인용.

다. 내용적으로는 분단과 전쟁이라는 비극적인 상황을 설정하고 그 속에 이명준이라는 지식인을 배치하여 분단 상황을 이데올로기적인 측면에서 점검, 남북 분단 문제를 정면에서 다루고 있다는 점에서, 전쟁의 비극성과 참혹성을 드러내는 데 치우쳤던 1950년대 전후 소설의 한계를 극복하고 분단 소설의 새로운 단계를 개척한 작품이라는 특징을 볼 수 있을 것이다. 또한 이 작품의 제목인 '광장'은 '진정한 마음의 교류가 이루어지는 공간'이라는 상징적 의미를 지니고 있다는 점에서 당시 이분화되어 있던 대립의 이데올로기를 한데 통합하려는 의지가 포함되어 있다고 해석할 수 있다.

4. 마무리

명준의 시선에 남한은 '타락할 자유가 넘쳐흐르는 곳'으로서의 '광장'이며, 북한은 '이데올로기의 허위'만 남은 '밀실'로 비추어지고 있다. 그러나 이 구분이 개인에게 돌아가면 광장과 밀실은 서로 또 다른 가역반응을 보이게 된다. 즉, 남한은 개인의 밀실만 존재하며, 북한은 혁명이라는 풍문만 난무하는 집단의 광장으로 조명되는 것이다. 그래서 명준은 인간은 광장에서만 살 수도 없고, 또 밀실 속에서만 살 수도 없다는 결론을 내리면서 그 모두를 버리는 제3의 중립국을 택하게 된다.

만일 이명준이 그대로 제3의 중립국에 잘 당도하였다면 이 작품은 신동한을 필두로 하여 전상기에 이르기까지 여러 논자가 비판하고 있는 나약한 지식인의 현실회피라는 꼬리표를 획일적으로 달고 다녀야 했을지도 모른다. 그러나 이 작품의 주인공인 이명준은 광장과 밀실이 모두 모여 통합될 수 있는, 즉 이데올로기와 인간적 사랑이라는 추상성이 만나 통합될 수 있는 장소로 상징되는 바다를 택한다는 점에서 그러한 꼬리표를 제어하고 있다.

작품 속에 상정된 바다라는 공간은 그 원형적 의미 그대로 이데올로기로 더럽혀진 이 사회가 '재탄생'되는 공간이면서 갈매기로 상징되는 그의 실패한 사랑이 '부활'하는 장소다. 최인훈이 지속적으로 추구한, 이념을 넘어선 인간적 유토피아를 제시하려는 의도가 보이는 장소이기도 하다. 작가는 이명준을 바다에서 시라지게 함으로써 진정으로 우리가 고민해야 할 문제가 무엇인지를 암암리에 제시하고 있다. 즉, 전쟁의 참상 속에서 침체되어 있던 인간 본연의 질문이 『광장』에서 비로소 밀도 있게 던져지고 있는 것이다. 또한 남북의 대결 구도를 벗어나 새로운 반성의 지점을 설정하고, 살 만한 가치가 있는 세상은 어떤 모습인가를 생각하게 한다는 점이 바로 그것이다.

운명의 덫, 또는 이념의 압제와 사랑의 완성

- 김홍신 소설 『죽어나간 시간을 위한 애도』

1. 다시 읽는 작가, 김홍신

김홍신은 한 시기 한국문학에서 낙양의 지가를 올린 작가다. 그의 밀리언셀러 『인간시장』을 비롯한 일련의 소설들은 1980년대를 풍미하면서, 문학이 어떻게 사회 현실의 비판을 구체적으로 수행할 수 있는가를 증명했다. 그 작품 세계는 다양다기해서 하나의 경향으로 한정하기 어렵지만, 대략 고향 논산을 배경으로 한 리얼리즘 경향의 작품, 부정적인 사회 현실을 비판적으로 그린 작품, 그리고 소설을 통해 인간의 본질을 궁구(窮究)한 작품 등으로 분류할 수 있다. 참으로 쉬지 않고 많은 소설을 썼고 많은 쟁점을 생산했으며, 독자들의 가슴에 깊은 인상과 여운을 남겼다. 그러므로 그의 작품 하나를 논의할 때는 그 세계 전체를 검토한 연후에 무슨 말이든 해야 옳다.

이러한 가운데서도 단연 주목해야 마땅한 작품은 대하장편 『인간시장』이다. 이 소설 공간을 휘젓고 있는 쾌남아 장총찬은, 지금도 많은 마니아에게 잊을 수 없는 추억의 캐릭터다. 이 소설은 조직 폭력배, 정경유착 집단, 부패한 권력층 등에 걸쳐, 동시대 기층계급의 일상에 침투한 온갖 모순과 사회악을 폭로한다. 그리고 이를 통쾌하게 응징하는 주인공을 통해 공감과 대리만족을 느끼게 한다. 그야말로 소설의 독자 수용이라는 기능과 간접 경험, 이야기의 재미에 경도되어 손에서 그 책을 놓을 수 없었다. 대중·통속소설과 본격·순수소설의 이분법적 구분도 별반 효력이 없었다. 필자 자신 또한 그 열화(熱火)에 휩싸였던 경험이 있다.

소설을 통해 그려낼 수 있는 온갖 삶의 형식에 있어서 김홍신이 더 크고 넓은 시각으로 역사의식과 민족정신을 환기한 작품으로 『대발해』『내륙풍』『칼날 위의 전쟁』 등이 있다. 특히 김홍신의 『대발해』는 고구려 멸망에서부터 발해가 거란의 침공으로 쇠망하는 시기까지, 장장 258년의 역사를 되살려낸 작품이다. 이와 같은 시대소설의 단계를 거쳐 남과 북의 합일 및 통일을 추구하는 작품에 이르기까지, 눈여겨보면 영일(寧日) 없이 달려온 작가다.

그리고 작품활동의 후기로 접어들면서, 『바람으로 그린 그림』을 비롯하여 우리 삶 속에 스며든 순정한 사랑 이야기를 소설로 썼다. 이러한 궤적은 한 작가가 세상을 바라보는 시각, 세계에 대한 관심의 척도를 보여준다. 그것은 곧 작가로서의 연륜이 더해갈수록, 그의 세계관이 조화롭고 유연한 삶의 이치를 소중히 여긴다는 후감을 갖게 한다. 이는 반세기 가까이 문필 생활을 해온 작가가, 그 삶의 경륜을 원숙하게 작품에 담아낸다는 말과 다르지 않다.

여기서 주마간산 격으로 살펴본 그의 작가 이력에 비추어볼 때, 그 작품들에 대한 한국 문단의 평가는 적잖이 인색했다. 과거 모두가 타매(唾罵)하던 상업주의 문학을 이제는 문화산업이라 바꾸어 부르면서, 문학의 일상성 또는 생활문학을 하나의 창작 유형으로 수긍하는 시기에 이르렀다. 상황이 그러하다면, 차제에 작가 김홍신에 대한 평가도 구태의연한 의고성(擬古性)의 각질을 벗고 솔직하고 공의로워야 할 때다.

김홍신의 소설은 텔레비전 또는 라디오 방송 등으로 한결 대중과 친숙한 악수를 나눈 경우가 많다. 그런가 하면 그는 작가로서만 생애를 보내지 않고 강연자로, 방송 진행자로, 또 대한민국의 제15~16대 국회의원으로 다층적인 능력을 발휘했다. 우리 헌정사상 유례가 없는 8년 연속 의정 평가 1등 국회의원이 바로 그였다. 소속 정당의 당론과 다른 소신을 견지함으로써 박해와 불이익을 받은 적이 여러 번인 그는, 괴테의 시가 말하는 '눈물 젖은 빵'의 의미를 아는 사람이었다. 그러기에 당대의 세태를 반영한 그의 소설이 다중(多衆)의 심금을 울렸던 것이다. 이 모든 과정을 관류하는 하나의 키워드는 휴머니즘, 곧 인간중심주의다. 험악한 조폭의 현장에도 순정한 사랑의 국면에도 이 결곡한 중심이 살아 있었기에, 그는 사랑받는 작가이자 사랑받는 사람이었다.

2. 서사적 인물의 현실적 발화

『죽어나간 시간을 위한 애도』를 읽고, 필자는 한동안 시간을 정지한 채 생각에 잠겼다. 만만찮은 충격이 이 소설 가운데 있었기 때문이다. 서사의 줄거리는 필자에게 오래도록 익숙한 이데올로기 문제, 군사독재 시절의 압제에 관한 문제, 그리고 그 강고한 질곡을 넘어서 살아 움직인 사랑의 존재 양식 같은 것들로 이루어졌다. 그런데 이 낯익은 질료들을 조합한 소설의 담화와 플롯은 전혀 새로운 느낌이었고, 한편으로는 그 절박한 상황 전개에 모골이 송연해졌다. 분단의 비극과 실향민 아버지, 운명의 덫에 걸린 주인공 한서진의 기막힌 정황, 그를 가운데 둔 친구, 여자, 그리고 혈육인 딸에 대한 사랑이 읽는 이의 내부로 거침없이 육박해 온 까닭에서였다.

> "제가 그들의 시신에 경의를 표한 것은, 인간에 대한 순수한 경외심 때문입니다. 시신 자체는 사람이 아닙니다. 이제 더 이상 사람으로서 기능할 수 없는, 물질일 뿐입니다. 제가 직접 사살한 건 아니지만, 우리 소대 부하들이 한 일이니 적의 죽음은 저와 무관하지 않다고 생각했습니다. 소설이나 영화를 보면 적장이 죽었을 때 모자를 벗고 예의를 표한 경우도 있습니다."

학군단 출신 육군 소위 한서진이 사상범이 되어 군법정에 서게 된 것은, 극히 사소한 부주의와 호기심 때문이었다. 그는 사살된 인민군 병사를 위한 기도를 했고, 홍명희의 『임꺽정』을 읽었으며, 북한 최고의 작품이라는 『피바다』를 입수하고도 곧바로 신고하지 않았다. 천주교인이자 신인 소설가의 어설픈 포즈가 그를 나락의 입구로 이끈 셈이다. 결정적인 사건은 그다음에 있었다. 나중에 밝혀지는 터이지만, 그를 취조한 보안반장 이진구는 아내 지향의 전 애인이자 지향을 되찾으려는 자였다. 이진구가 한서진을 결딴낼 작정이었던 것이 운명적 패망의 시작이었다. 한서진은 온갖 폭행과 고문 끝에 실형을 받고 남한산성에 있는 군 형무소로 수감된다.

이 곤고한 과정을 사뭇 사실적으로, 그리고 소설 전개상의 설득력을 더하여 보여주기란 실로 쉬운 일이 아니다. 어쩌면 어지간한 작가로서는 접근하기도 어려운 경우라 할 것이다. 한서진은 풍전등화 같은 자신의 운명 앞에 좌절하기도 하지만, 결국은 복수를 다짐하며 다시 일어선다. 그러나 현실적으로 복수를 실행하지 못한다. 그가 갑자기 새로운 인격체로 변신하고 중심사상을 달리해서가 아니다. 자신의 친혈육, 이 이야기를 액자소설로 기록하고 있는 딸 자인 때문이다. 철천지원수 이진구가 자인의 의붓아비가 되어, 마침내 골수까지 준 사정을 알고 나서다. 자신의 박복한 삶을 기록으로 남긴 다음 그는 더 할 일이 없다.

> 그렇게 원고는 한서진이 써둔 내용 그대로 세상에 나왔다. 미숙한 인간이자 한 아이의 아버지, 시대의 아픔에 저항하다 고통과 번민 속에 살다 간 남자, 자신의 가장 부끄러운 치부를 세상에 밝히고 떠난 비운의 작가 한서진의 유고작이었다.

한서진이 남긴 원고는 우여곡절을 거쳐 책으로 세상에 나왔다. 아버지의 사후에 원고를 본 딸 자인은, 아버지의 친구이자 자신의 외삼촌인 재필에게 원고를 수정하자고 제의하지만 재필은 이를 거부한다. 만약에 이들이 원고를 고쳤다면, 『인간시장』에서처럼 응당한 복수를 결행하고 독자들의 안타까움을 풀어주는 이야기로 윤색할 수도 있었을 것이다. 그러나 그것은 만년에 이르러 온갖 세상 풍파를 넘어 스스로의 품격을 확보한 이 작가의 발화와는 거리가 있다. 바로 이 대목에서 김홍신의 소설세계가 한 걸음 더 앞으로 나가서, 문학의 정신적 완전주의를 현현(顯現)했다고 할 수 있는 형국이다. 그는 이미 과거의 그가 아니다.

3. '인간'의 존재론적 의미

김홍신은 이 소설의 「작가의 말」에서 '사람은 무엇으로 사는가'에 대해 언급했다. 익히 알다시피 이는 러시아의 문호 톨스토이가 쓴 이름 있는 단편소설의 제목이다. 이 유별난 소설에서 결국 톨스토이가 말하고 싶었던 핵심어는 '사람은 사랑으로 산다'는 것이었다.

김홍신의 소설에서 한서진은 딸 자인을 위해 무엇이든 희생할 각오를 지녔다. 그만큼 각박한 사태를 겪은 반작용으로 온전한 사랑의 모형을 확고하게 일깨운 것인지도 모른다. 아무리 암울한 동굴 속이라 하더라도 한 줄기 햇빛이 비치는 법이다. 그렇게 한서진에게는 어려운 발걸음마다 헌병대장, 군의관, 차 중사의 호의가 있었고 어린 시절 좋아했던 홍해원이나 오두막집을 돌본 노파도 있었다.

> 나는 그날부터 복수의 화신이 되었다. 건강하게 살아 돌아가야만 한다. 그냥 돌아가는 건 별 의미가 없다. 몸을 만들고 마음도 만들어야만 한다. 단련하여 급소 한 방으로 감쪽같이 해치울 실력을 쌓고 복수의 계획을 완전범죄로 만들어야 한다. 어쩌면 급소 한 방보다 처절한 고통을 느끼게 만드는 방법을 찾는 게 좋을 것이다. 그놈은 내가 이런 계획을 세우고 있는 걸 모를 것이다.

> "완벽한 복수는 들키지도 않고 뒤탈이 없어야 합니다. 적의 급소를 찾기 위해서는 마음이 유연해져야 합니다. 천하장사라도 권총 한 방이면 무너지죠. 몸을 단련하려면 시간이 필요하고, 상대를 쓰러뜨릴 기술도 연마해야 하잖아요. 상대의 노예가 되어 끌려다니는 게 아니라 상대에게서 완전히 벗어나야 합니다. 자유인이 되는 거죠. 용서한다기보다 잊어버리고 그보다 더 멋지고 행복하게 살아버리세요. 그게 가장 유연한 몸만들기고 진정한 복수죠."

앞의 인용문은 한서진이 가열차게 복수를 계획하는 대목이고, 뒤의 인용문은 한서진을 돌보던 군의관의 후임 군의관이 '완벽한 복수'에 대해 일러주는 대목이다. 그런가 하면 아버지 친구였던 '따개귀신'의 불발 수류탄 또한 한서진의 파멸을 막으려는 간곡한 온정을 담고 있는 것이었다. 소설의 바깥에서 인생 수업의 지출명세서나 수지타산의 대차대조표로 보자면 한서진의 인생이 완전히 마이너스이지만은 않아 보인다. 항차 친구 재필이 시종일관 변함없는 우정을 공여하는가 하면, 딸 자인이 궁극에 이르러 생부를 이해하고 수긍하며 그 영전에 마음의 진정성을 바치고 있다. 이는 참으로 박절하게 살아온 한 인간에 대한 위무(慰撫)이자, 생명을 넘겨준 아버지에 대한 이해와 사랑을 뜻한다.

소설의 책장을 넘기면서 다시금 감각하는 것은, 이 작가가 태생적으로 이야기의 달인이라는 사실이다. 그 주제를 요약하면 한두 줄의 문장으로 그치고, 서사를 나열하더라도 몇 장이면 될 이야기의 재료로, 이토록 장대한 소설의 얼개와 콘텐츠를 만들었으니 말이다. 당대 사회의 정치적 억압과 군문(軍門)의 부조리한 제도들, 여전히 서슬 푸르게 잔존하는 이념의 허상들을 헤치고, 인간이란 무엇이며 왜 가치 있게 존중받아야 하는가를 이보다 더 적나라하며 실감 있게 서술하기는 어려울 것이다. 인간성의 근본과 삶의 심연, 그 바닥을 두드려보는 소설적 행위를 정확하면서도 유연하게 그려낸 것이 바로 이 소설이다.

작가는 현재와 과거를 병렬하기도 하고 전복하기도 하면서, 그 시간의 동선을 매우 자유롭게 활용한다. 한편으로는 미궁의 사건을 확인해 가는 추리적 기법이라고도 할 수 있다. 이 구성상의 형식은 사건에 긴장감을 더하고 재미를 유발하며, 독자로 하여금 마침내 작품을 통독하고서야 그 얽힘으로부터 자유롭게 한다. 이처럼 잘 짜인 이야기 방식을 통해 절망의 나락에서 희망의 언덕으로 거슬러 오르는 운명애, 환경의 속박을 넘어선 인간 의지의 개가(凱歌)가 제시된다. 작가 김홍신이 이 소설을 복수의 완성으로 쓰지 않고 모든 것을 내려놓는 감동의 결말로 가져간 연유로, 이념의 압제를 물리치고 사랑의 아픔을 넘어서는 값진 결말을 얻었다 할 것이다.

시대사의 곡절과 인생유전의 형상

- 백시종 장편소설『수평선 너머』

1. 백시종 소설이 이른 곳과 이룬 것

백시종은 1966년 22세의 창창한 나이에《전남일보》신춘문예를 통해 아동문학으로 등단했으며, 같은 해 같은 신문의 지령(紙齡) 5천호 기념 장편소설 공모에 당선함으로써 일찍부터 장편 작가로서의 미래를 예고했다. 그리고 그다음 해에는《동아일보》와《대한일보》신춘문예에 한꺼번에 단편소설 당선자가 되었다. 그로부터 지금까지, 그는 해를 거르지 않고 작품집을 상재(上梓)해 오면서, 작가로서의 열의와 성실성이 무엇인가를 온 문단과 세상에 확연히 알려주었다. 그 결과로 이제껏 10여 개의 이름 있는 문학상의 수상자가 되었으며, 우리 문학의 창달(暢達)을 위한 역할이나 문단 활동에 있어서도 영일(寧日) 없이 지속적인 노력을 다해 왔다.

필자가 백시종의 소설, 특히 매년 한 권씩 나오는 장편소설에 주목하며 그의 작품세계를 공들여 살펴본 것은 대략 10여 년 전부터다. 어떻게 이처럼 쉬지 않고 자신의 소설 세계에 집중할 수 있을까. 경우에 따라서는 소재가 마를 수도 있고 일신의 기력이 지칠 수도 있을 법한데, 그는 대체 어떤 비법을 갖고 있단 말인가. 아마도 이 지경에 이르자면, 간단없이 소설의 이야기에 대해 생각해야 하고 그것을 필설로 옮기는 데 소요되는 지구력을 가다듬어야 할 것이다. 당연히 그러겠다는 의지만 갖고서 될 일도 아니다. 사정이 그러하니, 그에게는 신들린 듯한 문학에의 정념(情念)이 있다 할 터이고 그것이 그의 생애를 관통하는 숙명이라 해야 마땅할 터이다.

그동안 필자가 읽은 백시종의 장편소설 가운데『오옴하르 음악회』는 중동의 사막 땅으로 무대를 가져갔다. 이야기의 감동과 구조적 완결성이 돋보이는 작품이었다. 그런가 하면『물 위의 나무』는 팍팍한 삶의 질곡 속에서 온전하고 조화로운 결말을 지향하는 문학적 특성을 잘 보여주었다. 그의 삶과 문학에 신뢰를 보내는 것은 이와 같이 소설 한 편 한 편에서 치열한 소재와 주제의 기능을 배합하고 그것이 합당한 소설적 의미를 산출하도록 추동(推動)하는 길고도 깊은 과정이 개재해 있기 때문이다. 그 곤고한 운필(運筆)의 삶을 필생(畢生)의 사명으로 수납하는, 결연한 작가정신이 거기에 있다.

한국에서 소설에 대한 시상으로서 상금이 가장 많은 동리문학상 수상작인 장편『누란의 미녀』를 읽으면서 필자는 적지 않은 충격을 받았다. 필자가 이 상의 심사위원 가운데 한 사람이기도 했다. 작품 자체의 성숙과 완성도가 그간의 축적된 필력 위에 돌올(突兀)하게 서 있다는 측면에서도 그러하지만, 연례 정기 이벤트처럼 장편소설을 생산해내면서도 태작(駄作)을 내놓지 않는 작가로서의 저력과 치열한 창작의 기량이 놀라웠던 것이다. 수량의 과다가 반드시 질적 수준을 좌우하는 것은 아니겠으나, 군계(群鷄)가 없이 일학(一鶴)이 있기 어려운 까닭에서였다.

그런가 하면 장편소설『황무지에서』는 작가 자신이 살고 있는 양평을 무대로 하여 우리 근대 민족사의 아픔을 정면으로 다룬 작품이었다.

이병주국제문학상 대상 수상작이기도 한 이 소설은, 그만의 독특한 눈으로 우리 역사를 형상화하고 있다. 이 소설을 읽으면 스스로의 생활 터전에 대한 관심과 그에 결부되어 있는 역사적 질곡(桎梏)을 형상화 하는 것이 곧 작가로서의 책무임을 말하는 듯했다. 이러한 소설 세계와 더불어 백시종은 김동리의 인간 구원 의지와 김유정의 해학, 채만식의 서사성을 겸비한 작가로 알려졌으며 타고난 이야기꾼으로 세태 현실에 대한 날카로운 비판과 풍자가 돋보인다는 평가를 받고 있다.

2. 근대사의 굴곡을 응대하는 시각

백시종의 장편소설 『수평선 너머』에서 '수평선'은 과연 무엇을 의미할까. 우리가 익히 알고 있는바, 하늘과 바다가 맞닿은 곳이라면 소설이 지칭하는 하늘은 무엇이며 바다는 또 무엇인가. 이 소설이 일제강점기에서 남북한의 무력 충돌에 이르는 한국 근·현대사의 역사적 사건들을 배경에 두고 있으니, 그와 같은 소설적 환경이 둘 가운데 하나일 수 있겠다. 그리고 이와 더불어 직조물의 씨줄과 날줄처럼 교직(交織) 되는 등장인물들의 삶이 일정한 세력을 이루고 있으니, 이 또한 그 양자 중 하나일 수 있겠다. 소설의 대단원에 이르러 주인공이자 화자인 홍도섭이 바다에서의 죽음을 맞으면서 마주하는 환상이 있으니, 그도 수평선을 넘는 하나의 명제가 될 수 있겠다.

소설의 서두에는 구천광이란 인물이 맨 먼저 등장한다. 그의 아버지가 독립운동가인 연유로, 시종일관 마갑성이란 악질적인 조선인 형사의 감시와 추적을 받는다. 상하이 임시정부를 찾아간 구천광은 거기서 우리 근대사의 한 분기점이 되는 인물을 만난다. 박헌영이다. 그로써 구천광의 일생은 하나의 방향을 정하는 것으로 된다. 구천광을 비롯하여 모든 등장인물, 그리고 시대적 사건을 응대하고 관찰하며, 분석하고 평가하는 화자 '나'의 이름이 홍도섭이다. '나'는 어렸을 때부터 구천광의 집에서 기거하며 모든 사건을 목격하고 경험한 증인이다. 구천광의 어머니가 고모뻘 되는 유일한 혈육이었기 때문이다. 이 구 씨 집안에는 '나' 외에도 '나'를 좋아하는 분심이, 그리고 구천광의 배다른 동생인 천숙이가 함께 산다.

시대는 일제강점기다. 소설의 출발지인 여수를 넘어 점차적으로 중국·일본·미국 등의 외국이 소설적 서사의 범주 안으로 유입된다. 당대의 한일 관계사와 열강의 동향, 그리고 이 가운데서 생존의 향방을 찾아가는 주요 인물들의 삶과 그 구체적 세부를 형상화하는 작가의 필치는 유려하고 섬세하다. 소설의 전개에 있어서는 중심인물들이 지향한 사람으로서의 도리, 내 나라에 대한 충의, 그리고 이 모든 것들을 지배하는 운명적 상황에 대한 저항적 반응 등 다양다기하고 다채로운 이야기들이 줄지어 이어진다. 언제 이 많은 자료를 수집하고 작품의 얼개를 구상했으며 또 문면(文面)으로 옮겼는지 알기 어려우나, 읽는 재미와 의미 체득의 유익이 풍성한 것은 어김없는 사실이다.

구천광 집안으로서는 악연이라고 할 수밖에 없는 장원장이란 자는, 원래 구 씨네 행랑채에 기거했던 머슴 중 한 명이었다. 그가 친일 분자로서 농업진흥원장이 되고 권력과 재력을 두르고 나타나 속임수로 재산을 강탈하며 구천광의 어머니를 욕보여 결국 죽음으로 내몬 것은, 그 시대를 살았던 서민들의 일상이 얼마나 고통스럽고 피폐했는지를 단적으로 보여주는 사례에 해당한다. 그 장원장에 잇대어 건실한 의식을 가진 손정도·손석호 부자가 소설의 무대에 오르고, 또 장원장이 마갑성과 단짝으로 움직이는 등 일련의 흐름은, 이 소설에서의 인물들과 같이 유기적으로 얽혀서 살아가는 당대 사람들의 생활상을 잘 담아낸 것으로 볼 수 있다. 거기에 분심이와 천숙이, 그리고 구천광과 '나'의 인연도 한 몫을 더한다.

소설의 전체적인 형상은 '나'가 시대사의 파고(波高)가 실린 절박한 체험들을 서술하는 방식으로 되어 있으나, 기실 '나'의 입지는 소설적 사건 전체를 관장하고 해명하는 화자의 위상이 아니다. 보다 직접적인 서술이 필요한 경우, 작가는 언제나 과감한 전지적 작가 시점의 형식을 취하기 때문이다. '나' 또한 홍도섭이라는 한 사람의 작중인물로, 생각이나 행위의 노출에 있어서 자신의 주관적 언술보다는 작가의 직접 설명에 의지할 때가 더 많기에 그렇다. 세계정세는 바야흐로 제2차 세계대전으로 접어들어 긴박한 시기였고, 그 이후 민족 해방과 6·25동란 등의 역사적 사건들이 뒤이어 발발한다. 그런데 소설이 역사가 아니라 문학이라는 측면에서 보면, 작가의 관심은 당연히 그 와중에서 움직이는 인물들에게 있다.

"어쨌든 간에…… 통역하느라 고생했겠네."

"아니야, 박헌영 지도자는 통역이 필요 없었어, 러시아 말을 나보다 더 잘하셨으니까. 영어도 잘하시고 중국어도…… 너도 잘 알잖아! 우리 박 지도자님, 틈만 나면 늘 공부하시는 모습 말이야."

"근데 통역이 필요 없는데, 왜 형님을 맨날 거느리고 다니셨지?"

"다른 사람들은 러시아 말을 구사하지 못했거든. 아, 박 지도자처럼 통역이 필요 없는 사람이 한 명 더 있었어."

"그게 누구야?"

"김성주라고 젊은 사람인데, 러시아 말이 여간 유창하지 않아."

"김성주는 못 들어 본 이름인데?"

“만주에서 활약하던 유격대장 출신이라 하더라고. 체격도 좋고, 활달하고…… 무엇보다 레닌 지도자와도 스탈린 지도자와도 무척 가깝게 지내는 것 같고…….”

작가는 소설 전반을 통하여 박헌영, 김성주였던 김일성을 비롯하여 김구, 이승만 등 실존 인물들을 적소에 호출하고 이들이 작가가 조형한 인물들과 어떤 연대와 관계성을 유지해 나가는가를 보여준다. 그 시대의 중심인물들이 처음 현현(顯現)할 때와 변모해 가는 과정을 보여줌으로써, 작가가 가진 비판적 시각이 드러나기도 한다. 그런가 하면 대한민국 최초의 해군 창설을 밀고 나가는 손석호 같은 인물에 있어서도, 그가 가진 독실한 기독교 신앙이 어떻게 순기능과 역기능을 동시에 보여주었는지, 사건의 진척을 따라 구체화한다. 그 부정적 측면의 끝자락에 이묘묵 같은 표리부동한 자가 자리 잡고 있는 것이다. 이러한 서술의 태도는 작가가 시대적 상황에 대응하여 온전하게 유지하려 한 균형감각을 뜻한다고 할 수 있을 것이다.

구천광이 생각해도 그것은 옳은 판단 같았다. 매사가 조심스러운 나머지 다람쥐 쳇바퀴 돌리듯 방어만 일삼는 임시정부의 사업 방향이 안이하고 비겁하게 느껴지는 것이었다.

어렵게 어렵게 구걸해온 독립자금으로 먹고 자는 데 급급한 누추한 살림살이도 마음에 들지 않았다. 그렇게 궁상떨며 뒷 꽁무니만 빼고 있으려면 차라리 폐쇄하는 게 백번 옳다는 박헌영이며, 김원봉 단장의 주장에 박수를 보내지 않을 수 없었다.

기독교학생회도 마찬가지였다. 미국 선교사로부터 영어 성경을 읽고, 쓰는 과정에서 익힌 영어 실력으로 세계정세를 제대로 읽고 조처하자는 손석호 회장이며, 박종혁 선배의 기독청년회는 빼앗긴 내 조국을 되찾기보다 엎드려 기는 식으로 지레 운신하는 소극적이고 안이한 투쟁방식을 택하고 있는 것이었다.

그러나 고려공산청년회는 달랐다. 한 가지 일을 수행해도 그 결과가 너무도 선명했다. 조선 백성의 혼을 빼앗고 나라의 존엄까지 앗아간 일제 수하 한 명 한 명에게 아찔한 폭력을 가함으로써, 처단의 의미를 확실하게 되돌려 줄 수 있는 것이다.

우리 근·현대사에 있어서 민족주의와 공산주의, 자유주의와 사회주의 진영의 길항과 갈등을 정확하게 묘파하고 그 원인과 결과에 대한 평가를 제대로 내놓은 소설은 그리 많지 않다. 그동안 이병주의 역사 소재 장편소설 3부작 『관부연락선』·『지리산』·『산하』 등의 작품이 그에 대한 범례로 거론되어 오곤 했다. 이러한 정황에 잇대어 백시종의 이 소설이 그와 같은 역할과 기능을 하고 있다고 말할 수 있는 것은, 이를테면 우리 문학이 나아간 전방 지점이요 값있는 성과라고 볼 수 있다. 그리고 이 문학사적 평가가 그의 소설이 의도한 거대담론의 한 측면이라면, 소설적 서사를 형성하는 인물들의 실질적 사고와 행위는 이야기의 기본 단위를 축조하는 미시담론의 한 측면이다. 그 양자의 조합이라는 지평 위에 백시종의 소설이 서 있다.

3. 파란만장한 삶의 서사와 그 해명

소설이 중반 이후로 접어들면서, 그때까지 매설해 두었던 담론의 구조들은 아연 활기를 띠게 되고 여러 사건 또한 극적인 경로를 찾아 나간다. 주인공 홍도섭은 기계를 다루고 고치는 일에 특별한 재능을 발휘하며, 그로써 자신의 생애를 감당해 나가는 디딤돌을 얻는다. 홍도섭이 속해 있던 공작소 일본인 사장이 일본의 미쓰비시 공장으로 기술연수를 보내기도 한다. 여수로 돌아온 구천광은 박헌영의 지시에 따라, 지역 기반을 마련하기 위해 활동한다. 손석호는 독일 상선의 정식 선원과 일등항해사를 거쳐 해군 창설을 향한 경험을 축적한다. 이 파란만장한 담화들의 구체적 형용을 통해, 작가는 그 시대의 의미와 정체성을 해명한다.

> 더 큰 재앙이 몰아칠 것 같은 불안감, 두려움…… 실제로 일본 천황의 항복 담화를 기점으로 16일, 17일, 18일 단 3일 사이에 한반도의 운명은 거의 결정되었다고 해도 과언이 아니었다.
>
> 수십 년 긴 세월 동안 밀고 당기고 해도 얻을까 말까 한 엄청난 변화가 단 3일 사이에 급작스럽게 그러고 은근슬쩍 성사되었다면 누가 믿을 수 있을까.
>
> 우리는 그것을 압축이라고 말한다. 1년 아니, 3년, 4년을 무지막지한 힘으로 누르고 눌러 단 3일 만에 약소 민족의 역사를 바꿔 버리는 횡포.
>
> 그 안하무인의 횡포를 승전국의 성과 보너스를 앞세워 야합하듯 밀실에 앉아 결정해 버린 것이다. 당사국과의 어떤 소통도 없이 비공개로 열린 얄타회담이 그러하고, 한반도의 남과 북을 반동강 낸 38선이 그러했다.
>
> 미 국무성의 하급 공무원이었던, 그러나 나중에 국무장관에까지 오른 딘 러스크와 그 동료에 의해 그것도 사무실 책상에 앉아 반 시간도 걸리지 않게 쓱쓱 그려진 게 38선이다.

마침내 해방, 조국 광복의 날이 왔다. 우리 민족의 자력에 의해 쟁취

한 해방이 아니라, 제2차 세계대전에서 일본이 패망함으로써 그 절체절명의 날이 도래한 것이다. 그러나 일본군의 무장 해제를 위해 한반도의 남북으로 진주한 미·소 양군과 열강의 편의주의는 남북의 분단과 그에 뒤따르는 동족상잔의 비극을 초래하게 된다. 위 예문의 사정은 매우 급박하다. 극단적인 위기의 시점에서 임시방편으로 내려진 무분별한 결정이, 한 민족과 국가의 명운을 결정하던 그 이율배반적인 순간을 이 소설이 포착한 대목이다. 문제는 역사의 파랑(波浪)에 침윤하여 온갖 간난신고를 겪어야 하는 사람들의 형편에 있다. 목회자의 아들로서 보국(保國)의 길에 투신한 손석호나 그의 수하 박종혁 등의 인물이 이와 관련된 서사를 이어간다.

한 시기의 사회 현실을 바탕으로 하는 소설이 독자들의 흥미를 촉구하는 방안은, 대체로 그 이야기의 행로에 불꽃 같은 사랑을 매설하거나 아니면 한 맺힌 복수를 달성하는 등의 관심 요소를 부각하는 데 있다. 이 소설의 경우에 비추어 말하자면 홍도섭이나 구천광의 사랑에 그러한 면모가 가능할 수 있고, 마갑성이나 장원장의 처단에 그러한 요소가 작동할 수 있었을 것이다. 하지만 이 작가는 그처럼 손쉬운 자극과 흥미 유발에 중점을 두지 않았다. 시대의 현상이 좌우합작이나 반민특위의 무산과 같이 어긋난 방향으로 치닫는 마당에, 개인의 생애에 있어서도 이를 합법칙적으로 제시할 근거를 찾기가 어렵지 않았을까 싶다. 다시 말하자면 우리가 현실에서 목도한 그 아쉽고 안타깝고 때로 통분하던 삶의 실상을 무리하게 넘어가기가 어렵지 않았을까 하는 것이다.

> 그처럼 영롱했던 영취산 진달래가 하염없이 떨어지고 연두색 잎사귀가 터지고, 그 잎이 검푸르게 잔가지를 덮었을 때, 새로 취임한

제헌국회가 헌법 101조에 따라 새 법안을 제정했다. '반민족행위처벌법'이었다.

일본의 조선 침탈과 지배에 협력한 사람들을 처벌하는 공식 법안이었다. 반면 특위는 본격적인 활동에 박차를 가하고 반민족 행위자들을 조사, 체포하는 거국적인 검거 수사를 시작했다.

구천광은 쌍수를 들고 환영했다. 이제야 마갑성 같은 민족의 반역자들을 민족의 이름으로 깡그리 처단하는 공정한 세상이 찾아 왔구나.

그러면 그렇지. 구천광은 반세를 불렀다. 아무리 이승만이라도 대다수 국민들의 뜨거운 염원을 무시하고 부인하며 어영부영 넘어갈 수는 없겠지.

한데, 이게 웬일인가. 이승만의 하수인이 된 경찰들이 그러했다. 열이면 일곱 명이 친일 경력의 민족의 배신자들이었다. 그들이 가증스럽게 들고일어난 것이었다.

구천광은 그때까지 영취산 은신처에 숨어 있었고, 그 은신처에서 제주 봉기 소식을 들었다. 안 그래도 한민족 두 나라 정부는 절대로 용인할 수 없다고 반기를 들었는데, 합법적인 반민특위까지 폭력으로 해산시키는 이승만의 폭거까지 보고 있을 수 없다는 강경한 저항을 널리 알린 곳은 구천광이 도사리고 있는 여수가 아니고 제주였던 것이다.

제주도 4·3사건과 여순반란사건이 일어나던 때의 사회적 환경과 상황 그리고 그 와중에서 부침(浮沈)한 인물들의 심경은, 객관적 기록을 통해 그것의 깊이 있는 바닥을 두드려 보기 어렵다. 이는 그야말로 소설과 소설적 상상력의 몫이다. 역사소설을 두고, 있었던 사실로서의 역사에 작가의 추론을 결부한 허구가 함께 상승효과를 발양하는 장르라고 보는 이유다. 마침내 야비한 악질 마갑성은 살아남고, 이 소설의 한 축을 담당했던 구천광은 죽게 된다. 이처럼 불합리한 결론이야말로, 작가가 그 시대의 불합리성을 호소력 있게 제기하는 방안이다. 아내 천숙이와 아들을 모두 잃은 홍도섭은, 최후 수단으로 해군 기술병 입대를 통해 도피한다. 친일파가 다시 득세한 내 나라로 돌아오기 어려워 미국에서, 또 하와이에서 망명을 꿈꾸지만 끝내 이루지 못한다.

> 내가 그 업무를 위해 진해항을 출항했을 때 함장도 바뀌고 포술장도 갑판장도 다 바뀌었는데 다만 기관장인 박종혁 대위만 그대로였다. 박대위는 이제 대위가 아니었다. 소령이었다. 영광스럽게 진급을 한 것이었다. 물론 나 역시 한 계급 승진해서 병장에서 하사 계급장을 달았다.
>
> 고철에 가까운 함정을 수리, 전함으로 둔갑시켜 태평양을 횡단하는 공로로 장교는 말할 것도 없고 수병 모두에게 주어진 특혜였다.
>
> 뉴욕항에서 3개월 하와이에서 2개월 대서양 태평양에서 1개월 도합 반년을 함께 지냈던 동료들이 떠나는 팀장을 따라 다른 근무지로 옮겨가고 남은 인원은 불과 다섯 손가락 미만이었다.

홍도섭이 함대원의 일원으로 참여한 우리의 첫 전함 백두산함은, 열악한 운행 조건을 넘어서 임무를 수행한다. 홍도섭은 전함에서 내리면 신분상의 침해를 받을 형국이므로 하선을 거부한다. 그리고 궁극적으로 북한의 함선을 만나 교전에 이르게 되고, 싸움에서는 이겼지만 그 결말은 홍도섭의 죽음이다. 얼핏 임진왜란 당시 이순신 장군의 전사 장면을 떠올리게 한다. 그날은 박종혁의 애타는 말처럼 이 소설을 이끌고 온 인물 홍도섭의 생일이었고, 그래서 더욱 극적인 장면이 된다. 만약에 소설이 더 계속되어 속편이 쓰여진다면, 홍도섭이 살아남아 새로운 삶의 궤적을 그려갈 수도 있고, 더 나아가 마갑성 등의 척결에 나설 수도 있을 것이다. 이 미진함 및 불만족감과 더불어, 그 이후의 이야기를 독자의 손에 넘기는 것이 작가의 선택이었다.

4. 역사 소재의 소설로 남긴 시사점

홍도섭이란 인물을 스토리텔러로 시작한 이 소설은, 종국에 이르기까지 그에게 합당한 소설적 임무를 부여하지 않았다. 각기 장면의 필요에 따라 그를 소환하여 활용하면서, 그 또한 일반적인 등장인물 가운데 한 사람으로 치부하는 경향이 여실했고, 이는 여러 인물이 저마다의 발화법으로 작동하는 다층적 이야기의 서술 양식을 시현(示現)한 셈이었다. 이 소설이 작품 전반에 걸쳐 추수한 특장(特長)은 시대사의 전개와 개인의 생애들이 밀접하게 맞물리면서, 거시적 관점과 미시적 관점이 융합하는 시너지 효과를 거두어들인 데 있다. 거기에 당대의 역사와 사회에 대한 치밀한 탐색이 있었고, 개인의 삶을 토대로 한 소설적 상상력의 유장(悠長)한 개진(開陣)이 있었다.

> 나는 그 순간 수평선 너머 무지개를 보고 있었다. 여수 오동도 끝에서 종고산까지 길게 걸쳐진 오색 무지개였다. 아니, 꼭 오동도가 아닐 수도 있었다. 배순정 할머니의 평양집 장미원에서 대동강 부벽루까지일 수도 있고, 신영근의 고향인 나진 항구, 오른쪽으로 가면 러시아 포시에르고, 왼편 쪽은 중국 '훈춘' 땅인 나진 선봉에 뜬 무지개일 수도 있었으며, 젊디젊은 나이에 총알 세례를 받고 세상을 등진

나의 아내 구천숙이 태어난 북만주 넓디 넓은 옥수수 벌판일 수도 있었다.

어쨌거나 오색 무지개가 사방 천지에 종이띠처럼 무질서하게, 그러나 일정한 규격을 고집하며 길게 길게 펼쳐지고 있었다. 얼핏 보면 태극마크 같기도 하고, 오륜기 같기도 하고, 어린 날 끝없이 이어지는 방 천장의 꽃무늬 같기도 한 그것들이 부드러운 솜털처럼 나를 푸근히 감싸고 있었다.

나는 그 오색 솜털 깊숙이 파묻혀 수평선 너머 어디론가 피안의 세계로 흘러가고 있었다.

예문은 이 소설의 대단원이다. 화자 홍도섭이 세상을 등지는 장면이 그려지되, 그것이 사뭇 드라마틱하고 또 환각적인 분위기에 감싸여 있다. 아무리 시대 현실의 본질에 육박하는 소설이라 할지라도, 이와 같은 개별적 인물의 운명론과 그 정조(情調)의 표현에 감동이 없으면 좋은 작품이기 어렵다. 홍도섭이 떠나는 수평선 너머 피안의 세계는, 언제든 우리 누구나 가야 할 전도(前途)의 향방이기도 한 것이다. 이 한 편의 장편소설을 통해, 백시종은 또 하나의 문학적 금자탑을 쌓아 올렸다. 그의 소설이 우리에게 전하는 시사점이 한국 소설의 진일보를 담보하리라 기대한다. 앞으로도 그의 수발(秀拔)한 작품을 통하여, 우리가 좋은 소설을 읽는 기쁨을 지속적으로 누릴 수 있었으면 한다.

문학 경작(文學 耕作), 또는 천생(天生)의 작가

- 김호운의 소설

1. 푸른 나무들이 모여 이룬 울창한 숲

역사주의 비평의 관점으로 '글은 곧 그 사람이다'라는 레토릭이 있다. 글이 그것을 쓴 사람의 생각이나 사상을 직접적으로 반영한다는 뜻이다. 필자가 존경하는 작가 한 분은 '나는 사람은 몰라도 글을 믿는다'라는 표현법을 썼다. 한 사람에게 공여하는 신뢰를 이보다 더 강고하게 말하기는 어렵다. 이와 같은 발화 방식에 비추어 보면, 글을 통해 그 사람을 잘 알 수 있고 사람만 보아서는 알 수 없는 대목까지 글이 알려준다는 논리에 동의하게 된다. 여기서 이처럼 서두를 길게 풀어 놓는 이유가 있다. 평소에 익히 알고 있는 작가를, 그 소설을 읽은 다음에 괄목상대하여 다시 보게 되었다는 사실을 적시(摘示)하기 위해서다.

소설가 김호운이 바로 그 사람이다. 그가 한국소설가협회 이사장을 맡고 있는 까닭으로 여러 차례 면식이 있었으나, 그의 소설을 정치(精緻)하게 읽은 것은 이번이 처음이다. 그리고 사뭇 놀랐다. 이렇게 잘 쓰는 작가였나? 그동안 그의 작품을 대략 훑어보고 그 형용을 짐작했던 것은 평론가로서 일종의 직무유기였구나. 필자는 다시 그가 걸어온 작가로서의 삶과 작품세계 그리고 내게 주어진 「인디고블루와 코발트블루, 사라진 개」 및 「아버지의 녹슨 철모」 등 두 편의 단편을 면밀하게 검토하기 시작했다. 이미 많은 분량의 소설적 수확을 이룬 그의 세계를 함부로 요약하기는 어려운 일이지만, 예거한 두 편의 단편에는 그가 추구해 온 문학적 진수(眞髓)가 담겨 있는 것으로 보였다.

김호운은 1950년 경북 의성 출생이다. 어느덧 그의 세월도 고희(古稀)를 넘어섰다. 1978년 《월간문학》을 통해 「유리벽 저편」이라는 작품으로 등단했으니, 문단에 적을 둔 지도 40여 년이 지났다. 그의 소설은 그동안 '선이 굵은 서사를 일관되게 보여준다'는 평가를 받아왔다. 그가 가진 창작의 신조는 '농사짓듯 소설을 쓴다'는 것이다. 농부가 한 해의 추수를 하듯 매년 한 권 분량의 작품을 써 왔다는 말인데, 이는 작가로서 큰 미덕이라 할 창작의 성실성을 반증한다. '매일 200자 원고지 세 장을 쓰자'고 스스로 다짐한다는 그 목표는, 일견 소략해 보일 수 있어도 그것이 지속적 시간과 함께하면 바위를 뚫는 낙숫물이 될지도 모른다.

김호운에게 크게 영향을 미친 문학작품은 고등학교에 들어가 읽은 빅토르 위고의 『레 미제라블』이었다. 그는 여기서 장발장보다 자베르에게 더 호감을 느꼈다는 것인데, 이는 어쩌면 그가 유다른 작가가 될 것이라는 징표였는지도 모른다. 삶이 어렵던 시절, 그는 대학 진학 대신 철도대학을 선택했다. 대학을 졸업하고 현장 근무를 하던 중, 소설을 쓰기 위해 사표를 쓰고 창작의 길에 들어섰다. 스물일곱 살의 가장으로서는 그야말로 쉽지 않은 일. 그렇게 곤고한 작가의 길에서 반세기에 가까운 세월을 보내는 동안, 그가 가장 오른편으로 내세운 작품이 곧 「아버지의 녹슨 철모」였다. 역사적 굴곡에서의 상흔과 그 치유에 관한 산뜻하고도 감동적인 작품이다.

익히 알려진 바와 같이 그는 여행을 좋아한다. 이 지구별에서 살아가는 사람들, 그 가운데서도 소설 쓰기를 온 생애의 목표로 삼고 삶의 시계를 그 목표에 맞추며 살아가는 사람들에게 여행이란 자기 문학에 새로운 활력을 부가하는 요소일 것이다. 누군가 이르기를 여행은 장소를 바꾸는 것이 아니라 편견을 바꾸는 것이라고 했는데, 사정이 그러하다면 김호운의 여행 벽(癖)은 자신의 소설을 의미 깊고 풍요롭게 추동하는 촉매제일시 분명하다. 그렇고 형성되고 다져진 소설을 두고 그는 하나의 작품이 '한 그루의 나무'와 같다고 했는데, 이제 우리는 울울한 푸른 숲이 된 그의 세계를 마주하고 있는 터이다.

2. 분단 시대를 넘어서는 화해의 길목

김호운을 작가이게 하는 동시에 작가로서의 기량을 증명하게 하는 작품이 단편소설 「아버지의 녹슨 철모」가 아닐까. 이 소설은 한국문학사에서 흔히 볼 수 있는 6.25동란을 바탕으로 했으나, 그 가운데 잠복해 있는 체험의 강도와 깊이는 사뭇 남다른 모양을 보여준다. 물론 이 소설적 이야기가 작가의 삶과 온전히 일치하는 것이 아닐까 하는 관찰은 정합성이 없다. 당초 소설은 그와 같은 일대일의 대응에서 벗어나 있는 문학 장르인 까닭에서다. 그러나 소설을 읽어 나가면서 마주치는 결곡한 정서와 서사적 감동은, 내내 작가와 작품을 결부시켜 바라보는 동일시의 눈길을 촉발한다. 미상불 이러한 글 읽기 수용의 구조는 소설 형식이 담보할 수 있는 강점이기도 하다.

이제껏 많은 작가가 전란 체험의 가족사를 소설로 썼다. 김호운의 동향 선배인 김원일의 『마당 깊은 집』이나 이문열의 『영웅시대』가 대표적인 경우다. 이 소설들은 유년 시절 이래의 척박한 경험과 현재에 이르도록 치유되지 않은 동통(疼痛)을 연계한다. 어렵고 힘들었던 과거사의 소환이 수용자의 공감을 불러오면, 어느덧 그 '가족사의 수난'이 '민족사의 비극'으로 증폭된다. 1950년대 후반 전후문학의 시대를 넘어 분단문학, 이산문학, 통일시대 지향의 문학 등 서로 밀접하게 상관되어 있는 호명(號名)의 행렬이 이 소설적 영역의 운동 범주를 말해준다. 이를테면 우리는, 그리고 우리 문학은 여전히 분단 시대의 그늘을 벗어나지 못하고 있는 셈이다.

「아버지의 녹슨 철모」에 등장하는 화자는, 그 서두에서 '며칠 고민하던 끝에' 시골에 있는 고향의 옛집을 찾아간다. 참으로 많은 아프고 슬픈 기억이 서려 있는 집이다. 그 집과 이별하던 날, '나를 찾으러 온 어머니와 나를 내어주지 않으려는 할머니' 사이에 큰 승강이가 벌어졌던 광경이 눈앞에 선하다. 그런데 그 집의 소유는 이제 화자가 알지 못하는 '윤씨 문중'으로 넘어갔다. 이 표면적 사실의 얼개 아래에는 1950년 여름 전쟁이 일어났을 때 '시집온 지 일 년밖에 안 된 열여덟 살 난 새색시'였던 어머니의 파란만장한 일생이 숨어 있다. 그때 화자는 '어머니의 뱃속에 있었다.' 화자는 결국 전사한 아버지의 얼굴 한 번 볼 수 없었다.

'궁핍하기 이를 데 없는 피난살이에서, 입 하나라도 던다는 심정으로' 아버지는 큰삼촌과 함께 자원입대했다. 그렇게 떠난 아버지는 전사했고, 가족들은 아버지를 말리지 못한 어머니를 '원인 제공자'로 몰아붙이며 학대했다. 삼촌은 아버지의 군장(軍裝)을 가지고 휴가를 나왔다가, 그것을 땅에 묻어버리고 귀대하지 않았다. '아버지의 녹슨 철모'는 그렇게 일상의 현장에 나왔다. 어머니는 가족과 의절하고 독립하여 방물장수를 시작했고 얼마 뒤에는 비단 장수로 바뀌었으며, 화자는 '충애보육원'에 맡겨졌다. 유년의 현실 체험으로서는 참담하기를 극한 상황이었다. 그 와중에서도 어머니는 온갖 수고를 거쳐 아버지의 전사자 등록을 마쳤다. 물론 그 어머니도 지금 이 세상에 있지 않다.

> 이것이 할아버지 댁과 벽을 쌓은 결정적 이유였다. 전우들을 찾아가 전사 입증서를 받던 중 아버지가 삼촌 대신에 전사했다는 사실을 처음으로 알게 된 어머니는 친가와 더 높은 장벽을 쌓았다. 그런 저간의 사정을 숨기고 우리 모자를 돌보지 않은 친가 사람들이 남보다 못하다고 생각했던 것이다. 어머니는 방물장사를 하며 거지처럼 돌아다닌 일이 그렇게 서러울 수 없다며, 내게 "내 눈에 흙이 들어 가기 전엔 친가에 발걸음을 해선 안 된다"고 단호하게 말했다. 내가 아버지의 전사 당시 상황을 소상히 알고 있는 것도 바로 이 증언 때문이다. 어머니는 전우로부터 받아낸 증언을 한 부 더 복사하여 남겨두었다. 내가 크면 보여주기 위해서였다. 언젠가 무심결에 내가 어머니가 금기시하던 할아버지 이야기를 꺼낸 적 있다. 그러고 나서 며칠 뒤 어머니는 장롱 속 깊숙이 넣어둔 이 입증서를 꺼내 내게 읽어보라고 했다. 어머니는 학교를 다니지 못해 글을 쓸 줄도 읽을 줄도 모른다. 그래서 일일이 대서방에 가서 증언을 대필해야 했다. 대서방도 관공서가 있는 대처에나 있어서 증인을 데려가자면 수고비와 교통비를 부담해야 했다. 그러니 사람을 찾느라 고생한 일도 벅찼지만, 대필 비용을 마련하느라 빚을 내는 통에 몇 년을 고생하며 갚아야 했다. 나는 그런 어머니의 말을 거역할 수 없었다.

임종을 앞둔 어머니 앞에서 화자는 이미 돌아가신 할아버지와 할머니, 그 두 분과 화해시켜 드리고 싶었다. 어머니는 "할아버지 할머니 산소에… 술 한잔 따라 드려라. 불효한 죄는… 모두 내가… 가지고 가마" 라는 말로 이를 수긍했다. 누가 있어 이 슬픔의 바닥을 알 것인가. 화자는 '어머니를 안고 목 놓아 울었다.' 전란과 가족사의 비극이 겹쳐지면서, 그 가운데 있던 고통스러운 삶이 마감되자 화자에게 남은 것은 '이 엄청난 줄다리기를 끝낸 허망함'이었다. 그런데 그것이 이 화자만의 상실과 허망이 아니었기에, 소설적 전파력이 있다. 이 나라 강역(疆域)에 두 발을 딛고 살아가는 모두의 추체험(追體驗)이기에 소설적 이야기의 문면(文面)이 우리 가슴에 육박해 오는 것이다.

> 고향 집 대문을 나오다가 나는 걸음을 멈추었다. 대문 안쪽 담벼락 밑에 화분 하나가 놓여 있었다. 들꽃이 소담하게 자라는 화분이 내 시선을 끌었다. 녹 슨 철모였다. 나는 발길을 돌려 그 화분 앞에 가 섰다.
>
> 관리인이 그런 나를 보고 말했다.
>
> "예쁘지요? 며칠 전에 들에서 캐왔는데, 여기서는 개국화라고 불러요."
>
> "그런데 이 철모는 어디서 났나요?"
>
> "뒤뜰 잡동사니 사이에 뒹굴고 있던 건데, 화분으로 안성맞춤이지 뭡니까."
>
> "원래 이 집에 있던 겁니까?"
>
> "잘은 몰라도 아마 그럴 겁니다. 여긴 전방도 아닌데 녹슨 철모가 돌아다닌다는 게… 아마 누가 들에서 발견하고 엿장수한테 팔려고 주워왔겠지요."

화자는 이 대목에서 '다시 지나간 먼 세월 속으로' 달려갔다. 그 옛날

충애보육원에서 이 집으로 왔을 때, 할아버지 앞에 철모로 만든 화로가 있었다. 아버지의 철모였다. 그 철모가 지금 화분으로 변하여 화자의 눈앞에 놓인 것이다. '오랜 세월 뜨거운 불덩이를 담고 있다가, 다시 차갑게 식은 채 내버려졌던 녹슨 철모는 이제 따듯한 손길을 만나 꽃향기를 피우고 있다.' 화자는 멈칫 이렇게 생각한다. '혹시 나를 기다리고 있던 건 아닐까.' 철모가 화자를 기다린다는 인식의 저변에는, 끝내 얼굴 한 번 보지 못한 아버지가 그 아들을 기다린다는 상징적 의미가 함축되어 있다. 화자는 옛집 제실 관리인의 손에 돈을 조금 쥐어주고는 철모를 가슴에 안고 돌아온다.

김호운의 이 단편소설이 가치 있게 여겨지는 데는 몇 가지 관점이 함께 작동한다. 우선 이와 같은 소재를 선택했을 경우 소설이 끌어안기 마련인 역사적 중압감을 희석시켰다는 점이다. 이문열의 『영웅시대』나 임철우의 『봄날』이 끝내 넘어서지 못했던 그 역사적 엄숙주의는, 좀 거칠게 말하자면 소설적 감동을 결박하는 요인이 될 수 있다. 김호운의 이 소설은 한결 서정적인 분위기와 더불어 '내려놓음'의 의식이 값을 더한다. 다음으로 앞서 언급한바 과거와 현재가 자연스럽게 맞물려 있고, 가족사와 민족사가 하나의 연결고리로 상호 조응하는 소설적 효과를 발양한다. 이러한 면모는 유사한 계열에 있는 그의 다른 소설들을 찾아 읽어야겠다는 의욕을 자극한다. 그것은 수발(秀拔)한 작품 한 편을 만난 기쁨이기도 하다.

3. 피카소를 매개로 소설이 된 예술론

김호운의 근작 「인디고블루와 코발트블루, 사라진 개」는, 작가가 소설로 쓴 예술론이다. 소설은 20세기의 천재 화가 피카소가 잠에서 깬 아침 풍경으로 시작된다. 일어난 채로 이젤 앞으로 간 피카소는, 캔버스에 웅크린 여자 누드 스케치를 인디고블루와 코발트블루로 지워버린다. 그냥 지운 게 아니라 새로운 그림을 위한 바탕색을 만든 것이다. 그림을 그리는가 했는데, 피카소는 빠른 걸음으로 책상 앞으로 가서 '얼마 전에 세상을 떠난 친구 카사헤마스'에게 편지를 쓴다. 방금 멋진 작품 하나가 떠올랐는데 그 제목이 '맹인의 식사'라는 것이다. 그 옆에는 개 한 마리가 있다는 말과 함께. 우리는 먼저, 김호운이 차용한 피카소의 일화를 두고 사실관계를 확인할 필요가 있다.

스페인 출신의 화가 파블로 피카소는 1900년부터 프랑스 파리에서 본격적인 작품활동을 시작했다. 겉으로는 화려하나 가난과 타락으로 고통받는 파리의 이면을 보고, 또 가장 친한 친구의 자살을 겪으면서 그의 작품에는 극도의 우울함이 표현되었다. 이 20세기 초 몇 년간을 그의 '청색 시대'라 일컫는데, 그 대표작이 바로 1903년 작 〈맹인의 식사〉와 〈인생〉이다. 피카소가 친구에게 보낸 편지에는 개에 대한 언급이 있는데, 아무리 봐도 개가 없는 것을 이상하게 여긴 뉴욕 메트로폴리탄 미술관은 X레이를 통해 그림을 검색했다. 그러자 찾는 개는 없고 그림의 밑바닥에 웅크리고 있는 나신의 여자를 발견했으며, 이는 같은 해에 발표된 〈인생〉의 여자와 동일한 모습이었다.

이 상황을 두고 비평가들의 여러 의견이 제시되어 있으나. 그것은 이 소설의 의미에 견주어 그렇게 중요하지 않다. 초기의 피카소가 그림에 쏟아붓던 열정과 숨겨진 그림 이야기가 여기서 김호운이 선택한 소설적 주제에 어떻게 연동되어 있는가가 우리의 주된 관심이기 때문이다. 이 연결 고리에 중층적 의미가 부여될 수 있어야, 마치 '창을 든 돈키호테'

같은 이 무렵의 피카소가 예술로의 핍진한 차원을 드러내는 데 유용한 조력이 될 수 있을 것이기에 그렇다. 만약 김호운 소설의 실제에 효율적인 상징성을 공여할 수 없다면, 제아무리 피카소라 한들 아무 소용에 닿지 않는 것이다. 그 전제를 이어받는 소설적 인물은 오민주다.

오민주는 노트북 자판을 두드리는 작가의 얼굴로 등장하며, 피카소의 〈맹인의 식사〉를 소설로 쓰고 있는 중이다. 그는 피카소가 그러했듯 오랜 친구와 소통하려 한다. 줄곧 붙어살다시피 함께 그림을 그리며 공부하던 친구다. 이 두 사람은 모두 화가로서의 붓을 놓고 소설 창작을 향해 새 길로 접어들었다. 오민주는 피카소의 그림 한 점을 보기 위해. 르누아르 특별전이 열리고 있는 메트로폴리탄 미술관을 찾아간다. 오민주의 여동생은 반대로 연신 르누아르를 자랑한다. 화려하고 밝은 색조의 르누아르 전시장 한쪽에 음울한 피카소의 〈맹인의 식사〉가 불청객처럼 걸려 있다. 인디고블루와 코발트블루의 '푸르죽죽한' 색이다.

> 르누아르 작품들을 빠르게 지나쳐 〈맹인의 식사〉 앞에 서자 오민주는 숨 막힐 듯한 감동으로 가슴 벅찼다. 눈에 보이지 않는 신기(神氣)에 끌려 이곳까지 온 듯한 착각이 들어 그녀는 잠시 정신이 혼미했다. 정신을 가다듬고 그림을 다시 바라봤다. 작품 위를 흐르는 인디고블루와 코발트블루, 아니 그냥 푸르죽죽하다. 인디고블루라느니 코발트블루라느니 하는 고상한 말보다 우리말로 푸르죽죽하다가 더 어울린다. 푸르죽죽한 색은 우리 정서에서는 보통 홀대받는 색이다. 홀대받는 색이 세계적인 명화에 초대되었다. 피카소의 가슴을 거치면 미운 색도 이처럼 마술같이 환상 감동으로 바뀌는 게 놀랍다. 숨 막히게 하는 이 차갑고 냉정한 색조는 그녀의 환상 감동을 이내 강렬한 슬픔으로 바꾸어놓았다. 눈물이 쏟아질 것 같아 그녀는 잠시

호흡을 가다듬었다.

우리말로 치환하면 인디고블루는 남색, 코발트블루는 암청색이다. 굳이 '블루'의 이름을 동원하여 난해한 설명을 이어가는 것은, 아마도 피카소의 그림에 더 근접하기 위한 방략일 것이다. 오민주의 눈에 운명적으로 보이는 피카소가 동생에게는 그저 슬픈 그림일 뿐이다. 이렇게 예술은 사람에 따라 그 존재 양식을 달리한다. 여기에 동시대의 새로운 문화 영역으로 부상한 '가상공간'이 개입한다. 오민주가 이 낯선 공간으로 끌려 들어온 것은, 새로운 형식의 글로벌 매체 페이스북 때문이다. 코로나19 신종 바이러스 감염증으로 지난해 세상을 떠난 동료 소설가 장하진의 생일 소식을 접한 것도, 〈맹인의 식사〉를 향한 가슴 두근거림을 초래한 것도 페이스북을 통해서다.

웅크린 여인의 누드, 어디서 많이 본 듯한 그림이다. 〈맹인의 식사〉 속에 감추어져 있던 이 밑그림은 미국 클리블랜드미술관이 소장하고 있는 피카소의 작품 〈인생(La Vie)〉에 들어가 있다. 여기에서는 숨어 있는 밑그림이 아니라 세상 밖으로 꺼내 작품 구성으로 묘사했다. 같은 청색시대 작품인 〈인생〉을 그리면서 다른 때와 달리 피카소는 이 그림에 남다른 애정을 쏟아부었다. 밑그림을 네 번씩이나 다시 그렸을 정도다. 이 그림에는 친구 카사헤마스도 그의 연인과 그의 어머니도 등장한다. 처음 스케치에서는 피카소 자신이 카사헤마스의 연인과 알몸으로 붙어서 있게 했으나 마지막 수정 때 친구 카사헤마스로 얼굴을 바꾸었다. 왜 그랬을까. 소문에 의하면 피카소는 친구의 연인과 몰래 사랑을 나누었다고 한다. 성 장애로 고민하던 친구 카사헤마스를 위해 대신 그녀에게 열정을 보인 걸까. 아니면 정말 그녀를 사랑한 것일까. 아무러하든 카사헤마스는 권총으로 그녀를 먼저 쏜 뒤 자살을 시도했다. 잘된 일인지 잘못된 일인지 모르나 그녀는 살았으며 그만 혼자 세상을 떠났다. 이때부터 피카소의 인생이 바뀐다. 청색시대가 시작되는 것이다. 친구에게 미안해서일까, 아니면 친구의 연인과 불륜을 저지른 죄의식 때문이었을까. '인생'이라는 제목을 단 이 그림에는 여러 사람의 복잡한 인생이 담겼다. 아니다. 여러 사람의 인생을 담은 게 아니라 '인생이란 무엇인가?'라는 화두를 세상에 던졌다. 이 그림에 묘사한 '외롭게 웅크린 누드'에 그 해답이 감추어져 있다.

미술관에서는 인공지능 AI를 시켜 〈맹인의 식사〉 배면에 숨어 있던 여인을 유화물감으로 채색 복원했다. 거기에 '외롭게 웅크린 누드'란 제목을 붙였다. '이젠 인공지능 AI가 죽은 피카소의 영혼을 불러와 그림을 그리기까지 한다.' 소설가 장하진의 부음을 받고 장례식장까지 다녀온 오민주는, 장하진의 영혼을 불러낼 수 있을까. 물론 그러할 이유가 없고 그렇게 시도하지도 않지만, 페이스북은 문득 잊고 있던 그 이름을 상기시킨다. 시대는 이렇게 우리의 오감을 앞질러 개명(開明)한 세상의 '혜택'을 여러 유형으로 보여준다. 그런데 예나 지금이나 예술의 본질적 형상은 이 문명 세계의 기술적인 세례와는 관계가 멀다. 이처럼 변화하는 세상과 예술 창작의 관계성에 관한 고찰이 이 소설의 전편에 편만해 있다.

오민주는 〈맹인의 식사〉를 소설로 쓸 작정을 했으나 첫 문장을 쓰고 더 진행하지 못한다. 여기 또 하나의 '명언'이 있다. '감동이 너무 짙으면 소재에서 제재로 옮아가는 데 오히려 방해가 된다'는 사실이다. 이것을 이기는 힘은 작가의 재능이 아니라 성실성이 아닐까. 농사짓듯 소설을 쓴다는 이 작가의 경우와 마찬가지로, 오민주가 이 평범하면서도 강력한 사실을 익혔을 때 그의 소설은 앞으로 나갈 것이다. 오민주가 새롭게 쓴 제목은 이렇다. '인디고블루와 코발트블루, 사라진 개.' 문득 오민주는 오늘 이 단편소설을 완성할 수 있을 것 같다. 피카소가 고뇌하던 그 인식의 공간을 그림에서 보고 이를 소설 공간에서 재생하기 위해, 오민주는 그리고 작가는 고뇌의 시간을 거쳐 왔다. 아마도 거기에 이들이 말하고자 하는 소설적 예술론 또는 궁극적인 인생론이 결부되어 있을 것이다.

Ⅲ.

운문으로 쓴 인생론의 탐색

자아와 세계, 또는 찰나와 영원의 대위법

- 윤후명 시집 『비단길 편지』

1. 시·소설·그림을 두루 아우른 예술가

윤후명은 강원도 강릉 태생이며 연세대 철학과에서 수학했다. 1967년 《경향신문》에 시가 당선되고, 1979년 《한국일보》에 소설이 당선됨으로써 두 차례의 신춘문예를 통해 각각 시인이자 소설가로 문단에 나왔다. 그의 태생지 강릉은 그에게 생명의 고향과도 같아 보인다. 그러기에 반세기가 넘는 그의 문필 곳곳에서 소중한 기억의 공간으로 얼굴을 내민다. 시와 소설을 함께 추구한 까닭으로, 그의 이성과 감성은 늘 두 개의 문학적 도구를 함께 가진 형국이었다. 시는 압축해서 말하고 소설은 풀어서 표현하는 터이지만, 윤후명만큼 그 모든 묘사와 서술에 두루 능숙한 작가는 보기 드물다. 어떤 대상을 보거나 만나더라도 이를 시 또는 소설의 범주 안에서 해독할 준비가 되어 있었던 셈이다.

그는 한 시대의 흐름이나 한 인물의 모범과 같은 결이 거칠고 굴곡이 큰 문제를 달가워하지 않는다. 이를테면 문학에 있어 거대담론의 범주는 자신의 몫이 아니라고 여기는 듯하다. 대신에 작고 세미하지만, 그 가운데 생각의 깊이와 감동적인 울림이 있는 소재 또는 주제가 그의 문학적 성취를 부양해 온 것이다. 그의 시나 소설을 볼 때마다, 필자는 늘 다음과 같은 윌리엄 블레이크의 시 한 구절을 떠올렸다. “한 알의 모래에서 우주를 보고 한 송이 들꽃에서 천국을 본다. 그대 손안에 무한을 쥐고 찰나의 시간 속에서 영원을 보라”는 레토릭이다. 그런데 한국 문단에서는 윤후명의 문학적 소우주에 감응하여 동리문학상을 비롯, 무려 10개가 넘는 문학상을 공여했다.

윤후명은 올해 들어 두 권의 단행본을 상재했다. 5월 『윤후명 그리고 쓰다』라는 화서첩을 〈문학나무〉에서, 7월 『비딘길 편지』라는 시집을 〈은행나무〉에서 출간한 것이다. 그의 화서첩은 그림과 산문이 함께 손잡고 있는 책으로 그의 화력(畵歷) 15년을 헤아리게 한다. 기실 그는 지금까지 세 번의 개인전을 연 화가다. 그의 시집은 그로서는 먼저 낸 시 전집 『새는 산과 바다를 이끌고』에 이어 두 번째다. 시집의 제목에 있는 ‘비단길’은 말 그대로 실크로드(Silk Road), 곧 중앙아시아의 광활한 평원에 연이어 있는 무역로를 뜻한다. 강릉의 어린 소년이 70대 후반에 이르도록, 마음과 몸으로 수도 없이 왕래한 저 먼 나라의 사막길이다. 그 어간(於間)에 그의 청춘과 장년, 인생과 사랑이 함께 잠복해 있다. 이 글은 이 시집에 대한 가늠과 탐색을 소임으로 한다.

2. 나의 정체성을 찾아가는 시간여행

문학에 일생의 향방을 건 이들은 그 문학이 삶의 근본에 해당하는 모든 것들을 지배한다. 그러나 이것은 자발적이며 값있는 지배다. 그러기에 ‘문학은 도를 구하는 그릇이다(文者求道之器也)’란 표현이 있다. 한국 현대문학을 영롱하게 장식한 윤후명의 소설들은 그 문학적 근본주의의 소산이며, 언제나 내면의 작은 소리에 귀 기울이고 이를 하나의 원리로 도출해내는 성과를 보였다. 시에 있어서도 이 창작 방식이 다르게 작동할 리 없다. 『비단길 편지』의 1부에 실린 시들은, 시를 쓰는 삶의 길 위에서 자신의 내면과 그 정체성을 찾아가는 여행처럼 보인다. 그 길은 그리움이나 사랑과 같이 가슴 설레는, 또 한없이 아쉽거나 아픈 여러 감정의 경로를 한꺼번에 끌어안고 있다.

이 길을 걸어 평생을 왔다
길은 계속되어도
내 발걸음은 멈출 수 없다
고갯길을 넘어 물을 건너 숲을 지나
광야를 가로질러
온갖 소리에 귀 기울이며
나는 아직도 걷는다
끝은 내가 만들어야 하기에
내 길은 멈추지 않는다
밤이 지나고 동이 틀 때까지
이 길을 걸어 새벽으로 간다
그것이 내 것이라고
누구에겐가 말해주어야 한다
단 한마디라도 들려주어야 한다

-「새벽길」

이 시집에 실린 첫 번째 시다. 시인은 '이 길을 걸어 평생을 왔다'고 말한다. 무슨 길일까? 우리가 앞서 말한 문학의 길, 문학의 눈을 통해 세상사를 가늠하는 바로 그 길이 아닐 수 없다. 길은 계속되고 시인의 발걸음은 멈추지 않는다. '온갖 소리에 귀 기울이며' 걷는다. 이 귀는 시인의 섬세한 감각이 우주 자연과 삼라만상의 온갖 전언(傳言)을 감각하고 수거하는 기구이자 통로다. 시인이 목표로 하는 새벽은 대체 무엇일까? '그것이 내 것이라고 누군가 내게 말해주어야 한다'는 그 새벽은, 세상 저잣거리의 명리(名利)와는 상관이 없다. 이 한 편의 '문열이' 시에서, 시인은 자신의 인생 행로가 문학을 향한 구도의 길임을 넉넉하게 반증한다.

> 몇 해 전 보고 간 해당화 붉었던 꽃잎
> 거기에 무엇을 보려 했는지
> 이제는 미움도 사랑이었다고
> 하려 했는지
> 다시 보았다
> 그렇다면 걸어온 모든 길은 사랑이었다
> 섬처럼 바다에 갇혀 있는 것도
> 갇힘이 아니라 사랑이었다
> 그렇다면 사랑의 갇힘을 겪으려고
> 몸부림쳐온 삶이었다
> 바닷바람을 맞으며
> 마른 해당화꽃에 씨앗이 맺혔는지
> 몸을 깊이 숙여 살펴보았다
>
> -「백령도 7 - 해당화」

이 시집의 1부에는 '백령도'라는 제목의 연작시 10편이 줄지어 있다. 서해바다 북쪽, 38선 이북이자 휴전선 아래에 있는 한국에서 15번째로 넓은 섬이다. 시인은 이 운명적인 섬 백령도를 찾았기에 시를 쓴 것일까. 아니면 시를 쓰기 위해 백령도를 찾아간 것일까. 어쨌거나 그는 이 섬에서 시의 시계(視界)를 개방하고 문필의 공을 들였다. 거기에는 교회, 하룻밤 묵은 인생, 인사동 여자, 동굴, 까나리액젓, 동백나무 그리고 약속과 사랑 같은 인생 세간의 이치들이 숨어 있다. 당연히 인용한 시의 '해당화 붉었던 꽃잎'도 있다. 이처럼 작고 섬세한 시적 대상들이 저마다의 얼굴로 다층적이며 곡진한 의미망을 구성한다. 그러한 소우주 속에서 가시로 사랑을 말할 수 있다(「엉겅퀴꽃 가시」). 그 구도에서 시 쓰는 자신을 딱정벌레라 호명할 수도 있다(「시를 쓰는 딱정벌레」).

3. 중앙아시아 평원과 내 나라 문인들

윤후명이 태를 묻은 강원도 강릉은 문향(文香)이다. 풍부한 문화유산과 수려한 자연경관을 자랑한다. 강원도 내 지정문화재의 90% 이상을 보유하고 있기도 하다. 그는 자신이 강릉 출신인 데에 만만치 않은 자부심을 느끼고 있는 듯하다. 그가 활동한 공간적 환경을 모두 적시할 필요는 없을 것이다. 그의 문학에서 점유하고 있는 비중을 고려한다면 그 영역 가운데 간과할 수 없는 곳이 중국 깐수성의 둔황이다. 실크로드의 기점(起點)인 이 북방의 사막 도시는 막고굴이나 월아천 등 유적지로도 이름이 있다. 윤후명 문학의 무대는 강릉에서 둔황으로, 또 중앙아시아 평원으로 넓게 펼쳐져 있다. 이 시집의 제목이 '비단길 편지'인 것은, 바로 이와 같은 작품의 배경을 바탕에 두고 있는 까닭에서다.

금의 나라 구게
중앙아시아를 지나 찾아간 왕국을
나는 꿈에 간직한다
그리하여 나는 꿈꾸고
그 땅도 꿈꾸는 이승의 세상
내가 거쳐온 땅끝에서 왕국은 되살아나니
사랑이라 하지 않을 수 없다
왕국이 동굴 속에 묻혔어도
사랑이 금빛으로 살아나서 내게 속삭인다
물고기가 새가 되어 날아가듯이
그 동굴 속에서 나는 꿈의 연금술을 배운다
천년의 무늬와 빛깔을
내게 입힌다

-「구게 왕국 1」

시집의 2부에는 '구게 왕국'이란 제목의 연작시 9편이 수록되어 있다. 이 나라는 부족국가에 가까운 서부 티베트 최후의 왕국이며, 7백여 년 동안 강성하게 존재하다가 지금으로부터 4백여 년 전 하루아침에 사라져 버린 신비한 나라로 알려져 있다. 시인은 중앙아시아를 지나 이 '금의 나라'를 찾아간다. 비록 왕국이 동굴 속에 묻혔어도 '사랑이 금빛으로 살아나서' 시인에게 속삭인다. 시인은 그 동굴 속에서 '꿈의 연금술'을 배우며 , '천년의 무늬와 빛깔'을 스스로에게 입힌다. 사정이 이러하다면, 이 시인은 양(洋)의 동서와 시(時)의 고금을 자유롭게 넘어서는 상상력을 한껏 발현한 셈이다. 그러기에 그는 확신처럼 단언한다. '구게 왕국은 사라진 왕국이 아니다(「구게 왕국 2」)'. '그는 여기서 티베트의 지혜를 배우고

(「구게 왕국 4」)', '나의 사랑도 찾아낸다(「구게 왕국 8」)'.

어느 틈에 우리말이 새롭게 들리는
중앙아시아가 그리워졌다
두고 온 우리말에 맡겨둔 사람들
'우등불'을 벌판에 지피고 달려간 외침
"대한독립만세!"
나는 문화원에 들러 미하일의 그림을 본다
조국을 떠난 지 5세대가 되건만
고향 언덕의 아이들이 있다
아이들은 뛰놀며 우리말을 배운다
"안녕하십니까. 이 말은 우리말입니다."
중앙아시아 우슈토베에 버려질 때
온통 갈대밭뿐인 걸 살아남았지요
사내는 두 팔을 멀리 뻗는다
우리는 겨우 목숨을 부지해
우리말을 하며 이 땅에 남아 있다고

-「우슈토베 마을 - 중앙아시아 고원에서 5」

시집의 2부에서 '중앙아시아 고원에서'라는 부제가 붙은 시 4편을 볼 수 있다. 이 가운데 「우슈토베 마을」은 필자도 격심한 마음의 충격과 함께 바라보고 온 바 있다. 고려인 강제 이주의 비극을 지금도 고스란히 담고 있는 그 현장을 시로 쓴 것이다. 민족적 동질성과 아픔을 전혀 색다른 지역에서 목도 하는 일이 어떻게 예사로울 수 있겠는가. 거기에 이 시인이 힘겨워하며 시로 토설하지 않고서는 배길 수 없는 중앙아시아 평원의 의미가 개재되어 있다. 그런가 하면 2부에는 시인이 내내 잊지 못하는 우리 문인들에 대한 시적 형용이 임립(林立) 되어 있다. 여기서는 윤동주, 조오현, 박목월, 박남수, 김수영, 이원하, 박영한, 조정권, 박정만, 김점선, 김형영 등의 이름만 거론할 뿐 이들에 대한 시적 표현의 실상은 시집을 통해 만나기를 권유할 수 밖에 없다.

4. 길 위에서 다시 세상을 만나는 방식

시집의 표제를 단락의 제목으로 한 3부 '비단길 편지'는, 말 그대로 노상(路上)의 생각 또는 사상을 시의 문면(文面)으로 치환한 시편들이다. 오죽 그 길이 중요한 의미를 갖고 있었으면 실크로드, 비단길이었을까. 3부에는 '서촌 풍경'이라는 제목의 연작시가 14편, '비단길 편지'라는 부제를 붙인 연작시가 13편, 그리고 '쿠바 이야기'라는 제목의 연작시가 8편이 있다. 이 연작시들은 하나의 주제에 깊이 침잠하고 그것이 가진 작고 소박하지만 소중하기 이를 데 없는 심층적 가치를 이끌어낸다. 이와 같은 창작의 발화방식은 기실 윤후명 문학의 전매특허이기도 하다. '길'이 가진 참으로 많은 의미의 단면과 더불어, 그의 길은 단순한 외형의 풍경이 아니라 새롭게 세상을 만나는 최전방 지점이다.

고갯마루 윤동주문학관을 지나면
예전 자하문 밖 자두밭이다
어느 날 환기미술관에서 김향안 여사가
자그마하게 서서 우리를 맞이했다
서정주 시인이 보안여관에 '시인부락'을 꾸리고
소설은 멀리서 손짓하는데 그것이 어디 있느냐고

눈을 가늘게 뜨면
창성동 문학비단길에는
살구나무 두 그루, 으름나무와 히어리 한 그루씩
여러 해째 꽃을 피웠다

-「서촌 풍경 - 문학비단길」

서울 서촌은 종로구 경복궁과 인왕산 사이에 있는 지역으로, 조선 시대에는 한성부 북부에 속하여 장동(壯洞)으로도 불렸다. 원래 왕족과 사대부들의 거주지로 유명했으나, 일제강점기 이후에는 문인과 예술인이 많이 자리 잡았다. 시인은 이 길의 고갯마루 윤동주문학관, 이상의 아내였던 김향안과 환기미술관, 서정주의 '시인부락' 등 여러 기억을 떠올린다. 거기에 '창성동 문학비단길'이란 이름을 붙였다. 이 길 위에서 그는 시와 소설을 만나고 또 인생의 여러 모형을 본다. 그런가 하면 거기는 '세종대왕 나신 곳'이 있어 우리말 한글의 근원을 다시 돌이켜 보게 하고 그 고사들을 탐색하게 한다. 문득 시인은 이 서촌에서 박목월의「윤사월」을 소환하여「아직 봄이었다」라는 수발(秀拔)한 시를 남겼다.

낙타를 타고 월아천(月牙泉)을 지나
명사산(鳴沙山)이다
능선이 날선 모래산이다
그 위를 오르며 나는 귀를 기울였다
옛이야기대로 명사산은 과연 우는가
사연이 담겼을 듯한 고요가 밀려온다
저것이 울음인지 모른다고 생각한다
명사산의 고요는 무슨 사연을 담고 있을까

그 속에서 나는 내 과거를 찾는다
누구나 과거는 고요 속에 잠겨 있다
묻혀 있는 고요도 어떤 것은 날이 서 있다
살아서 숨죽이고 있기 때문이다
낙타는 과거 소리를 듣는 듯
되새김질하며 앉아 있다
월아천을 사막에 내려온 달, 이라고 불러본다

-「사막에 내려온 달 - 비단길 편지 6」

시인은 화가 이인의 권유로 둔황을 갔다고 시의 운을 떼었다. '그 무서운, 새로운 세계'(「둔황의 이인 화가」)가 시인의 예민한 감각을 한껏 강력하게 추동했을 것이다. 깐수성 란조우에서 둔황으로 가는 길, '성 밖 황량한 사막'(「사막의 능선을 보면」)은 황량할수록 더욱 절박하게 문학적 감응의 반사판을 두드렸을 것이다. 예문의 시에 등장한 월아천과 명사산은 둔황의 상징과도 같은 경물들이다. 시인은 '천축의 나라들을 돌며 알 수 없는 삶을 살고 싶다'(「당나귀의 길」)고 토로한다. 그야말로 시적 일탈의 사상이 일상 속에 부드럽게 안착하는 모습이다. 그러기에 그는 '외로움은 안으로 향하고 그리움은 밖으로 향한다'(「사막의 청포도」)라는 경구(驚句)를 생산할 수 있었을 것이다. 여기서 미처 언급하지 못하는 '쿠바 이야기'의 시들도, 이처럼 문학의 눈으로 세상을 접촉하는 글쓰기의 양식을 가졌다.

5. 살아온 모든 나날들을 북돋우는 힘

이 시집에 두루 통용되고 있는 연작 시의 유형은, 어쩌면 윤후명이 발굴한 효율적인 시 쓰기의 전범(典範) 가운데 하나인지도 모른다. 하나의 이름을 따라 여러 가닥의 생각을 일관되게 피력할 수 있으니, 한꺼번에 무리하지 않아도 좋고 그 다양성의 편린을 자유롭게 펼쳐 보일 수 있어서 좋을 것이다. 4부에서도 '대관령' 연작시 10편, '반야용선' 연작시 4편, '목선' 연작시 6편이 실려 있다. 4부의 제목이 '사랑의 힘'인 만큼 여기에 수록된 시들은 따뜻한 삶의 온기와 긍정적이며 순 방향적인 생각의 유로(流路)를 따라가는 형국이다. 문학이 그 근본에 있어 인간을 이해하고 사랑하는 일의 매개체라면, 윤후명의 시 또한 이 도식을 벗어나지 않는다.

대관령 목장 근처
중앙아시아 언덕길을 넘는 길이라고
나는 고개를 뺀다
홀로 날아가는 새는 눈알을 빛내며
먼 길을 날개 밑에 넣는다
어릴 적부터 가늠만 했던 나의 길
짐승들도 울음을 멈춘다
나는 날개도 없이
구름 위에 서서
지나온 삶을 더듬는다
길을 잃고 눈물을 훔치던 내가
지금 여기에 있는 것이냐
여기는 또 어디란 말이냐
내 눈은 더욱 흐려진다

-「대관령 18」

대관령은 윤후명의 고향, 강릉을 상징하는 표제어와도 같다. 그는 대관령 목장 근처를 '중앙아시아 언덕길'을 넘는 곳으로 명명한다. 그의 내면적 의식이 또 그 의식이 움직이는 공간이 강릉에서 발원하여 중앙아시아 평원으로 광활하게 확장되어 있음을 암시하는 대목이다. 그는 여기서 '어릴 적부터 가늠만 했던 나의 길'을 복원한다. 그것은 곧 '지나온 삶'을 더듬는 일이기도 하다. 내가 있는 '지금 여기'는 언제나 그에게 하나의 질문이자 존재 증명이다. 그는 '강릉문화작은도서관'의 명예관장이며(「대관령 19」), '열아홉 살 어머니'의 기억을 잊지 못하는 아들이자(「대관령 21」), '옛 호랑이'의 전설에 인식의 한 부분이 잇대어져 있는(「대관령 24」) 강릉 사람이다.

지나온 한 해가 거울 속에 묻혀 있다
거울을 들여다보는 내 얼굴,
사랑을 기대한다
있는 그대로 없는 그대로
곧이곧대로 보여주는 힘인 사랑을 기대한다
거울을 들여다보는 내 얼굴에 새겨진 주름은
그때마다 더 깊게 파이고
새로운 날 숨가쁘게 기다리게 했으니
이제 기쁨과 슬픔 함께 버무려
거울 속 침묵의 창고에 간직하련다
가거라, 모든 망령이여
먼 뒷날 비록 다시 모습을 드러내
거울 속에서 절규할지라도
있는 그대로 없는 그대로
곧이곧대로 사랑의 힘으로
이 땅에 옳음과 그름을 살피기 위하여

곧이곧대로의 사랑의 힘님께
길을 비켜라
헌날을 데리고 서산을 넘어가
멀리멀리 사라져가거라
있는 것을 있게 하고 없는 것을 없게 하는
사랑을 위하여

-「사랑의 힘」

세상을 살면서 우리는 '사랑의 힘'에 얼마만한 신뢰를 가지고 있을까. 사람에 따라 반응의 양상이 다르겠지만, 이 질문에 대한 답변이 그가 살아온 삶의 질이 될지도 모를 일이다. 예문의 시에서 시인은 거울을 들여다보며 사랑을 기대한다. '곧이곧대로 보여주는 힘인 사랑'을 기대한다. 그는 이 힘으로 이 땅의 '옳음과 그름'을 살피려는 것이다. 사랑을 위하여! 이러한 관점의 연장선상에 '강릉에서 출발한 한 가족'의 가족사가 있고(「가족」), 6·25 때 피난선이었던 배를 '반야용선'이라 수긍하는 상상력의 확대(「반야용선 1」)가 있다. 그의 '목선' 연작시들은 '수많은 바다'와 '수많은 수평선'을 부려놓는데(「목선 3」), 그 한 편 한 편이 모두 척박한 자리에 선 인생의 흔적과 그 바닥에 고인 눈물(「그대 발자국」)을 따뜻하게 응대한다.

6. 지경의 구획을 넘는 자유로운 영혼

이 시집의 5부 '둔황에서 강릉까지'는, 시인의 의식이 그 정체성을 확고하게 밝힌 지점이다. 경우에 따라 이를 '강릉에서 둔황까지'로 읽어도 하등 이상할 바가 없다. 그의 소설과 시, 그리고 삶의 행적이 대체로 이 범주 안에서 스스로의 존재값을 형성하고 있기 때문이다. 그러니 둔황이 우선일 수도 없고 강릉이 우선이기도 어렵다. 실제로 여기에는 그 두 지명의 우선순위를 교체해가며 쓴 시 두 편이 나란히 서 있기도 하다. 시인은 둔황의 모래 언덕에서 '나를 뜯어먹을 독수리'를 기다린다. 그리고 그것이 사랑이라고 말한다.(「강릉에서 둔황까지」) 이 시의 결미는 이렇게 사뭇 뜻깊다. '나는 달마처럼 깨닫고 나뭇잎 편주(片舟)에 몸을 싣는다.'

다들 고비사막과 타클라마칸사막을 말한다
하지만 나는 바다로 가련다
누란에서 포도주 한 병을 받아
누란 미라에게 한 잔 따르고
낙타를 얻어타고 〈왕오천축국전〉의 길을 걷는다
혜초(慧超)는 이 길을 어찌 걸었을까
마르코폴로 양(羊)에게 묻고자 하지만
놈들은 벌써 모래 언덕을 넘어갔다
어머니를 찾아가는 건 육이오 때부터의 풍경이었다
주문진에서 정동진을 거쳐 묵호 바닷가를
고비와 타클라마칸으로 놓고
피난 보따리를 어깨에 지고
나는 어디론가 산속 길을 찾아가고 있었다
드디어 나타난 물장수 아즈바이
낙타 아즈바이 물 한 모금 주시구려
낙타는 눈물을 흘리며 내게 젖을 물린다
나는 어머니를 소리쳐 부른다

-「둔황에서 강릉까지」

시인은 고비사막과 타클라마칸사막에서 벗어나 바다로 가기를 원한다. 거기 '누란 미라'와 혜초의 왕오천축국전이 결부되어 떠오른다. 사막과 바다가 함께 제 역할을 다하기 위해 참예한 듯하다. 그리고는 문득 어머니의 행적이 있는 한국 동해안의 작은 도시들, 주문진과 정동진과 묵호가 불려온다. '물장수 아즈바이'와 '낙타 아즈바이'가 공존하는 자리, 거기서 시인은 '어머니를 소리쳐 부른다.' 이렇게 보면 이 시인에게 있어 둔황의 사막지대와 한국의 동해안은 그 거리처럼 멀리 떨어져 있는 지역이 아니라 자기의식 속에서 맞물려 손을 맞잡거나 어깨를 겯고 있는 소통의 공간이다. 그 어디에서나 '어머니'로 대표되는 시인의 지난날이 전개될 수 있다. 그는 이 삶을 두고 '작은 도롱이길'이라 언명하고(「옛집의 이름」), 그래서 머리말의 명칭도 '도롱이 집의 시'라 붙였다.

어린 엉겅퀴를 푸성귀로 먹는다고
누군가 말해주었다
풀밭을 걸어가서
그 엉겅퀴를 뜯는다
꽃이 피기 전에 잎사귀를 뜯는 나는
먹으려고 뜯는 게 아니다
멀리 가버린 사람이
가시 꽃망울 속에
숨어 있다고 믿는 마음인 것이다
풀밭은 내게 그 마음을 가르킨다
풀밭에 아무도 없다고 마음도 없는 게 아니다
멀리서 푸성귀 한 소쿠리 내게 보내며

꽃망울이 벌어지고 있다

-「풀밭의 엉겅퀴」

시인은 그의 시 곳곳에서 엉겅퀴를 보여준다. 서두에 언급한 그의 화서첩에서도 여러 모양의 엉겅퀴 그림이 제시되어 있다. 이와 같은 엉겅퀴에의 경도(傾度)는, 예문의 시에서 그 사유의 일부를 짐작할 수 있다. 시인은 '멀리 가버린 사람이 가시 꽃망울 속에 숨어 있다'고 믿는다. 엉겅퀴가 발을 둔 풀밭이 그에게 그 마음을 가르친다. 바로 이곳이다, 가장 험한 가시 꽃이 가장 아름답게 빛나는 순간! 항차 꽃 한 송이에서만 그러하랴. 덧없는 우리 삶의 형상이 모두 그렇게 척박한 땅에 숨은 보화를 가지고 있는 것을. 이제껏 우리가 공들여 살펴본 윤후명 시의 요체가 여기에 있다. 자아와 세계가 자유롭게 교유하는 공간, 찰나와 영원이 서로의 지위를 교대할 수 있는 시적 담론, 그러한 인식의 발양과 그 대위법(對位法)의 통용이 가능한 문학 마당이 윤후명의 것이다.

시적 서정과 신앙의 신실

- 박이도의 묵상 시

1. 박이도 시인, 그는 누구인가

시인 박이도는 1938년 평북 선천에서 출생했다. 기독교 정신이 충일하던 이 지역에서 모태 신앙인으로 성장했고, 자유를 찾아 월남한 실향민이다. 그는 이제 여든 중반을 넘긴 원로 시인이며, 그가 가진 오랜 신앙의 연륜으로 인하여 그 시와 삶에 남다른 보람을 가꾸어 온 것으로 짐작된다. 저 아득한 옛날에 체험한 종교적 박해와 6·25전쟁의 참상은, 지금도 그의 의식을 불편하게 하는 억압 기제가 되는 듯하다. 그러기에 그가 2022년 5월 양화진문화원의 강연에서, 코로나 바이러스의 공포와 푸틴의 우크라이나 침략이 지난날의 데자뷔를 보는 것 같다고 했을 터이다. 세(勢)는 시(時)에 따라 변하고 속(俗)은 세(勢)에 따라 바뀐다고 하지만, 세월이 가도 원래 그대로인 것이 있다.

이를테면 박이도의 시 정신이 그렇다. 그의 시 전체를 통독해 볼 때, 언제나 서정적 감성을 자기 시 세계의 범주 밖으로 밀어낸 적이 없다. 현실에 대한 비판적이고 부정적인 시각이나 고전문학 또는 민담의 풍자적인 관점을 차용할 때도 그 서정성의 바탕은 언제나 그림자처럼 드리워져 있다. 이러한 경향은 시인으로서는 만만치 않은 장점이요 일종의 혜택이라 할 수 있다. 그런가 하면 직접적으로 신앙의 맨 얼굴을 드러내지 않으면서도 늘 시의 배면에 기독교 사상을 깔고 있는 것은, 시가 종교성에 침윤하지 않고 제 기능을 다하게 하는 창작의 기량에 해당한다. 동시에 이는 '사상성의 부재'라는 한국문학의 단처를 극복하는 데 매우 유익한 모형이 된다.

박이도는 1959년 《자유신문》 신춘문예에 시 「음성」이 당선되고, 1962년 《한국일보》 신춘문예에 시 「황제와 나」가 당선되어 문단에 나왔다. 그러고 보면 이 시집을 다시 출간하는 오늘에 이르기까지 장장 65년의 장구한 기간을 시인으로 살았던 셈이다. 1963년 경희대학교 국어국문학과를 졸업했고, 오래도록 동 학과의 교수로 있었으며 2003년에 정년 퇴임을 했다. 1969년에 상재(上梓)한 첫 시집 『회상의 숲』과 1985년에 나온 첫 시선집 『빛의 형상』을 비롯하여 많은 시집이 있다. 생애의 연수가 여든 중반을 넘어 아흔을 향하고 있으나, 그는 여전히 창작의 펜을 놓지 않고 있는 현역 시인이다. 이 엄중한 사실은, 일생을 진실하게 그리고 신앙의 진정성을 추구하며 살아온 그에게 내려진 축복이라 할 것이다.

이제까지 박이도 시인에 대하여 평설이나 비평문을 써 온 연구자 및 이론가들은 시심(詩心)의 순수성, 온화하고 정돈된 세계관, 창작 경향으로서의 서정성, 과거의 회상과 현실의 초월, 종교적 신성의 내면화 등 여러 모양으로 그 세계를 해명했다. 이 가운데 가장 핵심이 되는 개념은 여전히 순정한 서정성과 강인한 신앙의 바탕이었다. 2018년에 나온 시집 『누룩』을 증보하여 재발간한 이번 시집은, 그중에서도 '묵상 시집'이라는 부제가 말하는 바와 같이 후자에 더 무게중심이 실려 있는 형편이다. 그런 연유로 이 해설의 글 또한 그와 같은 신앙의 근본이라는 관점으로 그 시 세계를 살펴볼 수밖에 없겠다.

2. 신앙시의 자리와 '나의 형상'

앞서 언급한 양화진문화원의 '진리를 따라가는 길'이라는 주제의 강연에서 시인은 "하나님을 알고 믿기 위해서는 먼저 나 자신의 정체를 확인해야 할 것"이라고 전제하고 그 사례로 존 칼빈의 『그리스도교 강요(綱要)』 가운데 한 구절을 들었다. "나 자신을 알지 못하면 하나님을 알지 못하고, 하나님을 알지 못하면 나를 알지 못한다"라는 명제가 그것이다. 그리고 자신은 "여호와 하나님을 믿고 그의 아들 예수 그리스도를 믿는 개신교 즉 프로테스탄트의 교리를 신앙하는 자"라고 고백했다. 사정이 이러하니 그의 시가 곧 자신을 아는 하나의 통로였다는 추론이 가능하며, 그럼에도 불구하고 그 시를 종교적 교리로서가 아니라 문학적 감성으로 풀어낸 것은 존중받을 만한 상황이다. 이 강연에서 시인은 시집 1부에 실려 있는 「시련」과 「나의 형상」 두 작품에 대해 직접적인 해설을 부가한다.

> 나는 하나님으로부터
> 하루의 양식밖엔 허락받지 않았다
> 매일의 양식을 위해
> 그런 하루를 살기 위해
> 나는 하나님과 등을 대고
> 내일을 염려한다
>
> 나는 하늘에 나는 새만큼
> 하나님의 은총을 누리지 못한다
> 내일 먹을 양식과
> 또 어둡고 추운 곳에서 불어오는

시련(試鍊)의 바람을 생각하고
시름시름 자리에 누워
흐느껴 울다, 잠꼬대 같은 소리로
하나님을 불러본다

-「시련」

「시련」의 화자는 하나님으로부터 '하루의 양식'을 허락받았다. 성경에서 광야를 떠돌던 이스라엘 백성들이 여호와로부터 만나를 공급받던 기록을 떠올리게 하는 대목이다. 그 백성들이 그러했던 것처럼 화자는 '하나님과 등을 대고' 내일의 양식을 염려하며 투정을 부린다. 신앙인이라면 누구나 겪어보았을, 하나님과의 관계에 있어서 '심리적 갈등'이라고 해명했다. 동시에 수시로 변해 가는 신앙인으로서의 자기 정립이 '나의 시련'이라고 술회했다. '흐느껴 울다, 잠꼬대 같은 소리로' 하나님을 불러 보는 것은, 일찍이 「견고한 고독」이나 「절대고독」을 거쳐서 김현승이 그러했듯 절대자 앞에서 그의 피조물임을 납득하고 낮은 자리에서 순복(順服)을 다짐하는 형국이다.

밤사이
하나님은 쉬지 않고
나의 형상을 새로이 지으신다

이른 아침 뜰에 나서면
풀숲에 숨은 이슬
햇살이 꿰어 매듯
사랑을 엮어 주네

밤사이 진 감꽃들이
하얗게 웃음 짓는다
못다 한 결백(潔白)의 생명으로
내 형상을 짓는다

아, 밤사이
내가 무엇을 꿈꾸었나
어둠에 빠져 허우적거리며
먼 데만을 향해
손짓을 하였구나

이 아침의 밝음을 두고
이슬의 총명과
감꽃의 결백을 두고
나의 참 형상을 두고

-「나의 형상」

「나의 형상」을 두고 시인은 "하나님이 주신 언약이라는 절대성 앞에 순응하는 자세, 곧 주 안에서 항상 기뻐하라는 말씀을 묵상하는 시"라고 설명했다. 신앙인으로서 자신의 존재에 대한 자문자답의 시편들 가운데 하나라고 말한다. 하나님이 밤사이 쉬지 않고 나의 형상을 새로이 지으신다는 것은, 마치 「시련」에서 하루의 양식처럼 매일같이 새롭게 시작하는 생명의 삶에 대한 인식을 보여준다. '이른 아침 뜰'에서 화자는 여러 모양으로 하나님이 지은 내 형상을 만난다. 그 새로운 발견과 감동으로 인하여, 나의 하루는 또 새로운 반성과 결의로 편만(遍滿)해진다. 그러니 '이슬의 총명'과 '감꽃의 결백'과도 같은 나의 참 형상에 새로운 각성을 얻지 않을 수 없는 것이다.

3. 자아·타자에의 반성적 성찰

이 시집의 2부에 수록된 시들은 자아 정체성에 대한 탐색, 자아와 창조자의 관계성에 대한 반성적 성찰, 세상을 향한 연민과 분노 등의 여러 복합적 감상을 담고 있다. 「발견」에서 볼 수 있는바 믿음을 향한 '나의 약속'이나, 「일상」에서 볼 수 있는바 사도 바울처럼 날마다 '새 날에, 새 사람'이 되기 위한 기도는 시인이 자신의 모본(模本)을 확인하려는 노력을 뜻한다. 이러한 노력은 궁극적으로 시인 자신과 이 세상을 창조한 절대자와의 관계에 대한 확신을 지향한다. 거기에 이르는 과정이 편이하거나 순탄할 리 없다. 때로는 뼈를 깎는 반성적 성찰이 필요할지도 모른다. 그런데 시인은 이미 이 관계성의 문법을 익히 알고 있는 듯하다.

> 그는 누구입니까
> 들리지 않는 목소리
> 보이지 않는 얼굴
> 그러나 어디에서나
> 조용히 웃음 짓는 형상
>
> 아무것도 들을 수 없는
> 깊은 어둠의 수렁 속에
> 허우적대는 나
> 가슴을 치고 어둠을 두드립니다

낮은 목소리로 부르는,
조용조용 다가와
내 손목을 꼭 잡아 주는
그는 누구입니까

아, 나는 울고 싶은 나무
들리지 않는 목소리
보이지 않는 얼굴

그를 맞기 위해
돌멩이처럼 하늘 높이
던져지고 싶은 나무,
훨훨 날아가고 싶은
참 자유의 형상을 그립니다

-「자유의 형상을」

화자는 '그'가 누구인가를 묻는다. 그는 목소리가 들리지 않고 얼굴이 보이지 않지만 어디에서나 '조용히 웃음 짓는 형상'이다. 곧 시인의 절대자 하나님이다. 이때의 질문과 답변의 방식은, 여느 세상 사람들의 그것과 완연히 다르다. '나'는 허우적대며 절박하게 질문하지만, 그는 낮은 목소리로 조용히 다가와 손목을 꼭 잡아 주는 것으로 답변한다. 우리 문학사에서 종교를 달리하여 보면, 만해 한용운의 「알 수 없어요」에 나타난 문답의 방식과 유사하다. 이 시의 화자는 그를 맞기 위해 '참 자유의 형상'을 그린다. 시의 문면(文面)을 통해 그 정답을 찾아내는 터이기에, 이 시는 폭과 깊이를 함께 가진다. 일찍이 성경에서는 「삭개오야 삭개오야」의 삭개오가 이 유형으로 '묵시의 말씀'을 얻었다.

신의 소명(召命)으로 예언하는 자
이스라엘, 그 참담한 나락으로
낙엽처럼 떨어져갈 때
그는 희망을 계시(啓示)한다

인내하는 신(神)의 이름으로
신성한 인격으로
그 백성이 다시 태어나길 기원하는 예레미야

지금, 이 나라에
이 백성의 영혼 속으로
희망을 선포하는 자
살아 있는 예언자는 없는가

-「예레미야」

이 시의 중심인물 예레미야는 '눈물의 선지자'로 불리는 인물이다. 성경 가운데 바벨론의 포로가 되어 망해가는 이스라엘의 역사 속에서도 이 선민(選民)을 끝내 버리지 않으신 하나님은, 세 명의 선지자를 파수꾼이자 버팀목으로 세워 그 역사의 명맥(命脈)을 이어가게 했다. 적국 그발강 포로수용소의 에스겔, 적국 왕궁의 다니엘, 그리고 식민지가 된 예루살렘의 예레미야다. 이 시집에서 예레미야가 등장하는 것은, 시인이 가진바 세상을 향한 연민과 분노의 또 다른 표현이다. 「이 패역의 땅에」는 그 모습을 구체적으로 그려 보인다. 더 나아가면 「퀴어 축제라고?」나 「성 소수자들의 성지가 된 서울광장」 같은 시가 그 극단적인 모형으로 제시된다. 그런데 시인은 믿음을 가진 자의 선견(先見)으로 이를 이미 보았다. 「데자뷔」가 그것을 말한다.

역사적 사실에서 교훈을 얻은 시인은 희망을 버리지 않는다. 다만 이 순간의 분노를 기록으로 남기지 않을 수 없는 것이다.

4. 믿음·소망·사랑의 실천적 사유(思惟)

이 시집 1부의 시는 대체로 믿음의 삶에 있어서 온전한 깨달음과 그것을 지키려는 다짐을 지속적으로 노래하고 있다. 2부에 이르면 그 경향이 한결 구체화 되고 실천적인 의지를 현현(顯現)하는 방향으로 나아간다. 이때의 '실천'이란 현실적인 행동이나 사회운동 같은 것을 의미하지 않는다. 보다 강렬한 정신의 작동과 방향성의 노정(路程)을 그렇게 호명할 수 있다. 그 의지는 확고하게 성경에 바탕을 두고 있고, 그래서 2부 거의 모든 시에는 성경 구절이 에피그람으로 달렸다. 이 구절들의 최대공약수는 고린도전서 13장 13절의 믿음·소망·사랑에 있다. 시인은 성경의 근원적인 의미와 자신의 실제적인 삶을 결부하면서, 그 양자가 일으키는 상승작용을 시의 모형으로 작성하고 있다.

한 세월
깊은 잠이 든 이 대지 위에
나는 무엇을 할 수 있는가

햇살에 숨 쉬고
달빛에 이슬 머금는 원시림
이 비밀한 속삭임에
나는 말을 잊었네

우람한 침엽수의 밑동에
도끼를 들어 힘차게
내려찍는다

마음속에 숨겨 두었던
단호한 결의가
숲속을 뒤흔들며 퍼져 나간다

아- 침묵이 깨어지는
위엄한 순간
대지는 깊은 잠에서 깨어나고
우주를 일깨우는
메아리쳐 돌아오는 소리

나는 감히 자연에 경종을 울려
신(神)의 계시를 득음(得音)하는가
만물이여
마음 문을 열어 귀 기울이는가

-「계시(啓示)」- 이전 것은 지나갔으니 보라 새것이 되었도다

(고후 5:17)

신앙인의, 그리고 시인의 믿음이 어느 순간에 기적처럼 생성되는 것이 아니다. 거기에는 온갖 계기가 있고 은혜로운 축복이 있으며 때로는 신비한 계시가 내려지기도 한다. 이 시의 화자는 '한 세월'에 할 일을, 그리고 '비밀한 속삭임'에 할 말을 잊었지만, 이내 도끼를 들어 내리찍으며 단호한 결의를 펼쳐 보인다. 이러한 행위 유형은 이 시인의 세계에서 보기 드문 매우

단호하고 적극적인 표현이라 할 수 있다. 그 결과 또한 웅혼하다. 이렇게 진전된 반응을 촉발하는 것은 시의 제목처럼 '계시'가 임한 까닭에서다. 이러한 결의는 시인의 묵상이 삶의 사소한 굴곡을 과감하게 넘어서도록 이끌기 때문이다. 그 믿음의 실천은 「이 사람을 보라」에서 본디오 빌라도와 예수를 대비하면서, 하나의 극점에 도달하고 있다.

날마다 나의 빈 잔을 채우시는구나
믿음의 명철을
생명의 지혜를
스스로 고독의 누룩을 부풀리는
내 영혼의 숨소리

투명한 생명수로 고이는 빈 잔
삶의 소망을
스스로의 평정심(平靜心)을
빚어 주시는 한 분이 계셔
나의 고독은 뭉게구름으로
두둥실 떠오르네

-「누룩」

'누룩'은 지금 재개정판에 이른 이 시집 개정판의 표제였다. 성경의 여러 부분에서 누룩에 대한 비유가 등장한다. 빵을 부풀게 하는 긍정적인 측면이 없지 않으나, 대개는 부정적인 예화에 사용된다. 이 시에서는 그 어휘가 '고독의 누룩'을 부풀리는 '영혼의 숨소리'란 시행 속에 잠복해 있어, 시인이 이를 부정적으로 사용한 것 같지는 않다. 그로써 '나의 빈 잔'을 채우는 보살핌에 연동되어 있기도 하다. 그렇다면 종내 부각 되는 것은 삶의 소망과 스스로의 평정심을 빚어 주시는 '한 분'이요 그에 대한 믿음이며 명철과 지혜를 더해가는 소망의 지경(地境)이다. 「보라, 내일을」에서는 그 소망의 '내일'을 향해 달려간다는 언표(言表)가 나온다. 그러기에 「골방에서, 은밀하게」에서처럼 '정직한 영'으로 기도할 수 있고, 「놀라워라, 너 트럼펫!」에서처럼 '감격의 눈물로 화답'할 수 있다. 시인은 이미 「사랑이 없으면」에서 믿음과 소망이 결국 사랑으로 귀결된다는 이치를 밝혀두었다.

5. 절기와 계절을 노래한 시편

이 시집의 3부는 새해를 맞는 감동에 신앙의 소망을 더한 절기(節氣)의 시로부터 시작된다. 신앙인의 눈으로 보면 절기와 계절의 변환이 모두 영적 의미를 생산하는 계기다. 아마도 자가 발전의 창작이기보다 주문 제작이기 쉬운 이 시들은, 그러나 시인의 진솔한 속내와 믿음의 밑동을 짐작하는데 유효한 자료다. 그렇게 주요한 절기에 따른 시들을 읽어나가자면, 시인의 한 해가 어떻게 흘러가며 그 내면 풍경이 어떠한가를 감각 할 수 있다. 새해맞이, 고난절, 부활절, 추수감사절, 그리고 성탄절의 의미를 궁구(窮究)하는 이 시들은, 성경의 본유(本有)에서부터 세상의 저잣거리에까지 이르는 삶의 방향성을 시전하려 한다.

눈발이 날린다
태초로부터 내린다

나의 생애만큼
때때로 눈에 보이는 눈발은
나에게 무엇이란 말인가

새해 첫 새벽부터
어둠을 살라 날리며
새 꿈
새 기력을 돋우는
눈발이 날린다

우리들 심성의 바탕에
눈발이 날리듯
새 출발할 때마다
아이처럼
착한 마음으로 기도할 수 있다면
나는 행복한 거야

-「착한 아이처럼」

이 시집에서 30여 편에 달하는 절기 시 중에서도 가장 눈길을 끄는 시다. 시인이 목격하는 눈발은 태초로부터 내리는 자연현상이며 신의 섭리에 복속된 풍경이기도 하다. 그래서 '나의 생애만큼 때때로 눈에 보이는 눈발'이 대체 자신에게 무엇인가를 묻는 것이다. 절기는 얼룩진 과거의 소거(消去)와 새로운 순환의 이정표다. 새해 첫 새벽의 눈발은, 그러므로 '새 꿈 새 기력'의 다른 이름이 된다. 시인은 이렇게 새 출발 할 때마다 '아이처럼 착한 마음'으로 기도할 수 있다면 행복한 것이라고 언명(言明)한다. 누가복음 18장 15-17절에서 어린아이들에 대한 예수의 말씀을 참조해보면, 이 착한 마음에 대한 시의 한 행만큼 새해의 신앙적 소망을 잘 구현하기도 힘들 것이다.

오직 성경!
마틴 루터의 95개 항목의 포고문(布告文)이 나붙은 것은
신격화된 중세 로마교황의 정교(政教) 일치 시대에의 경고문

죄 사함을 받고 구원에 이르게 하는 길은
오직 의인은 믿음으로만 살 수 있다는 바울 사도의 선언

지금 개신교계의 영성은 어디에 머물러 있는지?
우리 개신교의 신앙 양심에 천둥소리로 메아리쳐 돌아오는 경고문

교세 확장 우선주의, 교회 재정 만능주의의 함정에 빠져 가는,
성 소수자의 인권도 보호받아야 한다는 감상적 동정주의의 확산은
오직 성경, 오직 믿음의 영성을 훼절(毁節)하는 것은 아닌지?

오늘날, 퀴어(Queer)들의 축제를 간과(看過)하는 자들은 누구인가
〈누구든지 여자와 교합 하듯 남자와 교합 하면 둘 다 가증한 일을 행함인즉
반드시 죽일지니 그 피가 자기에게로 돌아가리라(레위기 20:13)〉

지금도 마틴 루터는 외친다 개신교의 신앙 혁명을,
지금도 사도 바울은 오직 믿음으로만 의인의 길을 갈 수 있다고 선포한다

-「오직 성경(Solas Scriptura)」- 종교개혁 505주년을 맞으며

이 시는 이번 재개정판에 추가된 것으로 종교개혁에 관한 세 편의 작품 가운데 하나다. 익히 알다시피 기독교의 종교개혁은 마틴 루터와 존 칼빈의 주창에 따라 구교로부터 개신교를 분리 창립케 한 역사적 사건이다. 루터가 저 유명한 95개 조의 반박문을 발표한 해가 1517년이니, 그 505주년이면 2022년에 창작된 것이다. 시에서는 루터와 사도 바울의 선인을 앞세워 동시대 개신교의 영성에 대해, 그리고 오늘의 퀴어 축제에 관해 준엄한 질타의 목소리를 들려준다. 이 시인의 세계에서 이만큼 강렬한 주의 주장도 드물다. 기실 종교적 성향을 가졌든 그렇지 않든 간에, 절기를 주제로 한 시는 이와 같은 반성과 대오각성을 통해 이제까지의 잘못을 소거하는 데서 출발해야 옳다. 그런 점이 특히 이 시를 주목하는 이유다.

6. 박이도 시의 선 자리와 갈 길

이제까지 살펴본 이 박이도 묵상 시집의 시들은, 기독교 신앙의 선험적 인식을 기반으로 세상과 삶의 여러 형상을 바라보는 특유의 관점을 보여주었다. 우선 그 내면에 종교적 사상성이 개재해 있는 까닭으로, 시적 발화방식이 순후하고 유현(幽玄)하며 무엇보다 미래를 향한 소망의 언어들을 산출하고 있었다. 이는 종교적 성향을 가진 글쓰기의 장점이기도 하다. 그러나 우리 시대의 부정적인 사건들, 신앙인의 온화한 눈으로도 용납할 수 없는 일들에 대해서는 과감한 적시(摘示)와 비판의 말을 서슴지 않았다. 이 글에서는 그러한 시들을 위주로 살펴본 탓으로, 앞서 거론한 박이도 시의 서정성과 그 본질에 대한 논의를 수행하지 못했다. 글의 말미에 이르러 그가 어머니에 대해 쓴 시 두 편을 중심으로 지금까지 언급하지 못한 세계를 만나 보기로 한다.

뜨락에 피어난
일년생 화초에
내 어머님의 웃음이 핀다

실바구니에
고운 색실이 가늑
내 어머님의 얼굴이 주름진다

툇마루 밑에
외로운 고무신 한 켤레
한숨짓는
내 어머님의 영상이 어린다

한평생 숨겨온
어머님의 눈물 속엔
영원히 살아남을
값진 생명의 신앙
오늘도 날아간
비둘기의 화평 속에
그리움만 살아난다

세상의 모든 어머님을
세상의 모든 자식들이

손 모아 받들어도
마지막 날까지
못다 할 보답,
5월이면
한 다발 카네이션이
내 어머님의 웃음으로 피어난다

-「카네이션」

시인은 뜨락에 피어난 화초에서 '내 어머님'의 웃음을 본다. 실바구니에 가득한 '고운 색실'처럼 아름답다. 그 어머니는 툇마루 밑의 '외로운 고무신 한 켤레'처럼 외롭게, '한평생 숨겨온 눈물' 속에서도 '값진 생명의 신앙'을 지키며 살았다. 시인은 세상의 모든 어머니와 세상의 모든 자식의 관계가 그러하듯, 어머니가 그립다. 할 수 있는 일이라고는 5월의 '한 다발 카네이션' 밖에 없으나, 이렇게 헌시를 바칠 수 있어 시인에게는 다행이다. 그러할 때의 시는 우주 자연과 인생 세간의 모든 이치를 넘어서 이 안타까운 모자(母子)를 부드럽게 위무(慰撫)한다. 시를 읽는 독자들에게도 그렇다. 시의 겉과 속이 이러하다면, 그 생각의 근원을 부양하는 힘은 슬픔과 아픔과 그리움을 한꺼번에 불러오는 시적 서정성이다.

눈 감으면 떠오르는 얼굴
생각하면 들리는 음성

나 기쁨에 젖어 있을 때
저만치 미소 짓는 얼굴이더니
나 슬픔에 젖어 있을 땐

얼굴 감추고 한숨짓던 모습

어머니- 조용히 불러 보면
환하게 펼쳐지는 안개 여울 속으로
미소 짓는 어머님의 목소리

흙 묻은 발을 씻어 주시던
어느 여름날
논배미에 비친 학이
제모습에 놀라 먼 산 너머
날아가는 모습에 놀라던 나
오늘은 학이 되어 날아가신
어머님이 보이네

끝내 귓가에 맴도는 어머님의 음성
눈 감으면 떠오르는 얼굴

어머니, 나의 어머님은
"항상 마음속에 예수님을 간직하라"고
말씀하셨건만
지금 이 자식은 눈물뿐입니다
말문이 막힙니다

-「어머니」

아마도 이 시는 시인의 창작 과정으로 볼 때 근년에 씌어진 듯하다. 어머니의 얼굴과 음성이 이렇게 들려온다면, 시인이 온갖 세상의 풍상

(風霜)을 거쳐 안돈과 관조의 자리에 이르렀을 것이라는 유추를 가능하게 한다. 그 어머니의 영상은 문득, 어느 여름날 학이 되어 날아간 모습으로 떠오른다. 그렇게 청아한 어머니가 남긴 유훈은 "항상 마음속에 예수님을 간직하라"였다. 세상 어디에도 이보다 더 나은 훈도(薰陶)가 있기는 어렵다. 헤르만 헤세가 『지성과 사랑』에서 말한 어머니, 조병화가 「꿈의 귀향」에서 말한 어머니와 더불어 여기 박이도의 어머니가 있다. 이 시 한 편으로 그의 세계는 시적 서정성과 신앙의 신실을 천의무봉(天衣無縫)하게 통합한다. 이 언어 문법은 다른 이가 흉내 내기 어려운 대목이다. 감히 청유의 말씀을 드리자면, 이 통합의 시적 방정식 위에 앞으로 박이도 시의 지평이 더 활달하게 펼쳐졌으면 한다.

시로 쓴 인생론과 그 향방

- 김홍신 시집『그냥 살자』

1. 불세출의 작가가 써낸 구어체의 시

김홍신이 시를 썼다. 이는 이어령이, 박경리가 시를 쓰고 시집을 낸 것만큼이나 새롭고 또 놀랍다. 김홍신의 시에는 언어의 기교나 관념의 유희가 없다. 소박하고 조촐한, 그러나 품격 있고 의미 깊은 인생론의 언사들이 오랜 격언처럼 줄지어 있다. 이 시의 행렬은 그가 살아온 세월의 경과와 그 연륜의 원숙성을 반영한다. 그의 시들은 주로 구어체의 어법을 빌려 독자와의 소통을 도모하며, 이는 한결 친숙하고 편안한 공감을 촉발하는 데 유익하다. 왜 김홍신이 이와 같은 시를 쓰고 시집을 간행하려 할까. 이야기의 형식으로 풀어서 말하는 소설의 발화법을 한 편으로 밀쳐두고, 비유와 상징과 압축의 방정식을 동원하는 시의 기법이 그에게 절실했던 까닭이 무엇일까. 이 질문에 대한 답변은 곧 김홍신 시의 존재양식을 말하는 것이 된다.

주지하다시피 김홍신은『인간시장』을 필두로 한 장편소설들로 낙양의 지가를 올린, 한국문학 최초의 밀리언 셀러 작가다. 그의 소설이 갖는 의의와 가치에 대해서는 굳이 여기서 재론할 필요가 없겠으나, 그가 동시대 문화 현상 가운데 어느 누구도 넘어설 수 없는 독자 수용의 천장을 친 사실은 이제 문학사의 한 장(章)이 되었다. 그를 두고 불세출의 작가라 부르는 이유다. 그가 문득 시인의 기치(旗幟)를 들고 나선 이유는 소설로 다 표현하지 못한, 그리고 시의 장르적 특성으로 가능한 언로를 열기 위해서가 아닐까. 그리하여 이제껏 가슴 속에 묻어두고 있던 세상살이의 경험과 지혜를, 오늘의 우리 사회와 뜻깊게 공유하려 했을 터이다. 그 연령에 이르도록 지속적으로 운용해 온 문필과 세상살이의 관계성을 활용하면서, '시로 쓴 인생론'의 범례를 보여준 것이 그의 시라 할 수 있겠다.

2. 우주적 상상력과 인식의 공간 확장

시인은 풀 한 포기 바람 한 점을 보고도 명상한다. 그것들이 모여 삼라만상을 이루기 때문이다. 김홍신의 시 세계가 꼭 그렇다. 그는 우리 주변의 사소한 일에서부터 우주 공간의 광활한 환경에 이르기까지, 사뭇 자유롭고 활달하게 시의 소재를 만난다. 이 시집의 1부에서 볼 수 있는 그의 세계에는 고승(高僧)의 탈속한 죽음(「천화(遷化)」)이 있고, 사람의 지구에 대한 사용권(「사람은 지구의 나그네」) 논의가 있는가 하면, 이 모든 존재의 의의를 가늠하는 심층적 인식(「바람에게 물었다」)이 있다. 그가 당면하고 접촉하며 판단하는 모든 사물에 다각적 관점이 작용하면서, 그 상상력은 시인이 자신의 내면에 숨기고 있는 생각들을 '시의 보석'으로 이끌어낸다.

> 하늘에게 어찌 살라느냐 물으니 / 대나무처럼 살라 하네 / 대나무

는 가늘고 길어도 쓰러지지 않아 / 마디 있고 속 비어 그렇다네 / 인생의 고비가 마디요 / 속을 비우는 건 마음 내려놓는 거라네

-「대 바람 소리」

이 시집의 표제가 된 시「대바람 소리」의 첫 연이다. 대나무에 마디가 있고 속이 비어 있기에 가늘고 길어도 쓰러지지 않는다는 언표(言表)다. 시인은 곧바로 대나무의 모형을 인생사의 면모에 대입한다. 뒤이어 둘째 연에서 대나무에게 물으니 '바람'처럼 살라 하는데, 이 모두를 넘어서는 힘은 '사랑과 용서'에 있다는 것이다.

술잔에 뜬 별을 마신다 / 별이 웃으며 심장 속으로 들어왔다 / 심장이 벌렁벌렁 춤춘다 / 술잔은 시시덕거렸다

-「술잔이 비었노라」

술잔에 달이 뜨거나 별이 뜨면, 이는 매우 고급한 풍류의 시심(詩心)을 증명한다. 시인은 술잔에 뜬 별을 마신다. 자연과 시적 화자 또 우주와 시적 화자가 물아일체(物我一體)의 지경(地境)으로 진입하는 이 순간부터, 하늘과 별과 달이 함께 호응한다. 이를테면 시인이 시공을 초월하는 물심일여(物心一如)의 연대를 꿈꾸는 형국이다.

품었던 욕망은 참으로 부질없나니 / 얼기설기 쌓은 인연은 낙엽되어 흩어지더라 / 켜켜이 늘어 붙 은 / 애착은 가소롭고 / 사람은 본디 짐승이었다더라 / 참사랑과 따스한 용서와 자유를 누리기에 / 사람이 되었다 하더라

-「사람으로 태어나 무엇을 남길 텐가」

이 시의 서두에서 시인은 '인생은 짧은데 흔들리며 산 세월은 왜 그리 길었는가'라고 탄식한다. 더불어 '사람은 본디 짐승'이었으나 '참사랑과 따스한 용서와 자유'로 인하여 사람이 되었다고 술회한다. 이렇게 보면 그가 품고 있는 인생관은 언제나 가치지향적이고 순 방향적이며, 동시에 그러한 사유(思惟)가 시로 발현되고 있다.

> 문학은 영혼의 상처를 / 향기로 바꾸는 인간학이지요 / 시인은 영혼의 상처를 / 꽃 대궐로 만드는 창조 예술가죠
>
> -「살아있음은 기적」

시, 또는 문학의 기능을 확정적으로 피력한 시의 구절이다. 아마도 이는 오랜 세월을 두고 시인에게 하나의 화석(化石)이 된 문학관(文學觀)으로 보인다. 그러할 때 그의 시가 표상하는 인간 곧 '살아있는 사람'은, 기적의 주체요 천지간을 가로지르는 가장 소중한 존재로 격상된다. 시인이 상상력을 운행하는 공간이 이렇게 넓고 자유로운 연유는, 어쩌면 소설의 주박(呪縛)을 벗어난 시의 강세(强勢)로부터 말미암았을 것이다.

3. 삶의 질곡을 넘어선 경륜과 인간애

인생 행로에서 한 사람이 보여줄 수 있는 경륜(經綸)의 크기는, 그의 경험은 물론 그 사람됨의 수준에 연동되어 있다. 큰 포부를 가지고 어떤 일을 조직적으로 계획하거나 그렇게 세상을 관리하는 일을 경륜이라고 한다면, 이는 김홍신 시의 넓이와 깊이를 추정하는 하나의 시점(視點)

이 될 수 있다. 더욱이 누구나 마주하게 되는 삶의 질곡(桎梏)에 당착했을 때, 이 경륜은 그야말로 새 힘을 발양한다. 사람이 죽으면 '영혼은 별'이 된다는 믿음(「사람의 고향은 별이다」), '인생사 전쟁터'인 마당에 참으로 '잘 사는 법'의 발견(「그냥 살라」), 그리고 무게를 잴 수 없는 '내 인생의 오로라'에 대한 달관(「하늘을 닮은 눈빛」) 등이 이 시집의 2부에서 볼 수 있는 구체적 사례가 된다.

> 지나 보면 안다 고통이 추억인 걸 / 불행해지면 안다 아주 작은 게 행복인 걸 / 죽음이 닥치면 안다 내가 세상의 주인인 걸
>
> -「겪어보면 안다」

'겪어보면 안다'라는 시의 제목은 지금 여기에까지 이른 결과론적 평가에 해당하지만, 여기에는 두 가지 전제 조건이 있다. 하나는 지금 이전의 어려움이나 아픔에 대한 체험이요, 다른 하나는 이제 그것을 넘어설 수 있는 의지와 그로 인한 새로운 진전에의 확신이다. 인용의 시는 여기서 과거와 현재로 맞서 있는 이 구조적 정황에 대한 견식을, 모양 좋게 잘 수렴한 경우다.

> 아직도 내 영혼은 화염에 쌓여 있어 / 달아오른 불 끄려고 / 밤새 목울대 찢어지게 울었지요 // 너희들 / 불을 끌만큼 눈물 흘려 보았느냐
>
> -「불을 끌 만큼 눈물 흘려 보았느냐」

'아직도 내 영혼은 화염에 쌓여' 있다면, 삶의 현실 가운데 시적 화자가 감당하는 고통이 현재진행형이라는 뜻이다. 그러기에 '밤새 목울대

찢어지게' 울었던 것이다. 그런데 이 국면에 이르러 시인은, 기상천외한 해소의 방략을 내놓는다. '불을 끌만큼 눈물 흘려 보았느냐'는 반문이다. 이보다 더 확실한 소화기(消火器)가 없다는 어투인데, 기실 여기에는 중언(重言)의 설명이 필요하지 않다.

> 거지에게 절해 본 적이 없었지만 / 천 원짜리 한 장 내밀고 / 두 손 모으고 절했다 / 또박또박 걸어가는 그녀에게 / 두 손 모으고 절했다 // 참 스승이 도처에 있으니 / 내 발길을 다듬고 다듬어야 하리라
>
> -「따라 배우기」

이 시의 화자는 거리에서 '구걸하는 동냥아치'와 그에게 적선한 여인이 허리 숙여 절하는 광경을 본다. 그 현장에서 '또박또박 걸어가는 그녀'에게 두 손 모으고 절하는 이는 시적 화자일 시 분명하다. 그리고 짐짓 시인은 이렇게 말한다. '참 스승이 도처에 있으니 내 발길을 다듬고 다듬어야 하리라.' 눈물겹도록 곡진(曲盡)한 인간애의 한 풍경이다.

> 사람 마음은 자꾸자꾸 / 모양을 만들어 / 화가 치밀고 / 피가 나며 통증이 심할밖에 // 마음에 사랑과 용서를 심으면 / 사람꽃이 된다지요
>
> -「사람꽃」

희비애락을 벗어날 수 없는 평범한 사람이 '사람꽃'이 되는 경로를 보여주는 시다. 시인은 그 난감한 외줄기 길을 '허공'과 '사람'의 비교를 통해 적시(摘示)한다. 그의 결론은 이렇다. '마음에 사랑과 용서를 심으면 사람꽃이 된다지요.' 굳이 공자의 '기서호(其恕乎)'를 빌려오지 않더라도, 이에 견줄만한 인간애의 도식을 찾아내기란 어려운 노릇이다.

4. 인생의 도정에서 만난 사랑의 얼굴

우리가 작가이자 시인의 길에 들어선 김홍신과 그의 시를 신뢰하는 데는, 당연히 그럴만한 이유가 있다. 그 시에서 어떤 허장성세나 정도의 지나침을 목도할 수 없을 뿐 아니라, 작고 소중한 진실에 정성을 기울이는 진정성을 납득할 수 있기에 그렇다. 일찍이 윌리엄 블레이크가 「순수의 전조」에서 '한 알의 모래에서 세계를 보고 한 송이 들꽃에서 천국을 본다'고 한 세미한 수사(修辭)를, 3부에 수록된 시들에서 만나게 된다. 그 작고 귀한 얼굴들은 대개 '사랑'이라는 공통점을 안고 있다. 사랑하면 풋내나는 사람이 된다(「사랑 서리」)는 전언(傳言), 다친 사랑이 더 찬란하다(「다친 사랑」)는 판단, 사랑이라는 별이 있어 누구나 사랑하게 만든다(「사랑앓이 2」)는 해명 등이 모두 그와 같다.

> 사람 사용 설명서에 / 설마 울고불고 찡그리며 / 살라고 적혀 있을까 / 행복이 어디 있냐고 물으면 / 내 마음속에 있다면서 / 늘 마음 밖, 남이 가진 줄 알았지
>
> -「인생 사용 설명서」

'인생 사용 설명서'나 '사람 사용 설명서'는 어디에 있으며 어떤 문면(文面)으로 기록되어 있을까. 그리고 정말 그러한 문건이 있기나 한 것일까. 시가 '현실법칙'이 아니라 '진실법칙'에 의거해 있고, 그 언어의 운행에 있어 '시적 일탈'이나 '시적 허용'이 가능하다는 것을 전제한다면 이 설명서는 시인에게 하나의 특권으로 작동할 수 있다. 이와 같은 눈으로 본다면, 그 어려운 문답이 한결 명료하게 제시될 수 있을 것 같다.

가슴에 꽃 한 송이 키우고 / 머릿속엔 부싯돌 두 개를 넣어 두라 / 꽃을 피우기 위해 /그대 가슴은 붉은 피를 흘려야 하고 / 먹구름이 몰려들어 모두 젖어야 하고 / 세포가 폭발하듯 고통을 삭여야 한다

-「청춘들아」

이 시는 시인이 청춘에게 전하는 사랑과 격려의 말이다. 일찍이 호머가 "델로스 섬에서 아크로폴리스 신전 곁에 하늘을 향하여 땅으로부터 치솟은 종려나무를 보는 것 같다"고 칭송한, 그 청춘들에게 주는 고언(苦言)이다. 시인은 종내 청춘이 엄혹한 단련을 거쳐서 제 몸과 제 혼을 온통 불사르는 '거대한 천화(天火) 한 송이'가 될 것으로 규정하고 그렇게 권면했다.

회초리 꺼낸 울엄니 / 버선발 위로 치맛단 올리고 / 회초리를 내 손에 쥐어주었네 / 자식 잘못 가르친 어미를 때리라며 / 아이고 울 엄니 왜 이런다냐 / 정녕 새 엄니는 아니네 / 나는 회초리 내던지고 / 엄니 품에서 목 놓아 울었지

-「울 엄니」

철딱서니 없는 시절에 다리 저는 아이를 놀린 화자에게 '울엄니'는 엄벌을 내렸다. 아들에게 어머니 자신의 종아리를 회초리로 치라는 것이다. 어디서 익숙하게 보던 현모(賢母)의 그림이 아닌가. 다른 애들에게는 없는 이 징벌에 '새엄니'인가 반문도 해 보지만, 마침내 회초리를 내던지고 그 품에서 목놓아 운다. 부연 설명이 필요 없는 어머니의 참사랑이다.

사랑이라는 별이 있다네요 / 누구나 사랑앓이를 하지요 / 사랑병

은 질기고 도깨비를 닮아서 / 툭 건들기만 해도 달라붙어 / 드잡이를 하지요

-「사랑앓이」

사랑이라는 별이 있고 누구나 사랑앓이를 한다는 시적 진술은, 갑남을녀를 막론한 사랑의 보편성을 말하고 있다. 사랑병이 쉽게 드잡이를 한다는 것 또한 마찬가지다. 그래서 시인은 사랑을 두고 다음 시행(詩行)에서, 괴이쩍기로 지옥 같고 살갑기로 엄마 품속 같다는 해석을 내놓는다. 이 사랑의 얼굴은 우리 삶의 어디에나 있고, 어느 부문에나 개입한다. 사정이 그러하니 사랑이야말로 인생길의 변함없는 도반(道伴)인 셈이다.

5. 세상살이의 지혜와 운명론의 언어

이병주라는 작가가 이렇게 말했다. “운명! 그 이름이 등장하면 모든 토론은 종결이다.” 이 준엄한 글의 한 구절을 소환하여 떠올릴 만큼, 김홍신 시의 종착점은 인간의 웅숭깊은 속성과 마침내 그것이 견인할 운명의 날들을 예감하게 한다. 그러나 그의 시에서 운명의 모습은 그에 이르는 경과 기간에 당사자의 고투와 정성에 비례하여 명암이 조정되는, 이른바 인본주의적 성격을 가졌다. 바로 여기에 시인 또는 시적 화자가 가진 세상살이의 지혜가 개재(介在)할 여지가 있는 것이다. 세상에 조금이라도 보탬이 되겠다는 다짐(「그냥 살면 되거늘」), 평생 묻어둔 혼을 그대 품에 남기겠다는 고백(「그대 품속에 핀 꽃」), 아픔 없는 인생 있을까라는 반추(「지리산 친구 2」) 등에서 운명론의 언어와 삶의 지혜로운 식견이 접촉하는

형상을 볼 수 있다.

> 옛 선비 마냥 호(號)를 갖고 싶었다 / 스승 선비 선배들이 / 민망하리만큼 큰 뜻의 호를 지어주었다 / 내 처지가 부끄러웠고 / 지어준 호처럼 살 자신이 없어 / 망설인 세월이 길고 길었다
>
> -「모루」

'모루'라는 제목의 시다. 모루는 시 제목이면서 선종(善終)하는 신부가 김홍신 시인에게 공여한 호(號)다. 모루는 대장간에서 달군 쇠를 올려놓고 두드릴 때 받침으로 쓰는 평평한 쇳덩이를 일컫는다. 농기구나 일이나 사람이나, 제대로 성장하고 발전할 수 있도록 돕는 역할을 한다. 온 생애를 두고 세상과 사람들을 위해 기여한 이 시인에게 꼭 알맞은 이름이다. 그렇게 공익을 위해 살 운명이면, 이 정황을 벗어던지기가 어려웠을 터이다.

> 그른 일에 방관하는 것은 굴종이요 / 거짓에 침묵하는 것은 비겁이오 / 바른 일에 투쟁하는 것은 진실이오 / 부정에 저항하는 것은 참됨이니
>
> -「춘추문장」

이 시는 그야말로 시인이 인생을 살아온 태도와 방향성을 잘 함축하고 있다. 방관과 침묵이 아니라 투쟁과 저항이 올곧은 지식인이자 지성인의 길임을 통감하고 있지 않은가. 여기에 '춘추문장(春秋文章)'이란 제목을 붙였으니, 어느결에 사서삼경의 한 가운데로 들어선 후감(後感)이 없지 않다.

금강산 제일봉 천하명경 비로봉 / 오직 바라볼 곳은 하늘뿐 / 젖가슴 내민 어머니처럼 / 옥녀봉은 따스하다 // 그리운 것은 금강이 아니라 / 통일이었다

-「그리운 것은 금강이 아니라 통일이었다」

금강, 봉래, 풍악, 개골의 네 이름을 함께 가진 민족의 명산이다. 시인은 금강산의 외형과 내면에 두루 걸쳐 그 풍자(風姿)와 함의(含意)를 다층적으로 조명한다. 시의 외면이 말하는 바와 같이, 해야 할 언급이 많기도 하다. 그런데 그 말미에 이르러, '그리운 것은 금강이 아니라 통일이었다'라는 명제를 느닷없이 부려 놓았다. 이 또한 운명의 언어가 아닌가.

천년에 한 번 숨 쉬는 거북이 / 깊은 바닷속에서 솟아올라 / 숨 한 번 마악 쉴 참에 / 왜 하필 거북이가 그 구멍에 / 머리를 내밀고 숨을 쉰단 말이오

-「인연」

이 시의 서사는 동양문화권의 고사(古事) 가운데 '맹구우목(盲龜遇木)'이란 사자성어를 모티브로 한다. 장구한 여행 끝에 바다에 이른 송판 한 조각과 천년에 한 번 바다 위로 떠오른 거북이가 만났으니, 그 인연이 귀하고 드물기를 넘어 운명론적 조우(遭遇)다. 그런데 정작 시인의 의도가 그 고사 자체에 있을까. 아니다. 그는 이를 차용하여 우리가 사는 세상의 인연을 어떻게 응대해야 할 것인가를 암시하고 있다.

우리는 이제까지 김홍신 시집 『그냥 살자』에 수록된 60여 편의 시를 바탕으로, 그 성격을 대별 하여 보여주는 대표적인 시 여러 편을 공들여

살펴보았다. 무엇보다도 먼저 그의 시는 우주 자연과 인생 세간을 보다 큰 눈으로 관조하면서, 오랜 세월에 걸친 연륜의 힘과 지혜를 담아내고 있었다. 그러기에 그의 시를 읽는 일은 우리 인생의 경륜을 연마하는 좋은 계기가 될 것으로 여겨졌다. 이는 자신의 생애와 문학 전반을 원재료로 하여 제시한, 독자를 위한 각성과 성찰의 디딤돌로서 소임을 다하는 시의 세계다. 문학 애호가들에게 간곡히 일독을 권하지 않을 수 없다. 그런가 하면 이 숙제를 수행하는 데 동원된 열린 사고와 풍요로운 교양은, 그것 자체로도 시를 읽는 기쁨을 배가(倍加)하는 요인이 된다. 바라기로는 앞으로도 그의 시와 소설이 한결같이, 우리가 즐겁고도 고맙게 만나는 한국문학의 밝은 빛으로 오래 남아 있었으면 한다.

일상의 언어로 가꾼 서정적 감성의 정점

- 양광모 시집 『꽃멍』

1. 20권 시집에 이른 불세출의 시인

양광모는 맑은 감수성의 시를 쓴다. 그의 시가 보여주는 순정한 서정과 결곡한 감성은, 편안하고 그윽하다. 그는 일상에서 만나는 모든 생명과 사물, 곧 삼라만상을 시의 대상으로 하며 그 대상을 바라보는 눈이 넓고도 깊다. 지금 그의 삶은 모든 부면이 시작(詩作)에 연동되어 있다. 일상이 예술이요 예술이 일상인, 평범 속의 비범한 세계가 그의 것이다. 우리 시대에 이와 같은 시인을 가까이 만나는 것은 흔한 일이 아니며, 그러므로 여기에 '불세출의 시인'이란 명호(名號)를 부여할 수 있는 것이다. 이처럼 과감한 언사가 가능하도록, 그의 시는 문학적 수사(修辭)의 굴레를 넘어서 있다. 문학사적 계보로 이해하자면, 김소월이나 김영랑 그리고 정호승이나 나태주 같은 시인이 그의 길에 연접해 있는 형국이다.

오늘의 많은 독자가 그가 배달하는 '시 한 끼'로 뜻깊게 하루를 열고 있으며, 필자 또한 그렇다. 그의 시 가운데 「가장 넓은 길」의 한 구절이 2024학년도 수능시험 〈필적 확인 문구〉로 게시되어 세상 사람들의 눈길을 끌기도 했다. 그의 시는 순후하고 평이하며, 동시에 우리 삶의 소중한 깨우침과 값있는 가르침을 끌어안고 있다. 따로 진중한 해명을 필요로 하지 않을 듯하나, 그럼에도 불구하고 그 문학적 가치와 예술성에 대한 논의가 있어야 마땅하다. 필자가 공들여 이 글을 쓰는 이유다. 이번 시집 『꽃멍』으로 그는 통산 20권의 창작 시집을 갖게 되었다. 놀라운 숫자다. 비단 그 숫자만이 문제가 되는 것이 아니라, 시집 한 권 한 권에 기울인 심혈과 그로 인한 작품으로서의 성취가 놀라운 것이다.

양광모 시인은 그동안 거의 모든 일간지와 방송사에 시가 소개되었으며, 여러 가수에 의해 시가 노래로 만들어졌다. 그런 연유로 어느덧 대중적 명성을 가진 시인이 되었으며, 그 프로필 또한 광범위하게 알려져 있다. 경기 여주 출생으로 경희대 국문과를 졸업했으니, 필자의 직계 후배다. 언론사 칼럼니스트, 기업의 노조위원장, 연구소장, 교육협회장, 장학회장 등 다양한 세상 체험을 거쳐 마침내 그 모두를 버리고 시인의 길로 들어섰다. 2012년 버킷리스트를 작성하며 시집 한 권 출간을 목표로 시를 쓰기 시작했으니, 햇수로는 12년째다. 시를 쓰는 일이 너무 행복하다는 그는, 모르긴 해도 이제 평생 시와 더불어 살아갈 것이다. 그리고 우리는 그를 끝까지 지켜보며 응원해야 할 것 같다.

2. 이 풍진 세상 건너는 사람꽃의 시

양광모의 20번째 시집 『꽃멍』에는 지금껏 그가 써온 시들의 연장선상에 있는 제재(題材)들이 줄지어 있으며, 그 가운데는 집중적인 의미를 담은 시들의 군집(群集)이 눈에 띄기도 한다. 이 시인의 시가 가진 장점 중 하나는, 여하한 경우에라도 시가 우리 삶에 힘이 되고 소망이 되는 방향성을 제시한다는 사실이다. 기실 이러한 측면은 세월의 흐름과 우리 삶의 현재적 국면을 함께 조명하는 '일상시'나 '생활시'와 같은 범주에 있어서는 매우 긴요한 일이다. 시에서 삶의 진면목을 만나는 지경에 있기 때문이다. 그러기에 「1월 1일의 기도」에서 한해의 경점(更點)을 넘기거나, 「겨울날의 묵상」에서 계절의 변환을 목격하는 것이 소거와 재생의 새 차원을 설정하는 계기가 된다. 이와 같은 사정에 당착한 시인은 「사람꽃」에서 '사람'을 '사람꽃'이라 객관화하여, 그에 대한 수납과 감당의 정황을 묘사한다.

멍하니 불을 바라보고
멍하니 물을 바라본다.

살아가는 일에 멍이 든 영혼일수록
골똘한 법인데

멍하니 하늘을 바라보고
멍하니 별을 바라본다

살다 보면 누구나 푸른 멍
한두 개 몸에 지니기 마련인데

아름다운 사람아,
마음에 그늘지는 날에는
꽃멍을 하자, 새벽부터 밤까지
물끄러미 초롱한 눈으로 꽃멍을 하자

-「꽃멍」 전문

복잡한 생각 없이 불만 바라보면 '불멍'이라 하고, 물만 바라보면 '물멍'이라 한다. 이때의 '멍'은 '멍하니'라는 뜻을 포함하고 있다. 인용된 시에서 시인은 또 다른 '멍'의 개념을 차용하여, 중의법적 발화 구조를 형성한다. '살아가는 일에 멍이 든 영혼'이라 쓴 것이다. 하늘이나 별을 바라보는 '멍'과, 살다 보면 누구나 한두 개 몸에 지니기 마련인 '멍'을 동음이의어로 병렬해 놓은 터이다. 뒤이은 시인의 권유는 '마음에 그늘지는 날'에 '꽃멍'을 하자는 데 이른다. 이때의 꽃멍은 사람마다 몰래 간직한 멍든 가슴의 상흔(傷痕)을 '물끄러미 초롱한 눈'으로 바라보자는 말이다. 깊은 아픔의 소재와 이를 넘어설 방식의 청유를 이보다 더 아름답게 내놓기는 어려운 형편이다.

우리가 세상을 건너갈 때
무엇을 배로 삼아야 할까
거친 물결이 모든 것을 휩쓸 듯 흐르는데

우리가 세상을 넘어갈 때
무엇이 날개가 되어 줄까
거센 바람이 모든 것을 날려버릴 듯 부는데

가난한 사람아
꿈꾸는 사람아
해맑은 사람아
가슴에 사랑을 품고 살아가는 사람아

우리가 세상을 건너갈 때
무엇을 손에 쥐고 가야 할까

한 번 건너면 다시는 돌아올 수 없다는데
우리가 저곳에 무엇을 선물로 가져가야 할까
우리가 이곳에 무엇을 선물로 남겨두고 떠나야 할까

-「우리가 세상을 건너갈 때」 전문

이 시집의 1부에서 시종일관 시인이 기울이고 있는 관심은, 세상살이의 아픔과 슬픔을 견디고 이기는 기력의 소재에 관한 것이다. 그는 묻는다. '우리가 세상을 건너갈 때' 무엇을 배로 삼아야 하며, '우리가 세상을 넘어갈 때' 무엇이 날개가 되어줄 것인가에 대한 질문이다. 그가 질문의 대상으로 하는 이는 가난한, 꿈꾸는, 해맑은, 가슴에 사랑을 품고 살아가는 사람이다. 일찍이 프랑스의 시인 아르튀르 랭보가 "계절이여 마을이여 상처 없는 영혼이 어디 있는가"라고 노래했지만, 양광모가 인생사의 비의(秘義)를 묻는 사람은 그렇게 아프지만 그 아픔에 침몰 되어 있기를 원하지 않는 자다. 그러기에 인생의 마지막 길에 가져갈 선물과 남겨둘 선물에 대해 논거 하는 것이다. 시인은 이 시 한 편에서 우리 필생(畢生)의 과제를 한꺼번에 언급하고 있다.

3. 새 삶을 탐색하는 별유천지의 시

시인에게 있어서 아무 변화 없이 지속되는 낮과 밤, 곧 일상은 시를 배태(胚胎)하는 온상이지만 평범한 온상이 아니다. 그래서는 시가 살아날 수 없는 까닭에서다. 평범한 일상 가운데서 비범을, 보편적 삶의 척도 가운데서 특별한 세계관의 꿈을 발굴하지 못한다면 그의 시는 여름날에 흔한 맥고모자와 다를 바 없다. 항차 양광모처럼 이 대목에 특장(特長)을 가진 시인에 있어서는 불문가지의 일이다. 이는 그의 시들이 매번 새로운 의미망의 '별유천지(別有天地)'를 찾아 나서는 사유이기도 하다. 그의 시적 화자는 「나는 뿌리가 되리라」에서 '거칠고 질긴 뿌리'가 되겠다고 다짐하는가 하면, 「아들아, 내게도 아버지가 있었단다」나 「딸을 위한 기도」에서 아들과 딸에게 친인(親姻)의 관계성을 사뭇 색다른 언사로 피력(披瀝)하고, 「저무는 강가에서」와 같이 '물의 경전'을 기록으로 성안(成案)하기도 한다.

어느 곳엔가 있겠지

갑판에 꽃잎 가득 싣고
배가 떠나가는 항구

다시는 돌아올 수 없는
출항만을 위한 항구

닻을 끌어올리고
묶인 밧줄을 풀면
일제히 꽃잎을 하늘과 바다에 뿌리며
수평선을 향해 영원히 떠나가는 항구

슬픔이여,
나와 함께 그곳으로 가지 않으려는가

생의 꽃잎이여,
목련의 꽃잎들이여

-「꽃잎항」 전문

이 시집 2부의 시 가운데 인용된 시는, 의미 깊은 삶의 탐색을 매우 유미주의적으로 보여준다. '갑판에 꽃잎을 가득 싣고 배가 떠나가는 항구'라니, 이 무슨 모호한 언사인가 하고 의문을 갖는 것은 당연한 처사다. 더욱이 이때의 항구는 출항만을 위한 항구라고 한다. 그 꽃잎을 일제히 하늘과 바다에 뿌리며 영원히 떠나가는 항해다. 우리가 이 시로부터 넘겨받는 '꽃잎'과 '항구'의 상징적 매타포가 실로 만만치 않다. 시인은 이 짧은 시 한 편에 우리 생애의 목표와 보람, 방향성과 성취 등 귀중한 것을 모두 쓸어 담았다. 거기에 '꽃잎항'이란 패찰을 내어 걸고, 미처 다 진술하지 못한 '슬픔'의 정체성조차 이 도저(到底)한 흐름 속에 용해했다.

내가 쓴 시 중에
우산이라는 제목의 시가 있다

김수환 추기경의 '우산'
피천득 작가의 '비와 인생'

두 분의 이름과
전혀 다른 제목으로
세상을 떠돌아다닌다

처음에는 괴이하고
민망하고 송구했는데
곰곰이 그 뜻을 헤아려 보니
본시 우산이란 게
서로 빌려주고 빌려 쓰는 물건 아니던가

혹시라도 필요하신 분은
언제든지 말씀하시라
본시 시라는 게
삶에서 비 좀 피해 보자고 쓰는 물건 아니던가

-「우산」 전문

이 글에서 굳이 이 시를 인용한 것은, 종횡무진한 상상력의 여행 중에서도 그 탐색의 정신이 혼자만의 고독한 싸움이어서는 안 된다는, 시인의 자기성찰 인식을 잘 담아내고 있어서다. 시인은 자신의 시 「우산」을 예로 들면서, 김수환 추기경의 「우산」과 피천득 작가의 「비와 인생」이란 글을 불러와 우산의 실체적 의미망과 문학적 형상력에 대해 검증한다. 그리고 종내 '우산은 빌려주고 빌려 쓰는 물건'이었다고 술회한다. 이때의 우산은 서로 차용할 수 있는 도움인 동시에, 비를 가로막을 수 있는 보호막이라는 이중적 의미 기능을 수행한다. 여기에 시인은 '시'를 덧댄다. 비를 피하는 것이 우산이듯이, 삶의 비를 피하는 것이 시라는 해석이 거기에 있다. 이는 당연히 타자와의 연대 및 우호적인 상관성에 기대는 것이다.

4. 관조와 달관의 세계관을 담은 시

안광모의 시는 현실의 저잣거리에서 언어의 승부를 보려는 태도와 거리가 멀다. 그의 시가 말하는 허송세월의 뜬구름 같은 얘기들은, 당초에 의도된 것이고 실제적 삶의 이해관계를 과감하게 절연한 자리의 담론이다. 그러므로 그 시들은 자유롭고 분방하다. 거기에 세상의 직설에 대한 관조(觀照), 분별없는 쟁론에서 벗어난 달관(達觀)이 묵향처럼 배어 있다. 3부의 시 가운데 「무애(無碍)」에서는 얼핏 공맹(孔孟)의 사상을 넘어 노장(老壯)의 지경으로 넘어가려는 시적 시도를 엿볼 수 있다. 「나는 얼마나 가난한가」에서는 종교적 청빈(淸貧)을 방불(彷佛)하는 가난의 시학을 펼쳐 보인다. 그리고 「헛몸」에서는 '너도 헛영혼'이며 '이 몸도 헛몸'이냐고 반문한다. 이 모든 레토릭은 현실의 바닥에서 집착의 발을 들고서야 비로소 가능한, 시적 변론임이 분명하다.

그냥 좀 살면 안 되나
꿈도 목표도 계획도 없이
그냥 좀 대충 살면 안 되나

하는 일 없이 빈둥거리
고늘어지게 낮잠을 자고
좋아하는 것의 꽁무니를 쫓아다니고
쓸모도 없는 생각에 골똘하느라
밤을 꼬박 새우며
그냥 좀 아무렇게나 살면 안 되나

역사에 이름을 남길 생각 없고
천국에 가고 싶은 욕심도 없고
다만 세상에 무해하기만을 바랄 뿐인데

길가의 풀처럼, 산속의 꽃처럼
있는 듯 없는 듯 살면 안 되나
있어도 없어도 상관없게 살면 안 되나

그냥 좀 아무도 아닌 사람으로 살면 안 되나

-「그냥 좀 살면 안 되나」 전문

인용한 시의 시적 화자는 '꿈도 목표도 계획도 없이' 그냥 대충 살기를 바란다. 그냥 좀 아무렇게나 살면 안 되느냐고 채근한다. 다만 '세상에 무해하기만'을 바랄 뿐이라고 한다. 그가 내세우는 우월한 범례는 '길가의 풀'이나 '산속의 꽃'과 같은 존재다. 그리하여 '그냥 좀 아무도 아닌 사람'으로 살면 안 되냐고 강변하는 것이다. 이 시적 화자는 시인 자신이면서 시를 읽는 우리 모두를 통칭한다. 그의 질의를 듣는 대상은 우리 자신이거나 아니면 우리를 있게 한 절대적인 힘이다. 그런데 여기서 우리가 자칫 손쉽게 간과할 수 있는 것이 있다. 그냥 이름 없이 사는 일이 꿈과 목표를 갖고 사는 일에 비추어 결코 쉽지 않다는 점이다. 정말 아무렇게나 사는 사람은, 단연코 이런 종류의 질문을 하지 않는다. 눈앞의 현상을 버리고 보이지 않는 본질로 돌아가는 단계는, 종교적 각성에 있어서도 원숙한 경지에 해당한다. 이 시는 그 어려운 정황을 역설적으로 발화하고 있는 셈이다.

오늘이 내게 묻는다
그때 무엇을 그리 두려워했느냐
그때 무엇이 그리 분했느냐
혹시 기억은 하고 있느냐고

내일이 내게 물으리라
그때 무엇을 좀 바꾼 게 있느냐
그때 무엇이라도 좀 새로워졌느냐
혹시 아무것도 없느냐고

죽음이 내게 물으리라
그때 진정 살아있었느냐
그때로 다시 돌아가고 싶으냐
혹시 편안히 눈을 감지 못하는 건 아니냐고

-「내일이 내게 물으리라」 전문

시인이 관찰하는 세상의 근본적인 이치는 쉬워 보여도 쉬운 것이 아니다. 그야말로 시의 보편적 문면(文面)처럼 겉보기에 쉬운 길로 이해하자면, 우리가 이 시에서 얻을 게 없다. 그러나 오늘, 내일, 그리고 죽음이 묻는 범박하면서도 의미심장한 질문을 재차 곱씹어 보면 거기에 미처 다 말하지 않은 우리 인생의 철리(哲理)가 잠복해 있음을 알 수 있다. '오늘'은 '그때'의 석연치 않은 일을 반문한다. '내일'이 질문의 범주로 설정한 '그때'는 아마도 질문받는 자의 '오늘'일 것이다. 이윽고 생애의 종막에 이르러 '죽음'이 그 전체를 가늠하는 치명적인 질문을 던질 때, 어떤 답변을 내놓아야 할지가 의문이다. 시인은 여기에 답변의 일절도 제시하지 않았다. 그는 어쩌면, 그와 함께 우리도 시인이자 도인(道人)이기를 요구하는지도 모른다. 이 엄혹한 질문 앞에 우리 누구나 초심자로 그칠 수 없기에 그렇다.

5. 삶의 강역과 생태 환경을 위한 시

나라와 나라 사이의 경계를 두고 강역(疆域)이라 한다. 이 넓은 개념을 원용하면 시인이 자신의 시를 펼쳐두고 있는 내면세계의 범주를 시적 강역이라 할 것이다. 양광모 시인의 정신과 영혼이 미치는 강역은 다양다기하며, 시의 숨결에 따라 경쾌하면서도 진중하고 경이로우면서도 웅숭깊다. 이러한 다채로운 시 세계는 4부에 이르러 「포항으로 가자」나 「구룡포 과메기」에서 시인 자신이 살고 있는 땅, 곧 포항과 같은 이 나라의 소도시를 애정 어린 눈길로 관찰하기도 하고, 「꽃이 되고 싶은 날 많았으나」나 「지구」에서는 우리 모두의 삶터인 지구에 대해 날 선 경각심을 환기하기도 한다. 그것은 또한 「오늘 다시 역사가 묻는다」 같은 시에서 우리 삶의 이력에 대한 관심으로도 나타난다. 중요한 것은 늘 바람과 별을 노래하는 이 감성 시인, 음유 시인이 오히려 현실의 구체성과 그 생태 환경에 굳건하게 발을 두고 있다는 것이다.

지구에 손님으로 오는 것이다
이곳저곳 함부로 어지럽히지 말고
얌전히 머물렀다 돌아가야 하는 것이다

손님과 손님끼리 만나는 것이다
자기 집인 양 으스대지 말고
제 세상인 양 거들먹거리지 말고
서로서로 깍듯이 예의를 갖춰야 하는 것이다

삶에 손님이 찾아오는 것이다
이웃이라는 손님,
친구라는 손님,
사랑이라는 손님이 찾아오는 것이다
내가 가진 가장 귀한 것들로
정성껏 그들을 대접해야 하는 것이다

죽음이 마지막 손님인 것이다
비록 불청객일 것이나
그가 전해주는 초대장을 받아들고
새 별을 방문하러 나서야 하는 것이다

무엇을 선물로 들고 가야
따뜻한 환영을 받을 수 있을지
손님의 자세를 생각해 봐야 하는 것이다
지구에게는 내가 어떤 손님이었는지
곱씹어봐야 하는 것이다

-「손님」 전문

시적 화자는 인간의 존재가 '지구에 손님으로 오는 것'이라고 언명(言明)한다. 동시에 인간과 인간의 관계 또한 '손님과 손님끼리 만나는 것'이라고 단언한다. 그러므로 타자와의 만남을 두고 '삶에 손님이 찾아오는 것'이며 그러기에 '가장 귀한 것들'로 정성껏 대접해야 한다는 논리를 확립한다. 마치 우등생의 모범답안과도 같으나 신선하고 창의적이다. 이 시의 가장 돋보이는 강세는 '죽음이 마지막 손님'이라는 데 있다. 이를 두고 '새 별을 방문'하는 것으로 인식하며 그로써 지구에서의 '손님의 자세'를 성찰해 봐야 한다면, 시인은 이 짧은 시 한 편에 인간의 삶이 가진 철학적이고 운명론적인 정체성을 모두 포괄한 셈이 된다. 그의 시가 쉽게 읽히지만, 결코 쉬운 시만이 아니라는 증좌다.

시인이여,
원고지 뭉치를 집어 들고

불의의 머리를 힘껏 내리쳐라

시인이여,
펜을 힘껏 손에 쥐고
악의 심장을 깊숙이 찔러라

만약 그대의 시가
새벽 나절 잠깐 반짝이다 사라지는
한 줄기 여명이 아니라
인류에게 생명과 희망을 주며
영원히 뜨겁게 타오르는
프로메테우스의 불이 되기를 원한다면

시인이여,
그대의 시를 날카로운 창으로
거짓과 불의의 몸통을 뚫어버려라
죄와 악의 숨결을 끊어버려라
농부가 아닌 전사가 되라

시여, 너는 무엇을 위해 존재하는가
시인이여, 너는 누구를 위해 존재하는가

-「시인이여, 전사가 되어라」 전문

시인은 언제 어디서나 편안하게 풀어져 있고 손쉽게 접근하여 대화할 수 있을 것 같은 시를 보여주지만, 그 배면에 인용의 시에서 보는 바와 같이 강고(強固)한 결의와 추동력을 숨겨 두고 있다. 그렇다. 이 시인의 세계가 한없이 여리고 감각적일 수 있기 위해서는, 이토록 완강한 사세(事勢) 판단과 의식의 절제 또는 열정이 뒷받침되어 있어야 했는지도 모른다. 시인은 원고지로 '불의의 머리'를, 펜으로 '악의 심장'을 대적할 수 있을 것으로 믿는다. 거기 저 고색창연한 신화의 '프로메테우스의 불'을 소환하기도 한다. 시인은 시인에게, '농부가 아닌 전사'가 되라고 요청한다. 그것이 시의 존재 양식이라고 확신하는 상황이다. 이처럼 활달하고 힘 있는 시를 수긍하면서, 우리는 이 시인이 우리에게 공여하는 사유(思惟)의 저력과 그 영향력을 흔연(欣然)한 수맥처럼 받아들이게 된다.

이제까지 우리는 양광모 시인의 20시집 『꽃멍』을 함께 읽었다. 어쩌면 그의 시에는 이와 같은 해설이나 비평이 필요하지 않을지도 모른다. 그의 시가 이미 독자에게 편의하도록 쉽고 감동적이며 깊이 있는 안내를 겸하고 있기에 그러하며, 자칫 비평이 시를 만나는 기쁨이나 은밀하고 독자적인 해석을 방해할 수 있을 것이기에 그러하다. 하지만 그 의미나 감동을 보다 정색으로 가늠해 보는 일도 긴요하기에 이 글이 있다. 다만 시인과 독자가 더불어 반추해 보아야 할 일 하나는, 한정된 시간에 너무 많은 시의 생산이 초래할 시적 긴장감이나 미학적 가치의 하락에 유의해야 한다는 것이다. 하늘의 은사는 공평해서 양과 질을 함께 허락하는 경우가 드물기에 하는 말이다. 그러나 양광모 시인을 아끼고 사랑하는 많은 독자들은, 그의 시를 만남으로써 그지없이 행복했고 앞으로도 그러할 것이다. 이 작고 소박하고 소중한 행복이 오래도록 우리 곁에 있기를 바라마지 않는다.

백석을 소환한 새로운 시의 담론

- 박재홍 시집 『금강에 백석의 흰 당나귀가 지나갔다』

1. 백석의 당나귀와 박재홍의 시

박재홍 시인이 다시 시집을 낸다. 이미 여러 권의 시집을 상재하여 그 시력(詩歷)과 작품세계가 잘 알려져 있고, 필자 또한 그에 시에 대한 평설을 두어 차례 쓴 적이 있다. 그는 지금 대전에서 전문예술단체 〈장애인인식개선오늘〉의 대표로 있으면서, 장애인을 돌보고 권익을 신장하는 여러 유형의 일에 몰두하고 있다. 출판이 어려운 시기에 문예지 《문학마당》을 통권 54호에 이르도록 꾸준히 발간하고 있다. 그러기에 그를 볼 때마다 필자는 늘 경외감을 느낀다. 휠체어에 의지하여 생활하면서 비장애인의 국량(局量)으로서도 도무지 감당할 수 없는 많은 선한 사업을 견인한다. 우리가 함께 존경할만한 인물이 꼭 멀리 있는 것이 아니다.

그는 이번 시집의 제목을 매우 독특하게 '금강에 백석의 흰 당나귀가 지나갔다'로 명명했다. 금강은 한반도의 중동을 가로지르는 강이다. 전북 장수에서 발원하여 전북 및 충남의 여러 지역과 대전을 거쳐 군산만으로 흘러드는, 한국 6대 하천의 하나다. 이렇게 본다면 그가 사는 대전이 그 말미 부분에 해당하는데, 결국 백석의 흰 당나귀가 자기 거소(居所)

에 이르렀고 이를 자신의 인식이 뜻깊게 수납했다는 의미를 생성한다. 백석의 시 가운데 널리 이름을 얻은 것이 「나와 나타샤와 흰 당나귀」이고 보면, 이 흰 당나귀의 등장은 백석 또는 그의 시 정신을 일컫는 언사와 진배없다. 백석의 시에서 흰 당나귀는 애상(哀傷)의 정서와 그리움을 심화시키는 객관적 상관물이다.

시인은 그 백석의 시적 이미지와 그것의 환경이 두르고 있는 분위기를 수용하려 한다. 그리하여 백석은 이 시집의 곳곳에 견고한 모티프(motif)로, 또는 여기저기서 행처(行處) 없는 방랑자처럼 얼굴을 내민다. 백석이 사랑한 나타샤와 흰 당나귀는, 시인이 머리말에서 언급하고 있는 프랑시스 잠(francis jammes)의 문학적 생애를 함께 불러온다. 그 양자가 우울한 시대의 불안과 공허를 노래하지만, 애상적이고 정갈한 언어의 운용은 사뭇 닮아있기 때문이다. 우리의 시인 박재홍은 여기서 한 걸음 더 나아간다. 프랑시스 잠의 시가 세상과 소통하도록 도왔던 그 어머니에 대비하여 자신의 어머니를 떠올린다. 그는 그 모성애야말로 석가모니의 헌신적 동반자였던 '아난다'이자 '발원처'라고 명기하고 있다.

시인은 이 시집 전반에 걸쳐 아난다를 호명하며, 이를 어머니와 동일한 의미로 사용한다고 주석을 달았다. 그에게 있어 아난다는 온갖 아픔과 슬픔의 고백을 들어주는 수용자이며, 시인으로서의 존립을 가능케 하는 존재다. 그러기에 아난다는 하나의 차원 높은 이념이면서 삶의 실상에 맞닿아 있는 구체적 일상이다. 시인에게는 모성애의 강도로 보아 어디에도 뒤지지 않는 어머니가 있는 까닭에서다. 이러한 상념이 움직이는 공간에는 대체로 '백석이 타던 흰 당나귀의 울음소리'가 남아 있다. 백석의 시와 프랑시스 잠의 접점 그리고 잠의 어머니와 시인의 어머니가 조화롭게 만나는 시적 세계가, 이 시집의 얼개 아래 편만해 있기에 그렇다.

특별히 그는 이번 시집을 처음부터 끝까지 산문시의 형식으로 썼다. 산문시는 서정시의 특징을 모두 담고 있으면서도 산문처럼 보이는 짧은 글을 일컫는다. 일찍이 19세기 중반 자크 베르트랑의 「밤의 가스파르」(1842)를 통해 프랑스 문학에서 선보였고 19세기 말 샤를 보들레르의 「소산문시」(1869, 나중에 「파리의 우울」이라는 제목을 붙임)로 그 영향력을 입증했다. 산문시라는 명칭은 이렇게 보들레르의 시에서 시작되었으며 아르튀르 랭보, 폴 발레리 등의 시로 이어졌다. 독일에서는 19세기 초에 횔덜린과 노발리스가, 19세기 말에 라이너 마리아 릴케가 산문시를 썼다. 우리 문학에서는 서정주의 「질마재 신화」, 조지훈의 「봉황수」, 정진규의 「연필로 쓰기」 등을 들 수 있다. 내재화된 운율을 바탕으로 많은 서사적 담화를 담을 수 있는 특성 때문에, 어쩌면 박재홍에게는 아주 어울리는 유형일 수도 있겠다.

2. 아직도 아픈 가족사의 되새김

이전에 간행된 박재홍의 시집들에는 언제나 어머니와 아버지를 비롯한 가족사의 사연과 상흔이 줄지어 있었고, 그 동통(疼痛)은 시인이 천형처럼 끌어안은 육신의 장애와도 맞물려 있었다. 그리고 그 많은 이야기의 중심에 늘 어머니가 자리했던 터이다. 시인은 이 시집의 1부에서부터 어머니를 '아난다'라는 불가(佛家)의 호칭으로 부른다. 미상불 어느 누구에게나 어머니는 우주의 중심이다. 독일의 문호 헤르만 헤세는 『지성과 사랑』에서 "어머니가 있어야 사랑할 수 있고 어머니가 있어야 죽을 수 있다"고 했다. 우리의 시인 조병화는 그의 짧은 시 「꿈의 귀향」에서 "어머님 심부름으로 이 세상에 나왔다가/ 이제 어머님 심부름 다 마치고/ 어머님께 돌아왔습니다"라고 노래했다.

> 아난다(慶喜)여 차마 말할 수 없는 것이다 그가 앉았던 둘이었다가 혼자 돌아가던 자리도 가을비에 색이 바래간다 물드는 것이 어디 몸뿐이랴 어느 산모롱이에 매달린 낙엽 하나가 마지막 손을 놓을 즈음을 기해 한 움큼 울혈처럼 뱉어지는 노을 강물 위에 흘려놓고 공중에는 백석 그가 타던 흰 당나귀의 울음소리만 남겨놓았다
>
> -「금강에 백석의 흰 당나귀가 지나갔다」 전문

매우 깔끔한 시다. 시인은 아난다에게 '차마 말할 수 없는 것'을 말한다. 당연히 시적 은유의 언어를 통해서다. 그 절박한 관계성의 자리에 '물드는 것이 어디 몸뿐이랴'라고 반문한다. '어느 산모롱이에 매달린 낙엽 하나'의 운명이 거기에 결부되어 있고, 마침내 '백석 그가 타던 흰 당나귀 울음소리'만 남았다. 우리는 앞에서 백석의 흰 당나귀가 애상의 정서와 그리움의 대언자(代言者)임을 언급했다. 아난다와 어머니, 애상과 그리움은 여기서 백석의 흰 당나귀를 매개하여 하나의 묶음으로 엮여 있음을 알아차릴 수 있다. 시인이 생후 8개월에 장애를 만났다면(「당산나무 아래 놓인 털신 한 켤레」), 이를 가장 잘 알고 있는 이는 어머니다. 그 어머니는 '적요한 공간에 별'이 되었다.

> 백석이 직조한 시와는 달리 기억의 마을 속에 사는 아버지를 기다리는 저녁 풍광이 깃들어 아버지의 등처럼 단단하게 여문 적요 속 겨울밤 같다는 생각이 들었습니다 세상의 아버지 등은 가족을 짊어지거나 신산한 삶에 매달린 어깨깃에 선명하게 패인 자국 같습니다

동지 지나 공중에 가득한 춘분의 기세처럼 허공에 물기가 가득해지고 떠나야 하는 겨울의 등은 봄의 시작에 맞춘 이별의 시간 푸드덕거리며 둥지를 버린 새처럼 기류에 몸을 실어 육탈한 영혼처럼 탁발을 떠날 것을 예감하는 것입니다

-「아버지를 기다리는 저녁 풍광」 전문

러시아의 문호 톨스토이는 그의 장편소설 『안나 카레니나』에서 "행복한 사람들은 모두 비슷한 모습으로 행복하지만, 불행한 사람들은 제각각의 모습으로 불행하다"고 적시했다. 여기 이 시인의 고통스러운 내면세계는 그야말로 여러 모습으로 고통스럽다. 그러기에 그가 시인이 된 것은 참으로 다행스러운 일이다. 견디기 어려운 마음의 울혈(鬱血)을 시로 풀어내고, 그렇게 해서 삶의 균형 감각을 붙들 수 있을 것이기에 그러하다. 시인의 눈에 '기억의 마을 속에 사는 아버지'는 '단단하게 여문 적요 속 겨울밤'처럼 느껴진다. 그 아버지는 이윽고 '육탈한 영혼처럼 탁발을 떠날 것'을 예감하게 한다. 시인은 이와 같은 상황이 '백석이 직조한 시'와는 다르다고 했으나, 그 바탕의 의미가 크게 달라진 바는 없어 보인다.

시인이 시를 통해 이 모든 울혈을 다 해소할 수는 없다. 시인 또한 궁극적으로 연약한 심경의 지반을 가진 개인이요, 절대적인 운명의 힘 앞에 홀로 서야 하는 단독자다. 그래서 시인은 '연등을 가슴이 품은' 날을 생각하고 그에 견주어 자신이 세상에 온 날을 돌이켜 본다. 시인은 자신의 장애와 관련하여 '시의 할례'를 언어의 대위법으로 불러온다. 시가 "마음속 할례를 위한 탁발의 길이요 인연이 부여한 언약의 확증이자 허락"이라면(「등 공양」), 그에게는 시야말로 온전한 '연등'이다. 이처럼 시에 대한 절체절명의 인식은 "고향 부용산 위로 새벽이슬처럼 시 하나 돋았으면 좋겠다."(「부용산 위로 시 한 편 돋았으면 좋겠다」)는 레토릭을 생산한다.

두 종교의 인자(因子)를 함께 원용하면서, 그의 장애와 가족사의 질곡이 시적 치유의 길을 찾아가는 도정에 있다.

3. 육신의 장애와 불교적 상상력

학문의 단계를 세 가지로 분류하면 과학과 역사, 사상과 철학, 종교와 신학 등의 순차적인 등위가 있다. 이 가운데 첫 번째 단계는 객관적 증명의 영역이요 두 번째 단계는 정신적 신념의 영역이다. 그러나 세 번째 단계는 인간의 능력 범주를 넘어서는, 이른바 생명현상을 다루는 영역이다. 육신의 장애나 정신적 상처를 제어할 길이 없을 때, 많은 이들이 종교적 신앙에 의지한다. 결과에 대한 확증은 개별적인 문제라 하더라도, 그와 같은 피난처나 의지처가 있을 때 삶의 곤고함은 위안을 얻거나 때로는 해소의 방책을 얻는다. 이 시집의 2부에서 시인은, 여러 시에 불교적 상상력을 동원함으로써 자기 정체성을 정립하려 시도한다.

> 바람 짬을 내어 머물다 간 자리에 휠체어가 이르렀습니다 내게 있어 휠체어는 백석이 타던 당나귀와 같은 실체적 진실입니다 사랑은 머물다만 가고 혼자만의 그리움으로 영그는 사랑의 실체는 텅 빈 세상에 관념을 떨치는 산을 오르고 또 오르는 어느 애기 스님 엉덩이인지는 몰라도 솔방울 두엇 위에 턱 하니 걸터앉아서 묻습니다
>
> 여여하냐고 성불은 둘째치고 여여하시냐고 그곳에서 안녕하시냐고
>
> -「당나귀 목에 방울처럼 우는 날」 전문

왜 시인이 자신의 휠체어가 '백석이 타던 당나귀와 같은 실체적 진실'이라고 언명하는지 궁구(窮究)해 볼 필요가 있다. 시인이 끊임없이 백석을 불러내는 것은 그의 시가 두르고 있는 의미망 때문이다. 이는 시인이 지속적으로 자신의 존재론적 지위와 시의 향방에 대해 문제의식을 가지고 있다는 말과도 같다. 거기에다가 '텅 빈 세상에 관념의 산을 오르고 또 오르는 어느 애기 스님'이 제시된다. 이 형국에 개재(介在)된 물음은, 무슨 선문답처럼 "여여하냐고 성불은 둘째치고 여여하시냐고"다. 곧 안녕하시냐고 묻는 일상적인 질문이다. '일반'이 없이 '특정'은 없다. 고승의 법어가 언어의 나열에 있어 난해한 대목이 없다는 사실도 이와 소통된다. 시인은 어느덧 이러한 불교적 언술을 시의 각론으로 편입하고 있다.

> 열매가 묵주가 되어 깊어진 너의 눈길에서 사랑이 사리처럼 단단해질 때 산 자와 죽은 자의 경계가 허물어지고 인연 그것이 뭔디 나이 오십을 지나 육십에 못 미친 반에 이르러 뒤를 본다냐 니 발을 씻기는 마리아를 위해 죽을 결심을 했다냐
>
> 다시 말하지만, 아들아 갈대숲 뱁새 둥지에 뻐꾹새알처럼 숨듯이 숨어서 네 무릎을 꺾어 이른 詩의 묘비에 투박한 결이 만져지거든 시효가 다한 것이니 누군가의 사랑에 전도되어 공멸할 것이니 그 뿌리마저 어찌 쓰라리지 않겠냐 사랑은 그런 것이제 암만
>
> -「소멸시효」 부분

'열매가 묵주가 되어 깊어진 너의 눈길'은 많은 의미를 함축한다. 세간(世間)에서 출세간(出世間)으로, 중생에서 보살로 승급하는 은유적 표현이 열매에서 묵주가 된 그 물리적 변신에 결부되어 있다. 더욱 깊어진 너

의 눈길에서 '사랑이 사리처럼 단단해질 때'가 되면, '산 자와 죽은 자의 경계가 허물어지는' 탈각의 경험이 뒤따라온다. 그 경험의 주체가 '발을 씻기는 마리아를 위해 죽을 결심'을 하는 것은, 좀 거칠게 말하자면 육탈의 사랑이다. 그런데 이 모든 것이 아들을 향한 어머니의 애타는 당부로 점철되어 있다. 어머니는 종국에 이르러, '사랑은 그런 것이제 암만'이라고 결론 짓는다. 이 시의 2부에는 어머니 외에 '이민 간 누나'(「이민간 누나를 기다리며」)도 있다. 아픔과 그리움과 기다림이 혼융된 시적 서사 공간이 이 시인의 세계다.

4. 유년의 기억 또는 시의 역전층

세상의 모든 가족사는 유년의 기억으로부터 시발한다. 그런데 그 기억의 강렬함은 이후의 청소년기보다, 그리고 장년 이후보다 유년기가 훨씬 더하다는 보고도 있다. 어쩌면 이 유년에 형성된 품성이 우리 삶의 지형도를 규정하게 되는지도 모른다. 이 시인은 유독 유년의 회억(回憶)이 많고 또 절실해 보인다. 아마도 지금의 핍진한 생각들이 그 반추(反芻)에 잇대어져 있기에 그러한 듯하다. 기실 이 대목의 순수성과 진실성을 잃지 않고 사는 이는 행복한 사람이다. 서구 낭만주의 시를 대표하는 윌리엄 워즈워스가 '어린이는 어른의 아버지'란 유명한 시의 한 구절을 남긴 것도 바로 그러한 연유에서다. 항차 그것이 어둡고 힘든 것이더라도 최소한 시인에게 있어서는 가슴속에 숨겨진 보석과도 같다.

엄니는 판소리 추임새처럼 축 늘어진 내 몸을 추켜 올리며 굵은 한숨을 내뱉었었다 선몽처럼 다녀간 두어 달 여행이었다 대목장 아버지와 칠장이 엄닌 장애가 있는 나는 푹푹 빠지던 눈길을 걸었고 집에는 누이와 형이 집을 지키고 두어 달의 이별에 그리웠다

지난한 겨울 폭설이 녹을 즈음일 것이다 율어행 어느 사랑채에서 들어앉아 집을 고치고 동네에 목기를 수선하러 가던 길의 대화 속에 꼽등이처럼 등에 엎드려 듣던 대화가 힘들 때면 가물거린다 애들은 잘있겄지 글씨 말이요 다부진 것은 있응께 잘있겄지요

-「안부」 부분

3부의 첫 시다. 대목장 아버지와 칠장이 엄니가 두어 달 일을 나갔다가 눈길을 걸으며 대화를 나눈다. '나'는 '판소리 추임새처럼' 늘어진 몸을 엄니 등에 싣고 있다. 이 고단한 부부는 집에 두고 온 '누이와 형'을 걱정한다. '다부진 것은 있응께' 잘 있을 것이라고 엄니는 대답한다. 이 한 폭의 그림 같은 광경과 엄니 등에 엎드려 듣던 대화가, '나'가 힘들 때면 가물거리며 떠오른다. 척박한 삶의 풍경이지만 '나'에게는 어떤 무엇보다도 정겹고 그리운 기억이다. 누구나 이처럼 아름다운 그림을 가슴에 품고 살면, 그 삶이 피폐해지지 않는다. 시인의 유년에는 "아라비안나이트처럼 신기한 얘기들이 묻혀 있다." '간간이 아주 더디게 배고픔을 잊게 하는 모험'도 있다(「허기를 메우는 신비한 이야기」).

온대지역 철새들이 겨울을 나기 위해 열대지역으로 떠났다 거센 폭풍일수록 조용한 눈을 지녔고 시인들은 철새 떼가 되어 폭풍의 눈에 스스로 갇히고는 하였다 간혹 검은 눈썹 제비갈매기들처럼 예측할 수 있는 태풍을 피해 일부 철새 시인들과 함께 진실 밖에서 서성

이고 표류하고 있었다 기회를 좋아하는 시인들의 행동은 폭풍의 강도를 예측하는 새로운 수단인 처세를 가지고 세상이 탁하고 더러울수록 더러운 생태적 환경의 공기를 마시며 역전층을 이루고 산다

-「태풍의 눈」 전문

시인은 3부의 끝부분에 느닷없이 '태풍의 눈'이라는 새로운 의미망을 매설했다. '거센 폭풍일수록 조용한 눈'을 지녔다는 이 우주 자연에 대한 관찰의 눈은, 종내 우리 삶의 중심에 대한 언표이기 십상이다. 그러니 "시인들은 철새가 떼가 되어 폭풍의 눈에 스스로 갇히고는 하였다"는 것이다. 태풍을 피해 진실 밖에서 서성이고 표류하는 자들은 '철새 시인'이다. 그런가 하면 '기회를 좋아하는 시인들'은 폭풍의 처세술을 익혀 '역전층'을 이루고 산다고 말한다. 이때의 역전층은 위층의 기온이 아래층보다 높아진 기층을 말하는 기후 및 기상학의 전문용어다. 3부에서 시인이 숨기고 있는 유년의 기억이나 지금 우리를 에워싸고 있는 자연환경이, 결국은 시의 의미 형성에 작동하는 단자(單子)이긴 매한가지다.

5. 태풍의 눈을 향한 치열한 시심

4부의 시에서 시인은 여러 편에 걸쳐 '태평의 눈'을 그 중심에 불러온다. 강력한 태풍이 불 때는 중심에 가까울수록 원심력이 강해지기 때문에 비교적 조용하고 안정된 기상 현상이 나타나는 부분이 발생한다. 이 태풍의 중심이 곧 태풍의 눈이다. 이를 우리 삶에 또는 시에 대입해 보면, 어떤 격한 상황의 중심부에서 일시적으로 평온을 유지하고 있는 상태를 지칭한다. 박재홍 시인이 바라보는 태풍의 눈은 어떤 것일까를, 시

의 표면과 행간에 걸쳐 두루 살펴보는 일은 그의 시를 이해하는 첩경이다. 무엇보다도 중요한 사실 하나는, 태풍의 눈이 형성되려면 그 주변의 기상이 그만큼 험준하고 위태로워야 한다는 점이다.

> 아들아 더욱 더 강한 허리케인일수록 눈에서 멀리 나는 철새의 모험을 배워라 역전층과 비행고도 사이의 관계를 이해하다 보면 새들은 태풍의 변화를 읽을 가능성이 있다 나의 유년이 그랬고, 너의 유년이 나로 말미암아 저녁 어스름처럼 슬펐으니 나의 시구는 지구의 궤적을 훑고 지나가는 철새였구나 여느 뭇별처럼 지는 곳에서 푹 푹 빠지는 눈발을 거슬러 올라가며 나는 나의 살아온 날수의 발자국을 지울 수 있기를 바랐으나 그것은 내 심장의 온기가 데우는 눈에 머문 실족한 사랑이 있었다는 것을 알았다 너와 나도 업장의 그늘에 숨어 바리데기 설화 속에 주인임을 알겠구나 어느 도래지에서 만나지는 그 날까지
>
> -「도래지」 전문

4부의 첫 시다. 이 시의 시적 화자는, 대화의 상대인 아들에게 '더 강한 허리케인'을 만날수록 '눈에서 멀리 나는 철새의 모험'을 배우라고 권유한다. 여기에 역전층과 비행고도라는 전문적인 식견도 함께 제기된다. 시인은 자기 부자에게 주어진 유년이 '저녁 어스럼처럼' 슬펐다고 진단한다. 자신들을 태풍 앞의 철새로 비유하고, '어느 도래지'에서 만나는 날까지 '업장의 그늘에 숨은 바리데기 설화의 주인'이라고 단정한다. 이 설화에서 바리공주는 병든 아버지의 치료 약을 구하기 위해 저승세계로 향한다. 이는 곧 현실적 삶의 극점을 말하고 가장 험난한 삶의 허리케인을 예표하며, 그러므로 태풍의 눈을 찾아가야 하는 행로를 배태(胚胎)한다. 시

인은 "새들은 태풍의 눈을 포기하지 않는다"(「모진 인연은 안전하지 않다」) 고 기술한다.

> 한 편의 시를 가슴에 품고 멈춰서서 밤마다 봉창에 어른거리는 마음과 돋아난 귀가 꿈틀거리며 기울이는 마을 어귀에 흰 당나귀는 언제 오려나 갔으니 몸 성하고 오는 소리에 서글퍼 저문 인생의 가뭇함이 숨고 싶은 것이 사랑일 텐데 봄물처럼 흐르는 이 마음이야 그대로인데 집 뒤꼍을 휘도는 대숲바람에 허기진 가슴에 대꽃이 피는 데 꼬박 60년이 걸렸네
>
> -「대나무꽃」 전문

그토록 치열한 심정으로 시의 길에 매달리던 시인은, 이제 '한 편의 시를 가슴에 품고' 섰다. '마을 어귀에 흰 당나귀는 언제 오려나'하고 기다린다. 백석의 애잔하고 감각적인 시풍(詩風)이 아직도 그에게는 오매불망의 기다림이다. 이 시에는 '집 뒤꼍을 휘도는 대숲 바람'이 있고, 그 바람으로 '허기진 가슴'에 대꽃이 피는데 꼬박 60년이 걸렸다. 이때의 60년이 시인의 생애를 압축해서 발화한 것이라면, 일생을 두고 수행해 온 시 창작의 경과 전반을 되돌아보는 반성적 성찰의 표현이 아닐 수 없다. 태풍의 눈처럼 치열하면서 대숲 바람 앞의 허기진 가슴에 피어난 시는, 미상불 이 시인의 전 생애를 쓸어 담고 있다 할 것이다.

시인이 바라보는 세상은 '천불이 나는 마음'을 촉발하는 험지의 연속이다. 그러나 '천불천탑'의 운주사를 찾아가면 "누워 있는 부처님 깨지 않게 조용해요"(「운주사 와불(臥佛)」)란 사태 해소의 언사를 이끌어낸다. 바로 이러한 정신적 예표의 지점이다. 그의 시가 긍정적으로 기능하고 또 역할을 창출할 수 있는 시간과 공간이 여기에 있다. 그러한 까닭으로 "시

를 품고 사는 동안은 즐거웠고 남달랐으며 겨울 금강 가에서 지나치는 흰 당나귀를 만나기까지 설레었었다(「내가 아는 시인은 대장장이다」)"라고 토로할 수 있었던 것이다. 바라기로는 앞으로도 그의 시가 이렇게 그 자신의 삶을 지탱하고 이끌며, 보다 햇빛 밝은 안도(安堵)의 지평으로 인도하기를 바라마지 않는다.

한국의 음식과 그 미각의 역사철학적 의미

- 조지은 시집 『밥상』

1. 시인 조지은의 글쓰기와 그 행적

조지은은 영국의 명문 옥스퍼드대학교 동양학부 교수다. 서울대학교에서 아동가족학과 언어학을 공부했고 킹스칼리지런던에서 언어학으로 박사학위를 받았다. 언어학, 한국어학, 제2외국어 습득 분야의 연구자로서 세계적인 권위를 가졌다. '영어 사전의 어머니'라고 불리는 〈옥스퍼드 영어 사전〉의 한국어 컨설턴트를 맡고 있으며, 한국어와 한국문화 연구에 깊은 관심을 가져왔다. 그런 연유로 영국 내 한류 연구와 보급에 앞장서 왔고, 한강의 『채식주의자』를 데보라 스미스가 번역하는 현장을 지켜보기도 했다. 아동학에서 언어학에 이르는 심층 학습의 공간은, 이미 널리 평판을 얻은 베스트 셀러 『공부 감각, 10세 이전에 완성된다』, 『영어 유치원에 가지 않아도 영어를 잘할 수 있습니다』 등을 출간하는 힘이 되었다.

조지은이 지난 3월 초에 내놓은 장편소설 『서울 엄마들』도 이와 같은 상황의 연장선상에 있다. 이 소설은 현재 한국 교육 환경의 진면목(眞面目)을 예리하게 제시했다. 서울 강남 8학군 내 최고 수준의 엘리트 교육을 추구하는 〈대지동 금묘아파트 105동 세 엄마〉의 열혈 분투기를, 소설의 이야기를 통해 형상화했다. 당연히 그 현상의 폭로가 목표가 아니고, 이 사태가 우리 사회에 울리는 경종(警鐘)과 반성적 성찰에 방점이 있다. 이를테면 진정한 가족의 역할이나 성공의 기준이 무엇인가를 반문하는 것이다. 조지은의 이 첫 소설을 두고 벌써 3권의 장편소설을 낸 탑 클래스의 배우이자 소설가인 차인표는, "자녀의 명문대 진학이라는 민감한 주제를 드라마처럼 재미있고, 다큐멘터리처럼 예리하게 찌르는 사회성 짙은 소설이 탄생했다"고 상찬(賞讚)했다.

그 조지은이 이번에는 '밥상'이란 제목을 가진, 우리 문학사 또는 세계 문학사에 전례가 없는 특이한 시집을 출간한다. 모두 25편의 시가 국·영문으로 함께 수록된 이 시집은, 그 제재(題材)가 한국 음식의 이름으로 되어 있다. 미상불 음식은 하나의 민족 또는 언어문화권의 문화적 특성을 가장 구체적이면서도 상징적으로 나타내는 미각적 재료다. 다시 말하면 거기에 민족문화와 민족성의 특징적 성격이 잠복해 있다는 말이다. 어떻게 이와 같은 기발한 발상을 하고, 또 근거 자료를 확인하면서 압축적인 언어로 시화(詩化)에 이르렀는지 놀라운 형국이다. 더욱이 저 먼 이역만리 타국에서 이 시집의 맹아(萌芽)를 도모한 일은, 곧 상거(相距)가 먼 두 문화 사이의 소통과 교류에 기여할 수 있을 것으로 기대되기도 한다.

2. 음식에 반영된 삶의 국면과 성격

1부에 실린 시 8편은 음식이 어떻게 생명이나 소망과 같은 순방향의 인식과 상관되어 있으며, 또 어떻게 가족애와 사랑의 긍정적 방향성을 견지하고 있는가를 잘 보여준다. 「밥상」에서 '우리는 밥심으로 살아야 하는겨'라는 엄마의 밥 인사, 「사골국」에 나타난 '엄마의 믿음' 그리고 「라면」이 말하는 '아빠의 묵직한 소리' 등이 그에 대한 증빙이다. 「닭집의 추억」에 펼쳐진 가족사(家族事)의 한 장면, 「비빔밥」이 일러주는 화합의 의미, 「김」에 결부된 사랑의 정신 등은 이 시인의 시 세계를 다채롭게 구성한다. 「분홍색 돈까스」나 「보리」 같은 시에서, 시인은 음식에도 얼굴과 표정이 있다는 주장을 하고 있는 셈이다. 그런데 그 어투와 논리가 자연스러워서 특별히 토를 달 여지가 없다.

2부에 실린 시 9편 또한 1부의 경우에 비추어 큰 변별을 보이지 않는다. 다만 여기에서는 음식에 반영된 삶의 여러 국면과 성격이 더 선명하게 드러나고 있다. 음식이 가진 상징적 의미, 이를 부각하는 중의법적 표현, 음식을 통한 세상사의 함축, 한국인의 심성에 대한 통찰 등이 시의 문면(文面)에 투영되었다. 「육개장」의 강력한 상징성, 「울면」의 두 어의(語義), 「떡」의 역사성 등이 특히 빛난다. 「밥 그리고 국」과 「죽」은 우리의 삶의식과 문화의 근원을, 「콩나물」은 신산(辛酸)한 삶의 그림자를 담았다. 사정은 「전 이야기」나 「김치 동족」 그리고 「계란 후라이」에서도 마찬가지다. 때로는 함축적이고 또 때로는 해학적이면서 우리 인생의 교훈을 담보하는 이 시적 글쓰기는, 쉬워 보여도 쉽지 않고 부드러워 보여도 부드럽기만 한 경우가 아니다.

3. 역사 과정에 결부된 음식의 얼굴

우리의 일상적인 삶이 모여서 사회·시대·역사가 되고 우리는 그 역사 과정의 궁극적 가치와 힘을 후대에 전하려 한다. 이 시인은 이 대목에서 음식의 저력과 역할을 간파했다. 온갖 역사와 도덕 교과서가 수행하지 못한 단정적이고 직접적이며 효율적인 통어(通語)의 방식이 이 시집의 3부 가운데 있다. 「떡국」은 우리 전통사회에서 이어진 새해의 지표로, 「잡채」는 위로하는 자들의 축제로, 「미역국」은 삶의 어려움 가운데 공여되는 새 기력으로 기능한다. 「100원 떡볶이」는 평화와 협상을, 「1000원 김밥」은 맵고 추운 삶에 온기와 기쁨을, 「삼계탕」은 신랑 신부 화촉의 궁합을 이끌어 온다. 그런가 하면 「엄마의 손」은 이 모든 일의 근원을 환기하고, 「밥에서 빵으로의 이민」은 삶의 영역에 극단적인 변화가 와도 여전히 소중한 음식 그리고 '어머니의 반찬통'을 소환한다.

우리가 지금까지 정성껏 살펴본 조지은의 음식에 관한 시들은, 참으로 여러 심층적 의미망을 두르고 있었다. 이때의 음식은 말 못 하는 묵언의 존재이면서, 동시에 보이지 않는 입을 열어 너무도 많은 말을 하고 있는 터이다. 그 말의 자장(磁場)이 미치는 권역은 넓고 또 웅숭깊다. 왜 남부럽지 않은 지위와 명성을 가진 이 시인이 이토록 애써 다양다기한 음식의 시를 창작했는지, 질문하자면 여러 답변이 가능할 것이다. 그러나 그중에서도 가장 오른쪽으로 나설 것은, 시인의 모국어 사랑과 나라 사랑의 정신이 아닐까 한다. 그는 이 명료한 당위적 명제를 음식이라는 자재(資材)를 통해 형용하는, 새롭고도 효과적이며 쉽사리 공감을 불러오는 시적 성취에 도달한 것이다.

안동 유림의 혼이 담긴 삶과 시

- 이육사와 김종길

1. 왜 안동이며 안동의 문학인가

안동은 내게 꿈의 도시다. 막연히 '정신문화의 수도'라는 레토릭에 의지해서가 아니라, 실제로 유서깊은 안동 땅 특히 올곧은 정신의 광휘가 살아있는 하회마을과 도산서원·병산서원의 풍광을 직접 목도하고 난 이후의 감동으로 표현하자면 그렇다. 이는 한 지역의 역사적 전통을 실측으로 감각한 연후의 현상이라, 다른 경우와 비교할 수 없는 대체 불가의 경험이라 할 밖에 도리가 없다. 안동은 경상북도 중북부에 위치하며, 1963년 군에서 시로 승격했다. 유학의 본향인 만큼 전통문화 유산이 풍부하고 많은 유적이 남아 있으며, 특히 하회마을은 2010년 유네스코 세계문화유산으로 등재되었다.

안동이 특히 빛나는 대목은 퇴계 이황, 서애 유성룡, 학봉 김성일을 비롯하여 유학의 명현이 앞다투어 배출된 곳이라는 데 있다. 이들이 우리 문화사에서 점유하고 있는 지위가 수발한 터이니, 자연히 예안향교·도산서원·호계서원·병산서원·역동서원·고산서원 등 향교와 서원이 흥왕하게 운영되었다. 그러나 사람이 살아가는 현장의 실질을 넘어 정신적 가치에 집중한 나머지, 400년이 넘도록 쟁론을 지속한 '병호시비'와 같은 부작용을 노정하기도 했다. 이 글에서는 안동의 문인 가운데서도 이육사와 김종길의 시를 개괄적으로 살펴보기로 한다. 이육사는 일제강점기의 엄혹한 시대를 정신주의로 일관하며 산 하나의 표본이었고, 김종길은 그 후대에 그와 같은 유교적 전통을 계승하고 살려낸 하나의 모범이었다.

2. 엄혹한 시대와 정신시의 표본

이육사는 일제의 을사늑약 한 해 전인 1904년에 태어나 조국 광복 한 해 전인 1944년에 세상을 떠난, 불우하고 궁핍한 시대의 시인이었다. 그 임종 또한 향리가 아닌 중국의 베이징 감옥에서였다. 친가와 외가가 모두 독립운동가의 집안이었으니, 그는 언제나 요시찰 인물이었고 번번이 일경의 예비 검속으로 체포되어 무려 열일곱 차례나 투옥되었다. 독립운동 단체인 의열단 가입, 베이징대학교 수학, 귀국 후 언론계 종사 등의 인생 역정을 거쳤고, 시인이자 언론인인 신석초와 돈독한 우의를 쌓았다. 이육사의 시 세계는 호활한 상상력과 대범한 품격을 보여주었으며, 그 내면에는 조국을 향한 지사로서의 절조를 갖추고 있었다.

그의 시는 일제의 강압과 폭거에 맞서는 강력한 저항정신을 표출했고, 이는 곧 그를 민족시인·저항시인으로 부르는 이유다. 그는 전 생애를 통해 모두 36편의 시를 남겼는데, 몇 편의 절창을 제외하고는 대부분 문학적 성취가 크게 돋보이지 않는 태작(駄作)에 그쳤다. 그의 시 가운데 문학성과 저항성이 더불어 잘 드러난 시로 「광야」나 「절정」 같은 작품을 들 수 있다. “지금 눈 내리고/ 매화 향기 홀로 아득하니/ 내 여기 가난한 노래의 씨를 뿌려라/ 다시 천고의 뒤에/ 백마 타고 오는 초인이 있어/ 이 광야에서 목놓아 부르게 하리라.” 「광야」의 후반부다. 이처럼 잘 매만져진 정신시의 세계를 구축할 수 있었던 시인, 「절정」에서 겨울을 ‘강철로 된 무지개’라고 노래했던 시인이, 보다 고양된 시적 성취를 이룰 수 없었던 사실은 의아하고 또 안타깝다. 아마도 그가 현실적 사명을 떠나 온전히 시에 침윤할 수 있는 공간을 확보할 수 없었기 때문이 아닐까.

3. 유교적 전통의 체현 또는 계승

김종길은 이육사의 출생으로부터 22년 후인 1926년에 태어나 구순 장수의 복을 누리고 2017년에 세상을 떠났다. 그의 생애 20년이 일제강점기에 속해 있고, 그러자니 성년 이전까지는 식민지 백성으로 살아야 했다. 그는 고려대 출신으로 내내 모교 영문과 교수로 지냈다. 그가 전공한 분야는 영미 주지주의였고, 일찍이 한국 문단에서 정지용에 의해 개척된 주지적 서정시의 전통을 문예이론과 시 창작의 실제에 충실하게 체현하려 애썼다. 그런데 이러한 학자요 시인으로서의 성향은, 자신의 출신 계열인 안동의 유교적 전통에 연이어져 있고 이를 자신의 문필 가운데 자연스럽게 드러내었다. 이를테면 그의 대표작이라 할 수 있는 「성탄제」나 「가을」 같은 시가 그렇다.

「성탄제」는 시인이 굳이 크리스마스라는 우리에게 익숙한 언어 대신에 한자어로 그 제목을 표기했다. 시의 문면(文面)을 보아도 기독교적 교의(敎義)의 그림자는 보이지 않고 전통적인 부성애의 그림자만 남아 있다. “서러운 서른 살 나의 이마에/ 불현듯 아버지의 서느런 옷자락을 느끼는 것은// 눈 속에 따오신 산수유 붉은 알알이/ 아직도 내 혈액 속에 녹아 흐르는 까닭일까.” 이 시어들 가운데는 헤브라이즘 문화의 모본(模本)이 되는 그리스도의 탄생과 수난보다 아버지의 수고와 사랑에 훨씬 더 무게 중심을 두고 있다. 그런가 하면 「가을」 같은 시는 ‘더욱 엷어지는 내 그림자’로 해가 많이 짧아졌다고 대비하면서, 계절의 변화와 자기 삶의 변화를 동시에 조명한다. 그 양자의 의미를 자연스럽게 동일한 생명 현상으로 치환하는 수준 있는 시다. 이육사보다 두 배 이상의 세월을 살다간 김종길의 시가, 이와 같이 고양된 정신주의의 문학적 차원에 이르는 것 또한 당연한 결과가 아닐까.

IV.

삶과 꿈이 이룬 문학적 형상

조병화의 문학과 사통팔달(四通八達)의 교유

- 자전적 에세이『떠난 세월 떠난 사람』

1. 조병화는 누구인가

조병화 시인은 1921년 5월 2일 경기도 안성군 양성면 난실리에서 부친 조두원(趙斗元)과 모친 진종(陳鍾) 사이에서 5남 2녀 중 막내로 태어났다. 그는 미동공립보통학교(渼洞公立普通學校)를 거쳐 1943년 3월 경성사범학교(京城師範學校) 보통과 및 연습과를 졸업했다. 같은 해 4월 일본 동경고등사범학교(東京高等師範學校) 이과에 입학해 물리·화학을 수학했으며, 이후 1945년 일본 동경고등사범학교 물리화학과 3학년 재학 도중 귀국했다. 1945년 9월부터 경성사범학교에서 물리를 가르치면서 교단생활을 시작해 인천중학교(仁川中學校, 6년제) 교사, 서울중학교(6년제) 교사로 재직했다. 1949년 제1시집『버리고 싶은 유산(遺産)』을 출간하며 시인의 길로 들어섰다.

이후 중앙대학교, 연세대학교 등에서 시론을 강의했으며, 1959년 서울고등학교를 사직하고 경희대학교 조교수를 시작으로 부교수·교수를 지내게 된다. 1972년부터 경희대학교 문리대학장과 교육대학원장을 역임했고, 1981년 인하대학교 문과대학장과 1982년 이후 같은 대학의 대학원장과 부총장의 직을 맡았다. 1986년 8월 31일 정년퇴직을 하기 전까지 이와 같은 교육자로서의 공적과 문학사에 남긴 커다란 업적을 인정받아 중화학술원(中華學術院)에서 명예철학박사, 중앙대학교와 캐나다 빅토리아대학교에서 명예문학박사 학위를 받게 된다. 또한 아세아문학상(1957), 한국시인협회상(1974), 서울시문화상(1981), 대한민국예술원상(1985), 3·1문화상(1990), 대한민국문학대상(1992), 대한민국금관문화훈장(1996), 5·16민족상(1997) 그리고 세계시인대회에서 여러 상과 감사패를 받았다.

그는 이러한 상금과 원고료를 모아 후배 문인들의 창작 활동을 돕기 위해 1991년 편운문학상(片雲文學賞)을 제정했다. 편운문학상은 매년 5월, 한국 시의 새 지평을 열었다고 평가되는 시인, 평론가 그리고 시문화 단체를 대상으로 시상되고 있다. 편운문학상은 상금보다는 그 상의 의미, 그리고 상을 받은 역대 수상자들의 면면으로 더욱 빛나고 그래서 모두가 받고 싶어 하는 문학상이다. 조병화 시인은 국내 문단에서 한국시인협회 회장, 한국문인협회 이사장, 대한민국예술원 회장을 역임하면서 국제적으로는 세계시인대회 국제이사, 제4차 세계시인대회(서울, 1979) 대회장을 역임했다. 또한 세계시인대회에 한국 대표 또는 단장으로서 수차례에 걸쳐 참석했으며, 이 대회에서 추대된 계관시인(桂冠詩人)이기도 하다.

그런가 하면 국제PEN 이사로 1970년 국제PEN 서울대회에서 재정위원장을 맡기도 했다. 시뿐만이 아니라 그림에도 조예가 깊어 유화전 8회, 시화전 5회, 시화-유화전 5회 등 여러 차례 초대전을 갖기도 했다. 그는 일생에 걸쳐 창작 시집 53권, 시 선집 28권, 시론집 5권, 화집 5권, 수필집 37권, 번역서 2권, 시 이론서 3권 등을 포함해 총 160여 권의 저서를 출간했다. 그의 시집은 국내에서뿐만 아니라 일본, 중국, 독일, 프랑스, 영국, 스페인, 스웨덴, 이탈리아, 네덜란드 등 세계 여러 나라에서 총 25권이 번역·출판되었다. 2003년 3월 8일 작고하기 전까지 경희대학교 이사, 한국문인협회 명예이사장, 인하대학교 명예교수를 역임했으며 고향인 경기도 안성시 양성면 난실리에 그의 작품과 유품을 전시한 조병화 문학관을 건립했다.

2. 독창적인 문학 세계

조병화는 1949년 첫 번째 시집『버리고 싶은 유산』을 통해 문단에 나왔고, 데뷔 이후 첫 시집에서부터 마지막 시집『넘을 수 없는 세월』까지 무려 53권의 창작 시집을 내놓았다. 이는 한국 시인 어느 누구와도 비교할 수 없이 많은 개인 창작 시집으로 기록되어 있다. 시집 뿐 아니라 시론집, 시선집, 화집, 수필집, 번역서, 시 이론서 등 다양한 분야를 통해 자신의 문학 세계를 넓혀 나간 것으로도 잘 알려져 있다. 매우 특징적으로 그는 시단의 발표 기관을 통해 데뷔한 것이 아니라 순수한 개인 시집을 상재하며 문단에 나왔다. 여기에 비추어 볼 때 당시 시인이 시단의 외곽에 있었음을 짐작할 수 있으며, 또한 본격적으로 시문학을 전공하지 않았다는 것으로 이해할 수도 있다.

그럼에도 불구하고 그가 한국 시단의 중심부로 진입하여 남긴 자취를 살펴보면 시인 스스로 자신의 지성과 감성을 조화롭게 용해했으며, 이를 시화해 독자적인 세계를 구축했음을 알 수 있다. 훗날 '거부할 수 있는 자유가 곧 시심'이란 말로 완성된 그의 시 세계는, 어쩌면 이미 그가 문단에 발을 들여놓는 순간부터 예견된 결과이기도 하다. 그에게 있어서 보고 듣고 느낀 모든 것은 곧 시였다. 그는 스스로의 말처럼 “살아 있는 시인으로 살아 있는 시를 쓰고 있어야 한다”고 믿었으며, 평생 ‘말의 힘’을 찾기 위해 시를 읽고 썼다. 그의 시가 주목 받는 이유 중 하나는 인생의 가장 근원적인 문제에 대한 탐구를 멈추지 않았다는 것이다. 첫 번째 시집부터 마지막 시집까지 수천 편이 넘는 시편들 속에서도 그는 줄기차게 생의 본질과 근원을 놓치지 않으려는 모습을 보였다.

그는 이 과정에서 철학적 사유에 의존하지 않으며 심각하고 근엄한 시적 분위기를 전면에 내세우지도 않았다. 반면에 난삽하지 않은 보편적인 정감을 통해 언어를 다루는 감각을 지니고 있었다. 만남, 헤어짐, 고독, 사랑, 죽음 의식, 어머니 등 감정의 주류를 이끌어 내고 있는 모든 것들을 자연스럽게 자신의 시 속에 끌어안으며 평범함 속의 비범함을 드러낸다. 이 평범한 ‘진리’ 속에는 독자와의 공감을 촉발하는 절대적 원천으로서 ‘진실성’이라는 미립자가 가득 차 있다. 이것이야말로 그의 시가 비교적 읽기 쉽다는 일반적인 견해에 대한 대답이자 시인이 기다리던 독자 반응의 촉매제가 된다.

시인은 ‘개인의 존재 의식에 대한 기록’이자 ‘스스로의 역사’인 자신의 시를 통해 타인의 공감을 이끌어 낸다. 일찍부터 현대인의 허무와 고독을 민감한 감수성으로 직감하고 이를 세련된 감성적 언어와 지적 구성으로 표현할 줄 알았던 시인은, ‘말하듯이 쓰는 시’의 방식을 통해 자신의 시적 노력을 추동한다(「서로 그립다는 것은」, 제47시집 『먼 약속』). 그는 특정한 대상이 아닌 자신을 둘러싼 모든 존재들에 대해 말을 건네듯이, 때론 편지를 쓰듯이 시를 들려줌으로써 자생적인 생동감을 이끌어 낸다. 그러나 이 생동감은 특유의 친화적 호소력으로 인해 누구에게나 쉽게 접근할 수 있지만, 동시에 시인 스스로를 외롭게 만들어 버리는 것이기도 하다. 모든 존재들에게 말을 건네기 위해서 시인은 현실 속을 혼자 걸어야만 했다.

자신의 눈으로 바라본 세상을 나지막한 목소리로 들려주어야 하는 숙명을 지니고 있기 때문이다. 그는 외로움이라는 감정에 형식을 부여해 외로움을 묶어 두는 방식을 택했고, 그로 인해 자연스럽게 편지와 같은 방식의 시 쓰기가 이루어진 것이다. 이 때문에 전달되지 않는 난해한 시가 '현대의 시'로 인식되기 쉬운 추세 속에서, 어려운 시를 쓰기는 쉬워도 쉬운 시를 쓰기는 어려운 가운데서, 그는 우리 시단에 외롭고도 고독한 독자적 기여를 해 올 수 있었다. 그는 자신에게 '당신'이라는 말은 꿈을 말하는 것이라고 말한 적이 있다. 또한 '당신'은 그리움을 말하는 것이며, 다는 잡을 수 없는 미지의 세계라고 말했다. 그 '당신'은 '당신'을 위해서 이루지 못한 사랑으로 흐르고 만다. 가장 많은 독자를 확보한 시인이자 '사랑받는 시'를 쓰고 있었지만, 정작 자신의 외로움은 그저 묶어 놓을 수밖에 없었다.

그러기에 스스로 "나의 사투리를 아는 사람은/ 다만 나의 고향 사람들뿐이옵니다// 아, 그와도 같이/ 나의 시를 아는 사람은, 오로지/ 나의 눈물의 고향을 아는 사람들뿐이옵니다"(「개구리의 명상·1」, 『개구리의 명상』) 라고 말할 수밖에 없었다. 시인은 외롭다. 그의 시를 읽어 주고 기다려 주는 사람들이 많지만 그는 여전히 고독하고 무언가를 기다린다. 시를 통해 그가 사람들에게 쉽게 다가갈 수 있기에 능숙하게 공감을 이끌어 내지만, 정작 자신의 마음을 알아주는 이들은 많지 않음을 알 수 있다. 타자의 마음을 읽고 달래 줄 수 있어도 스스로의 감정을 달래기 위해서는 자신을 묶어 둘 수밖에 없다. 그의 시편에서 드러나는 그리움과 기다럼, 고독 역시 이와 무관하지 않다.

이 시인에게 고독감은 모든 창작의 원천이 된다. 고독한 시인은 아무 때나 홀홀히 작별할 수 있는 삶의 태도를 단련한다. 인생을 나그네로 보는 듯한 이러한 관점은 시편에서 숱하게 등장하는 '나그네', '길', '여행'의 이미지로 그려진다. "헤어지는 연습을 하며 사세 떠나는 연습을 하며 사세"(「헤어지는 연습을 하며」, 『시간의 숙소를 더듬어서』)라고 언표하는 시인은 삶에 대해 달관한 것으로 비춰지기도 한다. 마치 버리는 것이 소유하는 것이요 비어 있는 것이 오히려 충만한 것이라는 도가적 역설처럼. 「등불」(제43시집 『서로 따로 따로』) 같은 시를 읽어 보면 조병화 시인이 어느 누구보다도 많은 독자층을 확보할 수 있었던 이유가 바로 이와 같은 시에 있음을 알 수 있다.

그는 시를 통해서 정직하게 살려는 자신의 삶과, 그 속에서 충분히 아픈 고독을 꾸밈없이 잔잔하고 진솔하게 들려주려 한다. 그의 시 전반에 흐르는 이러한 고독과 외로움, 그리고 사랑의 목소리는 인간에게 있어 가장 진실된 삶이란 과연 무엇인가에 대한 질문으로 이어진다. 그는 인간이란 무엇이며, 살아간다는 것은 무엇이며, 인간을 이루는 본질은 무엇인가에 대해 끊임없이 질문하고 탐색하는 시인이다. 그의 시 세계에서 드러나는 또 하나의 주된 의식은 바로 '죽음'이다. 시인은 "살기 위해서 시를 쓴다/ 사랑하기 위해서 시를 쓴다/ 죽기 위해서 시를 쓴다"(「창 안에 창 밖에」, 『어느 생애』)고 말할 만큼 '죽음'에 대해 끊임없는 탐구를 시도한다. 왜 이토록 죽음에 집착하는가. 시인에게 죽음은 부정적 의미가 아니다. 그에게 시를 쓰는 이유가 '죽기 위해서'라면 시인은 죽음이 가진 가장 긍정적 가치를 찾고 있는 것이다.

시인에게 삶과 죽음은 하나의 실체이며, 이 실체에 활기를 주는 것은 자신의 상상력이다. 죽음은 일상에 지친 인간에게 안식을 주며, 한 인간의 일생을 하루로 보는 시인에게는 그야말로 영원한 안식이 된다. 시인이 추구하는 영원성을 완성시키기 위해서라도 죽음은 반드시 필요하며 그러기에 '헤어짐'이 영원하다고 믿는다. 그에게 죽음은 곧 생존이다. 그는 한때 '허무의 시인'으로 사람들에게 비쳤었다. 그의 시는 감상과 비애와 도피와 회의와 허무의 시라는 평을 받기도 했었다. 그러나 그에게 생존의 허무는 관념의 문제이지, 생존이란 항상 그저 한자리에 있는 것이었다. 즉 허무의 극복을 생존에 두고 있던 것이다. 불안과 위기의 허망한 시대 속에서도 생존하는 자만이 죽음을 인식할 수 있고 죽을 수 있는 자만이 생존할 수 있다고 믿었다. 그렇기에 그의 시에는 삶과 죽음이 분리되지 않았다.

"사랑한다는 것은 사랑하는 사람에게/ 먼 훗날, 슬픔을 주는 것을" 시인은 안다. "사랑은 슬픔을 기르는 것을/ 사랑은 그 마지막 적막을 기를 것을"(「황홀한 모순」, 『낙타의 울음소리』) 누구보다 먼저 느낀다. 이 모든 것들을 알면서도 사랑을 하기 위해 고독해지고 누군가를 기다리고 무언가를 향해 그리움을 전한다. 삶의 여행을 통해 이것들을 잠시 묶어 두었다가도 문득 어머니를 떠올리며 죽음을 탐구하는 세계에 집착하기도 한다. 시인은 대학 강단에서 오랫동안 시론을 강의했음에도 외국의 시론은 물론 한국의 어떠한 시론, 즉 자신이 아닌 타자의 시론에 전혀 흔들리지 않고 오로지 자기만의 독특한 시 세계를 구축했다. 그는 남의 생각, 정서, 형식, 즉 다른 이의 삶을 대신 살아 주는 것이 아니라 자신의 그것을 확립해 스스로의 삶을 책임지며 살아왔다. 그런 연유로 시인이 지닌 자아와 세계의 관계는 불편한 평행선이 아니다.

이는 오히려 조화로운 관계의 끊임없는 모색을 통해 나타난다. 그의 시가 고독을 고독으로 받아들이면서도 쉽사리 쓸쓸함에 떨어지지 않고, 이별을 이별로 받아들이면서도 결코 아픔에만 머물지 않는 성숙한 인간의 모습을 보여 주는 것도 이와 같다. 대결이 아닌 화해로의 육성, 외침이 아닌 독백, 광기가 아닌 뜨거운 기다림의 견딤. 그의 시에 나타나는 이러한 모습은 특정한 문예사조나 사상, 또는 철학에서 벗어나 인간이 지닌 보편적이고 진솔한 정신세계를 일관되게 펼칠 수 있도록 도와준다. 그가 추구해 온 것은 궁극적으로 인간에 대한 탐구이자 고독한 한 인간으로서의 자각과 그 자각 속에서 얻는 자기 확인의 여정이있다. 그런 만큼 조병화의 시는 느낌의 세계다. 생경한 지성의 세계가 아닌, 감성이 그 저변에서부터 생산해 내는 오성의 즐거움으로 가득한 느낌. 그 느낌으로 공감하는 장소이자 세계인 것이다.

3. 문단 교유의 진풍경(珍風景)

조병화 문단 교유기(交遊記)

1996년 융성출판에서 상재된 조병화의 자전적 에세이집『떠난 세월 떠난 사람』은, 시인 조병화가 문학의 현장에서 살아오는 동안 여러 모양으로 만난 사람들의 이야기다. 여기에는 너무도 많은 사람의 이름과 일화들이 울창하게 임립(林立)해 있다. 그는 머리말에서 사람의 한평생을 두고 '바람을, 구름을, 문학을, 인간을, 그리고 숙명을 만나면서 살아가는 거'라고 썼다. 그렇게 그의 교유(交遊)와 교류(交流)는 폭넓고 웅숭깊다. 필자의 경험에 의하면, 2021년 탄생 백 주년 문인 몇 분을 유튜브 방송으로 조명할 때 조병화 편 조회 수가 월등하게 앞서가는 것을 볼 수 있었다. 세상을 떠난 지 무려 19년이 지났는데도, 그의 명성과 영향력이 면면히 살아있음을 실감하게 했다.

시인은 이 책을 두고 '나의 문학적 삶의 기록이자, 그 노정에서 만난 많은 고마운 분들과의 교유기'이며, '돌아보기에 아득한 세월'뿐이며 '먼저 간 분들이 그리울 수밖에 없어서' 책의 제목을 '떠난 세월 떠난 사람'이라 붙였다고 술회했다. 이 책에는 삼백여 명의 문인, 언론인, 예술인, 학자들이 등장한다. 그들과의 사이에 얽힌 다양다기한 사건들이 오늘에 와서도 책 읽는 즐거움을 증폭시킨다. 특히 그의 전성 시절에, '한때 서울 명동을 중심 해서 활약했던 이 나라 수많은 예술인의 양상'은 조금도 고풍스럽지 않고 현실적인 박진감이 넘친다. 조병화 시인은 이들을 기억하고 또 추모하면서, 그 이야기들을 자기중심으로 그려나간다. 그리고 어느덧 시인 자신도 그렇게 떠난 세월의 떠난 사람이 되었다.

김기림(金起林) 씨와 그 주변

조병화가 가장 먼저 떠올린 '떠난 사람'은, 당대의 시인 편석촌(片石村) 김기림(金起林)이었다. 해방공간에서 '국대안(國大案)' 투쟁의 혼란 가운데, 김기림은 조병화가 몸담고 있던 경성사범학교의 영어 선생으로 왔다. 엄혹한 세월 속에 '꿈의 좌절에서 실로 쓸쓸해서, 고독해서, 외로워서, 걷잡을 수 없는 낙오감에서, 그 포기에서, 시가 나오기 시작'하던 초보 시인의 첫머리에 김기림이 함께 있었던 것이다. 첫 번째 작품「소라」는 그렇게 세상에 나왔다. 1946년의 일이다. 연이어「해변」,「추억」등 조병화 시의 처음 풍경을 볼 수 있는데 이때부터 쉬운 언어와 정서적 감동 그리고 반복적 시행의 운용이라는 그의 시적 특성을 목도할 수 있다.

조병화는 그 '쓸쓸한' 시들과 함께 김기림을 만났다. 그의『태양의 풍속』이나 『기상도』와 같은 시집을 그 무렵에 읽었다. 제1시집 『버리고 싶은 유산』은 김기림의 주선으로 장만영(張萬榮) 시인이 운영하던 산호장(珊瑚莊)이라는 출판사에서 나왔다. 장 시인의 부인은 신석정(辛夕汀) 시인의 누이동생이었다. 조병화에게 박인환(朴寅煥) 시인을 소개한 것도 김기림이었다. 종내 이들은 매일같이 명동에서 어울리는 문인의 대열에 합류하게 된다. 이렇게 조병화는 김기림을 중심에 둔 도시파 시인-모더니즘 시인들과 교류하며, 문단 분류에 있어서는 '민족진영'의 물결을 타고 문학의 대하(大河)에 들어서게 되었던 것이다. 그러나 이 일들은 지금으로서는 아득한 무지개 저 너머의 사건들이다.

김광주(金光洲) 씨와 그 주변

소설가 김훈의 아버지이기도 한 김광주는, 조병화의 표현에 의하면 '참으로 나에겐 고마운 문단의 대선배요, 그 안내자요, 그 보호자요, 그 격려자요, 그 선생이요, 그 의지자'였다. 서울 수복 후의 '부스러진 명동'에서 '실로 거의 매일 밤을 한 가족처럼 만나 차를 마시고, 술을 마시고, 술과 고독과 우정에 취해서' 세월을 보낸 사람들을 지칭하여 이해랑은 '호적이 없는 가족들'이라고 했다. 이 여러 사람의 중심인물이었으며, 조병화에게는 가장 특별한 사람이 김광주였다. 통행금지 시간이 거지반 다 되어도 '반 되만 더'라고 김광주가 버릇처럼 하던 말이 명동 일대의 유행어가 되었다. 그런 연유로 《경향신문》 문화부장으로 유력한 지위에 있던 그의 곁에는 언제나 사람이 넘쳤다. 그러나 정작 김광주 자신은 자신과 자신의 가족을 돌보는 일에 넉넉하지 못했다.

조지훈(趙芝薰) 씨와 그 주변

정갈하고 아름다운 우리말을 살려 전통 서정의 시를 쓴 조지훈은 조병화보다 한 살 연상이다. 고려대 교수로 있었기에 그 주변에는 교수가 많았다. 특히 서울대 황산덕(黃山德) 교수와의 인연으로 정비석의 『자유부인』 논란이 이들 가운데 있었다. 당시의 통금은 음주문화에도 여러 유형으로 영향을 미쳤다. 서울고 교사로 재직했을 때 조병화의 별명이 '술통'이었고, 그 별명 때문에 사양하지 못하고 늦은 밤 제자들과 어울렸다가 모두 경찰서 유치장 신세를 진 기록이 『떠난 세월…』에 나온다. 조지훈은 주석에서 조병화를 두고 '대부, 대부'라고 불렀는데 한양 조씨 항렬을 따진 결과였다. 조지훈은 자주 혜화동 조병화의 집을 통금 피난처로 삼았다. 그 주변에 박재삼, 정한모, 한무숙 등의 이름이 병렬해 있다.

모윤숙(毛允淑) 씨와 그 주변

한국 문단사에서 모윤숙을 간과하고 갈 수 없는 것은, 모윤숙이 없이 한국PEN클럽을 생각할 수 없기 때문이다. 그 무렵 문학의 해외 교류는 물론이고 문인들의 해외여행이 PEN 활동을 제외하고는 기회가 거의 없었다. 조병화는 또한 PEN을 통해 국제 사회를 접했고 해외 문인들과의 교류를 넓혔다. 1970년 여름 처음으로 한국에서 열린 국제PEN대회에서 대회준비위원장 모윤숙, 대회장 백철, 재정위원장 조병화 등의 역할을 볼 수 있다. 그런데 대회 후에 회장 선임 때문에 실망할 수밖에 없는 상황이 야기되기도 했다. 그 주변에 독일에서 자살한 전혜린의 이야기가 잠깐 나온다. 그렇게 활동가이던 모윤숙도 오랜 세월 투병하다 1990년에 떠나가고, 이후에 PEN 1세들이 다 타계하니 고요와 적막만 남은 형국이었다.

〈낭만〉 시절과 그 주변

조병화 제13시집 『시간의 숙소를 더듬어서』가 출간된 때이니 1964년 10월이다. 이 시집을 간행한 출판사 대표 임명방(林明芳) 교수 일행과 출입하기 시작한 비어홀이, 저 유명한 종로의 〈낭만〉이었다. '수많은 교수들, 수많은 문인들, 수많은 예술가들, 수많은 언론계 인사들, 수많은 사회 명사들'이 저녁이면 찾아드는 곳이었다. '그곳에서 저녁에 만나' 하면 〈낭만〉에서 만나는 것이었다. 문간을 들어서면서 '병화'하고 고함치는 건 김수영(金洙暎) 시인이었다. '내가 가장 좋아하는 시인'이었던 박인환도 그 그림 속에 있다. 김소운(金素雲)이 일본에서 귀국 허가가 내려 돌아왔을 때, 송지영(宋志英)이 안양교도소에서 8년 넘게 복역하다가 특별사면으로 석방되었을 때, 조병화는 이들과 함께 〈낭만〉에서 술을 마셨다. 그 그리운 추억의 풍경이 곧 이 주점이었다.

세계시인대회 이야기

세계시인대회 제14차 서울대회는 1979년 7월이었다. 이 대회의 준비위원장 겸 대회장은 조병화였고, 김요섭·성춘복·김혜숙 시인 등이 사무진영을 맡았다. 여러 단체의 불만, 사무 집행의 어려움 등이 있었으나 말없이 돕는 이들도 많았다. '돈 없는 회장 노릇'에 조병화는 뒤늦게 인생 경험도 많이 했지만, 또 그러한 경험은 나중에 시로 현현(顯現)하는 것이기도 했다. 이 대목에서는 수많은 해외 시인들의 이름과 그들과 나눈 우정에 관한 이야기들이 있다. 이 행사는 결국 우리의 시인 조병화를 국제적 저명 문인으로 승급하게 했고, 마침내 그를 '세계시인대회 계관시인'이 되게 했다. 그 과정은 험난하였으나 종국에 이르러서는 수고하고 애쓴 성과를 국내외에서 인정받은 행복한 경우였다.

예술원, 그 부근 이야기

1979년의 서울 세계시인대회 이후, 조병화는 자동적으로 이 대회의 국제이사가 되어 매해 해외 나들이를 했다. 1980년 들어 대한민국예술원·학술원의 새로운 출발과 새 회원의 선출이 있었고 조병화는 새로운 얼굴로 임명이 되었다. 기쁘고 자랑스러운 일이었다. '아무도 알아주지 않은 거 같은 고독감'으로 살아왔다고 생각했는데, '나라에서 가장 크고 높은 공인받는 권위 있는 단체'의 일원이 된 것이다. 그러나 1980년 가을학기가 되자 대학가에는 그동안 보직을 한 교무위원들이 '어용교수'로 몰려 어려움을 겪었다, 그 가을날 캠퍼스 큰길에서 만난 시인은 필자에게 '애 종회야, 참 쓸쓸한 시대다'라고 추연(惆然)하게 말했다. 이 험한 시대의 고개를 넘어 시인은 대한민국예술원 회장을 지냈다.

4. '꿈의 귀향'과 그 현장

한국문인협회 이사장을 비롯하여 한국 문단의 주요 직책을 두루 역임하고, 생전에 43권의 창작시집을 상재했으며, '우리 시대의 마지막 로맨티스트'로 불리던 시인은 벌써 19년 전에 우리 곁을 떠났다. 영원한 방랑자이자 고독한 사유자(思惟者)였으며 간단없는 음유시인이었던 그의 숙소는 과연 어디일까. 그가 일생을 두고 영혼의 안식처로 받아들였던 '내 고향 난실리(蘭室里)' 상공의 하늘나라가 아닐까. 시인은 '고향은 인물을 낳고 인물은 위대한 인간이 되어서 그 고향을 빛나게 한다'고 했다. 제18시집에 수록된 「오산 인터체인지」는, 시인의 이러한 심사를 잘 반영한다. 제11시집에 수록된 「공존의 이유 12」에서와 같이, 그 많은 사람과 잘 작별하고 돌아온 고향이다.

그리고 그 고향에는 시인의 일생을 하나의 종교처럼 지배하고 이끈 불멸의 어머니가 있다. 시인은 어머니가 세상을 떠난 10년이 지난 후에 1973년 제21시집 『어머니』를 묶어냈다. 이 시집에 실려있는 「해마다 봄이 되면」은 참으로 감동적인 시다. 대학 신입생이던 필자에게, 시인은 어머니에 관한 따듯한 말씀과 함께 이 시집을 서증(書贈)해 주었다. 지금 안성 난실리의 조병화문학관 입구에 서 있는 「꿈의 귀향」 시비(詩碑)에는 이렇게 기록되어 있다. "어머님 심부름으로 이 세상 나왔다가/ 이제 어머님 심부름 다 마치고/ 어머님께 돌아왔습니다." 그에게 시는 '영혼의 화석'이었고 그의 삶은 '꿈, 사랑, 멋'의 감동적인 무대였다. 이 시간 우리는, 그의 눈물겹고 장엄하고 아름다운 그의 귀향 현장에 함께 서 있는 것이다.

참고자료

소라

바다엔
소라
저만이 외롭답니다.

허무한 희망에
몹시도 쓸쓸해지면
소라는 슬며시
물속이 그립답니다.

해와 달이 지나갈수록
소라의 꿈도
바닷물에 굳어 간답니다.

큰 바다 기슭엔
온종일
소라
저만이 외롭답니다.

추억

잊어버리자고
바다 기슭을 걸어 보던 날이

하루
이틀
사흘.

여름 가고
가을 가고
조개 줍는 해녀의 무리 사라진
겨울 이 바다에

잊어버리자고
바다 기슭을 걸어 보던 날이
하루
이틀
사흘.

공존의 이유 12

깊이 사귀지 마세.
작별이 잦은 우리들의 생애,

가벼운 정도로
사귀세.

약수가 서로 짐이 되면
작별을 하세.

어려운 말로
이야기하지
않기로 하세.

너 만이라든지,
우리들 만이라든지,

이것은 비밀일세라든지
같은 말들을
하지 않기로 하세.

내가 너를 생각하는 깊이를
보일 수가 없기 때문에,

내가 나를 생각하는 깊이를
보일 수가 없기 때문에,

내가 어디메쯤 간다는 것을
보일 수가 없기 때문에,

작별이 올 때
후회하지 않을 정도로 사귀세.

작별을 하며,
작별을 하며
사세.

작별이 오면
잊어버릴 수 있을 정도로
악수를 하세.

해마다 봄이 되면

해마다 봄이 되면
어린 시절 그분의 말씀
항상 봄처럼 부지런해라.
땅속에서, 땅 위에서
공중에서
생명을 만드는 쉼 없는 작업
지금 내가 어린 벗에게 다시 하는 말이
항상 봄처럼 부지런해라.

해마다 봄이 되면
어린 시절 그분의 말씀
항상 봄처럼 꿈을 지녀라.
보이는 곳에서
보이지 않는 곳에서
생명을 생명답게 키우는 꿈
봄은 피어나는 가슴
지금 내가 어린 벗에게 다시 하는 말이
항상 봄처럼 꿈을 지녀라.

오, 해마다 봄이 되면

어린 시절 그분의 말씀
항상 봄처럼 새로워라.
나뭇가지에서, 물 위에서, 둑에서
솟는 대지의 눈
지금 내가 어린 벗에게 하는 말이
항상 봄처럼 새로워라.

민족사에 빛나는 문화의 얼굴, 이어령

한 시대의 스승을 생각하며

이어령 선생이 2022년 2월 26일 지병으로 타계했다. 향년 88세. 참으로 만감이 교차하는 순간이었다. 나는 1988년 《문학사상》을 통해 문학평론가로 등단하면서 선생을 처음 만났고, 선생의 문학에 대해 여러 편의 글을 썼으며, 한국문학평론가협회 회장으로 있을 때는 선생을 고문으로 모셨다. 선생과의 만남 가운데 가장 기억에 남는 것은, 2003년 4월 《문학수첩》 편집위원으로서 '대중문화 인물탐방' 시리즈 첫 순서로 선생과 함께 한 장장 3시간의 대담이었다.

많은 사람이 선생에 대해 '세태를 앞서 읽는 눈과 시대의 성격을 규정하는 선언'이 전매특허라고 말한다. 그런 점에서 선생은 이론가요 분석가를 넘어서 투시자요 예언자에 가깝다. 1960년대의 '흙 속에 저 바람 속에'로 출발한 이 시대적 선언의 장정(長征)은 농업사회에서 산업사회로의 전환을 역설하면서 서막을 열었다.

1970년대의 '신바람 문화'는 군사독재 시대에 민족의 열정을 깨우는 목소리로, 1980년대의 '벽을 넘어서'는 서울올림픽 개·폐회식의 초대형

국가 이벤트를 이끌며 지구촌의 화합을, 그리고 1990년대의 '산업화는 늦었지만 정보화는 앞서 가자'는 IT 강국을 기반으로 한국이 글로벌 정보화 사회의 리더가 되는 길을 제시했다. 2000년대의 '디지로그 선언'은 아날로그와 디지털의 문명 융합을 주창한 새로운 시각이었고, 2010년대에 이르러 '생명자본주의의 주창'은 한국과 세계를 아울러 문명 인식의 새로운 전환점을 열어 보이는 회심작이었다.

이어령식 논법에 대한 성찰

선생이 1956년, 20대 초반 약관의 나이로 「우상의 파괴」를 발표하면서 대사회적 글쓰기를 시작한 이래, 60여 년의 세월이 흐른 지금 그 'enfant terrible(무서운 아이)'은 한국 문화사·지성사의 거목이 되었다. 넘치는 지식과 빛나는 아이디어, 그리고 그것의 사회·국가적 적용에 이르기까지 세기의 문필이 되었다. 선생은 끊임없이 자신을 갱신하며 구세대의 유물로 남기를 거부했고, 팔순 노령을 지나서도 사고의 형상은 여전히 동시대 감각의 최전선에 서 있었다.

유학의 표현으로는 온고이지신(溫故而知新)의 살아 있는 표본이었다. 일부 논자는 문화적 저항정신으로 문을 연 선생의 주장들이 삶의 현실에 적용되는 저항정신과는 일정한 거리가 있지 않은가라는 문제를 제기하기도 한다. 이는 땀으로 산업화를 이룬 세대, 피로 민주화를 세운 세대를 넘어, 선생이 내놓은 생명 세대가 구체적으로 무엇을 뜻하느냐는 질문과도 관련이 있다.

이를테면 '얼음이 녹으면 물이 된다'를 넘어 '얼음이 녹으면 봄이 온다'를 말하는 방식이 선생의 것인데, 오늘의 실용주의자들은 철학적 답변과 이론적 흥미를 넘어 '봄이 온다'가 담보할 수 있는 실질적 변화의 결과를 요구한다. 『생명이 자본이다』의 비유 가운데 물에서 튀어나와 바다를 보고 다시 수면 밑으로 들어가는 날치가 등장하는데, 사람들은 그 비상(飛上)의 의미뿐 아니라 생태적 진화의 전후 문맥까지를 듣고 싶어 한다.

아무도 가지 않은 새로운 길

일찍이 세익스피어는 백만 인의 성격을 지녔다는 서구의 수사(修辭)가 있었지만, 선생은 그야말로 천 개의 얼굴을 가진 인물이었다. 누군가가 재미 삼아 세어보니, 그의 직함이 무려 십수 개였다고 한다. 문학평론가, 대학 교수, 신문 칼럼니스트, 문화부 장관, 문명비평가, 에세이스트, 시인…. 어느 호칭을 사용해 그를 불러야 할지 난감할 지경이지만, 궁극적으로 그는 '글을 쓰는 사람'이었다. 그의 이름을 달고 세상에 나온 저술은 무려 200권을 넘었다.

그런데 그 저술들이 그냥 책이 아니다. 그의 책들은 그때마다 살아있는 시대의 화두(話頭)가 되었다. 천재성의 필자, 비범한 상상력의 소유자, 겹시각의 황제 등 현란한 수식어들이 그다지 무리해 보이지 않는다. 그는 언제나 닫혀있는 인식과 세계관의 창을 활짝 열어주는 선각자였다. 기존 문학의 우상을 파괴하고 창의적 시각의 새 길을 열자고 주창했던 그는, 어느결에 그 자신이 하나의 새로운 우상이 되었다. 그로부터 혹독한 비판을 받았던 백철·조연현·서정주·김동리 등은 이미 세상에 있지 않지만, 어쩌면 그 또한 후세의 사필(史筆)을 두려워해야 할지도 모른다.

그는 옛 세대의 가치관이 무너지고 새 세대의 그것은 아직 세워지지 못한 시대적 상황 속에서 더 빛난다. 이 양자를 함께 바라보며 우리가 선 지점의 좌표를 깨우치고, 가야 할 길의 방향을 인도하도록 예정된 예인

등대의 불빛임에 틀림 없다. 그렇다. 누가 있어, 이 겨레의 정체성이 어떠하며 왜 어떤 각오로 무엇을 향해 살아가야 할지를, 그와 같이 드러내 보일 수 있겠는가. 그러기에 이어령인 것이다.

문학 창작과 문예비평 사이

경우에 따라 그의 문필이 지나치게 현상적 해석을 앞세우거나 재능의 속도에 밀려 숙독(宿讀) 곧 깊이 읽기를 간과하는 사례가 있었고, 더러 이를 지적한 평자들도 출현했다. 그러나 그가 아니면 언감생심 짚어낼 수 없는 그 많은 시각, 논점, 해석, 추론을 어떻게 감당할 수 있을 것인가. 만약에 그가 없었더라면 우리 문화와 문명에 대한 여러 차원의 성찰과 감응력을 어디서 빌려와야 했을 것인가.

예컨대 염상섭의 「표본실의 청개구리」를 두고 그것이 자연주의 소설이라는 근거로, 개구리를 실험실에서 꺼낸 장면에서 김이 모락모락 난다는 묘사가 하나의 보기였다. 그런데 선생의 주장은 개구리가 냉혈동물이어서 실제 실험에서는 김이 나지 않는다는 것이다. 또한 이효석의 「메밀꽃 필 무렵」에서 허 생원이 동이가 자기 아들임을 짐작하는 대목은, 왼손잡이라는 공통된 신체적 반응에 있다. 그런데 선생은 왼손잡이가 유전적 형질이 아니라는 것이다. 선생이 내놓은 이 반론의 증빙들은 단순히 호사가적 취향이 아니라, 언제나 부정적 성찰의 정신을 예민하게 가동해온 결과에 해당한다. 물론 이러한 비평은 문학적 상상력의 자율성을 지나치게 위축시키는 측면이 없지 않다.

선생에게도 창작집과 장편소설이 여러 권 있다. 『환각의 다리』, 『무익조(無翼鳥)』, 『장군의 수염』, 『의상과 나신』 등이 그 제목이다. 그는 자신의 시를 두고, 서정주가 「시론」이라는 시에서 '제주 해녀가 님 오시는 날 따려고 물속 바위에 붙은 그대로 전복을 남겨둔다'고 한 그 숨김의 화법을 빌어서 설명했다. 실제로 그는 2006년 계간《시인세계》겨울호에 시 2편을 발표할 만큼 일생을 두고 시에 대한 집념을 버리지 못했다. 그러나 그는 역시 미련을 내던지지 못한 창작자라기보다는 불세출의 문명비평가다. 88올림픽과 관련하여《중앙일보》칼럼(2006.10.30)에 실린 선생의 말을 빌려 보자.

> 88올림픽 개막식 때 굴렁쇠를 굴리자고 제안했던 것도 나에겐 똑같은 의미였다. 내가 올림픽 개막식에 관여한 건 공연에까지 손을 뻗친 게 아니었다. 그것 또한 문학적 행위였다. 김영태 시인이 올림픽 개막식을 보고 쓴 시가 있다. 굴렁쇠 굴리는 걸 본 시인은, 풀밭에 쓴 가장 긴장되고 아름다운 일행시라고 노래했다. 내 의도가 바로 그러했다. 잠실의 광장, 그 초록색 원고지에 일행시를 쓴 것이었다. 88올림픽 개막식은 나에게 몇 십 억 원짜리의 호사스러운 글쓰기였다.

이 나라 산하에서 찾은 보화

1970년대 책 읽는 젊은 대학생들의 가방 속에 꼭 한 권씩 들어 있던 책이 이어령의 에세이였다. 마치 제2차 세계대전에 참전한 독일군 병사들의 배낭 속에 꼭 헤르만 헤세의『데미안』이 숨어 있었듯이. 필자 또한 예외가 아니었다. '거부하는 몸짓으로 이 젊음을'이나 '아들이여 이 산하를'과 같은 제목, 그리고 '저 물레에서 운명의 실이' 등의 레토릭만으로도 가슴이 설레었다. 어쩌면 지성미 충일한 아고라 광장에 갓 들어선 희랍의 젊은이처럼 어깨에 힘이 들어가곤 했다. 그리고 이러한 에세이들의 결정판이 곧 한국인의 풍토(風土)를 다룬『흙 속에 저 바람 속에』가 아니었을까 싶다.

선생이 너무 빛나는 아이디어와 과단성 있는 추진 방향을 갖고 있었기에, 한 걸음 늦추어서 보다 느린 발걸음으로 일이나 사물의 뒷면 또는 어두운 면을 살펴야 할 지경에서는 누수의 지점이 발생할 수 있었다. 왜 천려일실(千慮一失)이란 말도 있지 않은가. 다음은 『흙 속에 저 바람 속에』 가운데 실려 있는 「윷놀이의 비극성」이란 글의 일절이다.

> 우리가 좋다는 말 대신에 '괜찮다'는 말을 쓰게 된 이유도 거기에 있다. 괜찮다는 '관계하지 않는다'라는 긴 말이 줄어서 된 것이다. 현실에 관계하기만 하면, 나라 일에 관계하기만 하면, 목숨을 잃었다. 죄 없는 처자식까지도 억울한 형벌을 받아야 했다. 혹은 쓸쓸한 귀향살이에서 눈물을 거문고로나 달래야 했다. 즉, 관계하지 않는 것이 좋은 일이다.

배고팠던 설움과 마찬가지로 지금도 그 정쟁이라는 눈물의 윷놀이가 우리 주변에서 벌어지고 있다고 탄식하는 저자는, 그러나 '괜찮다'라는 말의 본딧말을 잘못 가져왔다. 정확한 어원은 '관계하지 않는다'가 아니라 '공연하지 아니하다'이다. 그렇다고 해서 '정치싸움 윷놀이'의 비극성이 설명되지 않을 바는 아니로되, 그것을 풀어가는 언어적 의미 형성의 과정은 전혀 딴 길이 되는 셈이다. 공연하지 아니하고 마땅한 사유가 있으니 괜찮다고 다독거리는 것이, 이 말의 풀이가 되어야 하는 것이다.

불세출의 거인을 영결하며

강과 바다가 수백 개 산골 물줄기의 복종을 받는 이유는, 항상 낮은 곳에 있기 때문이다. 사람들의 뒤에 있을 지라도 무게를 느끼지 않게 하며 그들보다 앞에 있을 지라도 그 마음을 상하지 않게 해야 한다는 노자 『도덕경』의 한 구절은, 한 시대의 천재였던 선생을 거울로 하여 우리가 되새겨야 할 경계의 말이다.

우리는 선생이 가고 없는 이 허전한 산하, 이 쓸쓸한 문화비평의 마당을 어떻게 채워야 할지 아직 생각을 가다듬을 수 없다. 그러나 분명한 해답은 그동안 선생이 남겨놓은 언술 속에 충분히 잠복해 있을 것이다.

빅 데이터 시대의 수필, 그 방향과 전망

1. 빅 데이터 시대, 새로운 산문시대

'빅 데이터(big data)'란 용어가 지금 여기에 등장하는 것은, 동시대의 특징적 성격을 말하기 때문이기도 하지만 더 중요하게는 오늘날 문학 창작의 환경을 구성하고 있기 때문이다. 특히 시와 같이 비유와 상징으로 발화하지 않고 그 담론을 풀어서(paraphrase) 제시하는 수필의 경우에는, 더욱 시대·사회적 창작 환경과 밀접한 관련을 맺지 않을 수 없다. 문학이 활자매체 문자문화의 지평 위에 서 있었을 때는, 전자매체 영상문화의 파고(波高)에 휩싸인 지금보다 더 행복했을까. 삶의 모든 부면에서 속도감과 효율성을 추구하는 21세기에, 인간의 정신과 영혼을 감당하는 문학은 온전히 제 역할을 하고 있을까. 이 강력하고 현저한 빅 데이터 시대에 수필의 창작은 어떠할까.

빅 데이터란 사전적 의미로 보면, 복잡하고 다양한 대규모 데이터세트로부터 정보를 추출하고 결과를 분석하여 더 큰 가치를 창출하는 기술을 뜻한다. 기존의 정형화된 정보로서 수치 데이터뿐만 아니라 텍스트·이미지·오디오·로그기록 등 여러 형태의 비정형 정보도 활용된다. 근자의 모바일 기기와 SNS의 보편화, 사물인터넷의 확산 등으로 데이터 분량이 기하급수적인 증가세를 보이고 있다. 이를 뒷받침하는 빅 데이터 관련 기술은 데이터를 수집·저장하는 '처리기술'과 이를 분석·시각화하는 '분석기술'로 구성된다. 빅 데이터는 대량·초고속·고(高)다양성·고(高)가변성의 특성을 지니며, 고(高)확정성의 확보를 지향하는 정보자산으로 기능한다.

빅 데이터의 특성 가운데 가장 먼저 눈에 띄는 것은 역시 크기(Volume), 속도(Velocity), 다양성(Variety)이다. 통계에 의하면 현시점 기준으로 1분 동안 구글에서는 200만 건의 검색, 유튜브에서는 72시간의 비디오, 트위터에서는 27만 건의 자료가 생성된다. 이와 같은 기술의 집합체이자 그것을 잘 사용할 수 있도록 준비된 시스템을 빅 데이터 플랫폼이라 한다. 빅 데이터의 활용 사례를 예로 들면, 2014년 월드컵과 2016년 올림픽을 준비한 리우데자네이루는 지능형운영센터(IOC)를 통해 도시 관리와 긴급 대응 체계를 갖추었다. IBM이 제공하는 고해상도 날씨 예측 시스템은 방대한 데이터를 분석하여 폭우를 48시간 이전에 예측한다. 싱가포르는 교통량 예측 시스템으로 85% 이상의 측정 정확성을 입증한다.

빅 데이터는 사회물리학(Social physics)을 탄생시켰다. 미국 MIT 데이터 과학자 알렉스 펜틀런드(Alex Pentland)의 『창조적인 사람들은 어떻게 행동하는가』에 의하면, 이 분야는 "한 개인의 정체성에 관해 엄청나게 다양한 이야기들을 들려줄 수 있다." 영국 옥스퍼드 대학 교수 빅토어 마이어 쇤베르거(Viktor Mayer-Schönberger)는, 빅 데이터는 "스마트폰이 생긴 것과 차원이 다른 인류 역사의 변곡점"이라고 주장한다. 그런가 하면 미국 밥슨 대학 교수 토머스 대븐포트(Thomas Davenport)는, "한국은 전 세계 어느 곳보다 많은 데이터가 공급 유통되고 있는 곳"이라며,

한국을 "이 세상에서 가장 흥미로운 장소"라고 표현했다.

미상불 한국은 세계 어느 나라보다도 통신이나 모바일 기기가 많이 보급되어 있고, 빅 데이터라 부를 만한 정보들이 넘쳐흐르는 것이 사실이다. 그런데 흥미롭다는 게 꼭 좋다는 말은 아니다. 데이터와 콘텐츠의 질이 더 문제이기 때문이다. 데이터 과학 전문가이자 물리학자인 KAIST 정하웅 교수는 "빅 데이터를 이용한 예측과 실제 결과는 인과관계가 아니라 상관관계를 갖는다"라고 하고, "정확한 예측을 기대하기보다 경향성을 확인하는 데 만족해야 한다"라고 강조했다. 귀 기울여 들어야 할 대목이다. 과거에는 '신의 영역'으로 여겼던 다양한 현상들, 가령 경제 위기 또는 혁명이나 거품과 같은 사건들을 빅 데이터가 설명할 수 있을지도 모른다. 그러나 그것 자체가 완벽한, 완전무결한 것이 아니다. 정보의 바다에서도 사려 깊은 판단과 행동, 그리고 절제가 필요한 이유다.

항차 빅 데이터를 활용한 글쓰기에 있어서는 더 말할 나위가 없다. 문제는 지금 우리가 이 빅 데이터 시대를 살면서 수필 창작이라는 오랜, 그리고 앞으로의 과제를 어떻게 수행해나갈 것인가라는 실천적 방안에 있다. 넘치는 자료와 정보를 어떻게 선별하여 글쓰기의 영역 안으로 수용할 수 있을 것인지, 수필의 대상이 되는 우리 삶 자체가 그 빅 데이터의 물결에 휩싸여 있는 동시대의 상황을 어떻게 평가할 것인지, 이를 추동해 나갈 글쓰기의 의식과 방법을 어떻게 가늠할 것인지 등 여러 문제가 한꺼번에 쏟아질 수밖에 없다. 이는 한 개인에 있어서나 사회사적 의미에 있어서나 실로 중요한 경점(更點)이자 앞서 언급한 변곡점이다. 그것은 우리가 여기서 애써 빅 데이터 시대의 수필, 그 방향과 전망을 논의하고 있는 이유이기도 하다.

2. 디지 문화이론과 문학의 좌표

미래학자 버크민스터 풀러는 "인류가 가진 지식의 총량이 2배가 되는 데 현재 단계에서 13개월밖에 걸리지 않는다"라고 언명했다. 오늘날 인터넷과 디지털 시대의 현실에 대한 실용적 진단이다. 인터넷을 중심으로 한 가상세계는 이제 현실과의 만남을 넘어 우리 삶의 세부적 영역에까지 침투하는 명실상부한 사회적 공간으로 자리 잡았다. 인터넷 쇼핑과 인터넷 뱅킹을 비롯한 온갖 상거래와 금융 거래, 재택 강의와 사이버 대학을 포함하여 유아교육에서부터 최고 고등교육까지 가능한 인터넷 교육 시스템 등은, 오늘날 현대인의 원활한 사회활동을 위한 일상적 아이템으로 기능한다. 어디 그뿐이랴. 이웃사촌도 옛말이 되어버린 이 시대에 우리는 소셜 네트워크 서비스(Social Network Service, SNS)를 통해 전 세계에 흩어진 수많은 '1촌'들과 사이버상의 '우정'을 나눈다.

바야흐로 인간관계의 새로운 패러다임이 보편적 양식으로 우리 사회 안에 폭넓게 작동하고 있는 것이다. 이러한 시대적 변화의 추이는 가상공간이 이미 하나의 징조에서 일상적 구조로 탈바꿈했으며, 문학판 안에서도 인터넷상의 문학 행위가 중요한 화두이면서 동시에 실질 세력으로 등장한 지 오래임을 말한다. 사이버 문학에 대한 연구성과들을 꾸준히 축적해 온 소장 연구자들이 확대되고, 인터넷을 통해 대중의 인기를 구가해 온 아마추어 작가들의 작품이 베스트셀러가 되어 서점가에 유통되는 사실은 이제 놀랄만한 일도 아니다. 또한 유수한 기성 작가들이 사이버 공간을 발판으로 독자들과 직접적인 소통을 시도하고 있으며, 이는 블로그나 웹진 등의 새로운 문학장(場)을 통해 활발히 수행되고 있다.

사이버 또는 디지털 문학, 더 나아가 하이퍼텍스트 문학의 양산이 하나의 문화 혹은 문학 현상으로 정착되어 감에 따라, 그 가치 여부를 구명하는 기초적 수준의 논쟁을 넘어서 이러한 문화현상을 어떻게 규정하고 이해하며 발전시킬 것인가가 주요한 과제가 되었다. 이 새로운 문학적 상상력은 기술적 토대를 바탕으로 하여 여러 얼굴을 가진 작품의 산출로 이어진다. 하루가 다르게 시대·사회적 상황이 변모하는 오늘날, 이러한 변화에 부응하여 기존의 문학적 울타리를 과감하게 무너뜨리고 '새 술은 새 부대에'라는 심기일전의 각오로 2022년 한국디지털문인협회가 창립되기에 이르렀다. 이 협회는 '디지털로 발표되는 모든 창작물의 발전 및 교류를 통하여 디지털 문학 중흥에 기여함'을 목적으로 한다.

이 협회의 활동 범주는 '디지털로 표현되는 모든 장르의 문학 작품 등 창작적 기록물을 제작하는 업무에 종사하는 자와 연관 단체를 포함'하도록 되어 있다. 실로 지금껏 볼 수 없었던 '미개척의 서부'를 구현하고자 하는 문학 행동이라 지칭할 수 있을 터이다. 이처럼 과거의 문학 활동 및 창작의 문법과는 전혀 다른, 새로운 문학 환경이 배태되고 있는 환경을 목도하면서 여러 가지 생각이 일어날 수밖에 없다.

이제껏 살펴본 바와 같이 첨단의 전파와 속도를 자랑하는 빅 데이터 시대에 우리의 일상적인 생활과 존립 또한 그 자장(磁場)이 미치는 영향권에 들 수밖에 없다. 이처럼 새로운 시대에 있어서도 인간의 내면을 반영하는 문학, 그 정신과 영혼을 담아내는 그릇으로서의 문학은 새 꿈을 꾼다. 꿈은 대가를 요구하지 않는다. 우리 아이들이 그리는 푸른 산이나 아메리카 인디언의 아이들이 생각하는 인디언 핑크빛 바위산이나, 모양과 색깔만 다를 뿐 모두 같은 산이다. 온 세계가 지구촌(global village)으로 연대하는 오늘의 문학과 그 창작 환경은 또한 그것대로 스스로의 존재양식에 따라 방향과 길을 찾아 나간다.

그리고 그것이 하나의 시대정신(Zeitgeist)이 된다. 이 말은 한 시대의 문화적 소산에 공통되는 인간의 정신적 태도나 양식(樣式) 또는 이념이다. 1769년 독일의 헤르더가 처음 사용한 이래 괴테를 거쳐 헤겔에 이르면서 역사적 과정과 결합한 보편적 정서, 민족정신과 결부된 현대적 개념으로 정착되었다. 이 시대정신을 구체적이고도 객관적인 시각으로 고찰하려는 시도로서 필자는 2005년『사이버 문화, 하이퍼텍스트 문학』이라는 편저를 출간했다. 그 이후 10여 년의 세월이 흐르는 동안 급변하는 디지털 환경 속에서 새롭고 다양한 논의들이 촉발되었다. 그리하여 초판 당시의 문제의식을 그대로 살리되 내용을 보완하고 목차를 수정·개편하여, 2017년『디지털 시대의 문화이론과 문학』이라는 개정·증보판을 출간했다.

이 책의 당초 제호에 기명 되어 있던 '사이버'라는 용어가 벌써 하나의 시대적 속성으로 일반화되었고 기술문명의 특성을 대변하는 '디지털'이 더 전체적 취지에 부합한다고 보았기 때문이다. 국내외 여러 이론가의 글과 문학작품을 한데 묶은 이 책은, 우선적으로 그동안 논의된 사이버 문화 이론들을 철학, 기술, 사회, 문학 등의 다양한 측면에서 정리·고찰하고자 했다. 이에 관한 저명한 논자들의 이론은 사이버 문화현상이 우리 시대를 규정짓는 중요한 논리적 통로임을 재확인시켜준다. 아울러 상호 참조되고 끊임없이 열리며 비선형적 사고방식과 다방향의 소통구조를 구현하는 하이퍼텍스트의 등장은 문학에 있어서도 획기적인 전환점을 예고한다.

하루가 다르게 시대적 상황이 변모하는 오늘날, 동시대의 첨예한 문화이론을 체계적으로 정리하려는 시도와 더불어 이를 한 권의 책으로 포괄하기는 당초 무리한 일이 아닐 수 없었다. 하지만 범박하게나마 디지털 시대에 있어서 사이버 문화와 하이퍼텍스트 문학의 이론, 그리고 작품의 실제를 일정한 계통과 질서에 따라 정리해 보는 이와 같은 접근 방식은 과거에 없었던 것이다. 이 자리에서 굳이 이러한 시대적 사조를 언급한 것은, 오늘과 같은 전인미답(前人未踏)의, 그리고 새로운 성격을 가진 산문시대에 있어 한국의 수필 문학이 한발 앞서가는 '문열이'이자 이정표로서의 역할을 해주었으면 하는 기대감에서다.

3. 수필 원론으로 돌아가서 글쓰기

'아드 폰테스(Ad Fontes)'라는 말이 있다. 기본으로, 근원으로 돌아가자(Back to basic)는 뜻이다. 서구의 르네상스 시대 인문주의자들에 의해 시작되었는데, 시간이 지나면서 그리스 사상이 변질되었기에 과거의 원전(原典)으로 돌아가자는 것이었다. 가톨릭에서 개신교로 종교개혁을 이끈 마르틴 루터도 '성경의 기본으로 돌아가자'는 캐치프레이즈를 내세웠다. 오늘날의 여러 사회 운동이나 기업 경영에서도 마찬가지다. 수고와 비용만 들고 성과와 보람이 없을 때는, 너나없이 기본으로 돌아가자고 한다. 그렇게 해서 성공한 사례가 많지만, 그중 손꼽히는 경우로 일본의 자동차 기업 도요다와 다국적 커피 기업 스타벅스가 거론된다.

이제는 하나의 금언(金言)이 된 이 레토릭을 우리의 수필 창작 현장에 적용해 보면 어떨까. 앞의 항에서 검토한 바와 같이 시대사조가 하루 이틀 다르게 급변하고 있는 마당에, 그 보폭을 뒤따라가기에는 너무도 숨이 찬 현실을 돌이켜 볼 필요가 있다. 자칫 그 물결에 휩쓸려 걸음을 재촉하다 보면, 어느결에 창작 주체인 나와 내 문학은 행방이 묘연해질지도 모르는 일이다. 이러할 때 수필 문학의 기본을 충실하게 하며 체험과 상상력, 묘사와 서술의 원론을 지키는 근본주의로의 회귀가 하나의 방략일 수도 있을 것이다. 이러한 상황인식 아래 우리가 문필가로 출발할 때 새겨두었던, 그러나 세월의 경과와 더불어 희미한 그림자처럼 멀어진, 수필 창작의 원론을 다시금 반추해 볼 필요가 있다.

수필의 개념적 정의는 '마음 가는 대로 형식에 구애받지 않고 자유롭게 쓸 수 있는 특별한 글'이다. 문학이 내용과 형식으로 이루어져 있다고 할 때 내용의 자유와 형식의 자유를 모두 그 본성으로 가지는 것은 수필만의 특성이 된다. 이러한 수필의 형식을 '무형식의 형식'이라 하며, 그러기에 자유로움 안에 내재된 수필만의 작법이 있음을 유의해야 한다. 형식의 구애를 받지 않으므로 문학의 범주 안에 들어가지 않는 것으로 보거나 차원 높은 예술성을 획득하지 못한 장르로 여길 수도 있다. 글쓴이의 견고한 생각이 들어가 있지 않은 수필이란 본격적인 수필에 넣을 수 없으므로, 수필이라고 이름 지어진 글은 심미적 가치를 지닌 개성적 글을 지칭하는 것이다. 삶에 대한 깨달음을 담은 잘 쓰여진 글만이 독자에게 감동을 주며 인생의 방향을 일깨울 수 있다.

좋은 수필은 인생에 대한 철학적인 토대를 갖추고 있는 글이다. 유장한 문장력을 갖추었으면서도 삶의 진실을 담고 있지 못하거나 피상적인 인식만을 표방한다면 좋은 수필이 될 수 없다. 때로는 현실에 대한 날카로운 비판적 정신과 지적인 사고가 있어야 좋은 수필이 될 수 있고 그런 요소들은 보다 깊이 있는 철학의 토양 위에서 가능할 것이다. 수필은 길이가 짧고 일견 쓰고 읽기에 쉬워 보이지만 그 안에는 자아 및 세계에 대한 깊이 있는 사색의 결실이 들어 있어야 한다. 이것은 수필이 자유로운 글로 보이면서도 아무나 쓸 수는 없는 특별한 글임을 의미한다. 피천득

이 수필로 쓴「수필」은 이러한 특성을 잘 표현하고 있다.

수필의 문학적 특성 가운데 가장 앞서는 것은 개성 그리고 다양성이다. 개성이란 자기만의 빛깔과 향기가 독특하게 드러나는 것을 말한다. 모든 글이 다 개성을 중시하지만 특히 수필은 실감있게 자기를 겉으로 드러내어 표현하기 때문에 글 쓰는 이와 읽는 이가 가장 긴밀한 관계를 형성하며 만날 수 있다. 이때의 개성은 단지 외적으로만 드러나는 것이 아니라 오랫동안 묵은 장(醬)과 같이 연륜의 경험이 깊은 이들만이 보여줄 수 있는 값진 것이기도 하다. 그러기에 값있는 수필은 인간에 대한 깊은 이해와 애정을 가진 이가 진지한 사색을 거쳐서 비로소 얻게 되는, 고급한 인품의 향기를 발산하는 글이다.

수필이 다양성의 문학인만큼 스쳐 지나가는 사소한 일상에서부터 철학적 사색에 이르기까지 우리가 접하는 모든 것이 그 제재가 될 수 있다. 늘 접하는 크고 작은 일들이나 만나는 모든 사람에 대해 자신만의 독특한 시각으로 재해석하고 새로운 발견을 할 때 좋은 수필이 태어날 수 있다. 같은 사물, 같은 자연, 같은 사람이라도 보는 이의 마음과 시각에 따라서 그 모습과 느낌은 아주 다양하기 때문이다. 일찍이 윌리엄 블레이크가 "한 알의 모래에서 우주를 보고 한 송이 들꽃에서 천국을 본다. 그대 손안에 무한을 쥐고 찰나의 시간 속에서 영원을 보라"고 한 것처럼, 지혜로운 이는 작고 사소한 데서 인생의 깊은 의미를 발견하기도 한다.

또 하나 **수필의 독자적인 특성은 앞서 언급한 '무형식의 형식'**이다. 시는 가장 압축된 문학적 표현의 형식을 가지고 있다. 소설은 세계를 서사적 수법으로 풀어서 묘사하고 서술하며 일정한 플롯을 가진다. 희곡은 두 시간 이내라는 시간과 무대라는 공간, 그리고 등장인물의 수 등 많은 제약 속에서 인생을 시처럼 압축해서 표현한다. 시나리오 역시 두 시간

정도의 시간적 제약과 신(scene)이라는 장면 단위의 구분에 따라야 하고 영상으로 옮겨질 것을 전제하면서 쓴다. 이렇게 모든 장르는 각기 제한된 형식의 한계 내에서 창작된다. 이러한 형식적 제약은 그 장르만의 고유한 특성이 된다. 곧 문학의 내용과 형식이란 도저히 분리할 수 없는 관계를 형성하고 있으며, 이 양자의 유기적 결합이야말로 좋은 작품의 전제가 되는 것이다.

그런 의미에서 볼 때 수필 또한 수필을 수필답게 하는, 혹은 수필이라고 명명하게 하는 형식이 있는 것이다. 그것이 바로 특정한 형식의 제약을 받지 않는다는 것, 바로 무형식의 형식이라는 점이 될 것이다. 이는 역설적으로 다른 장르의 모든 형식을 이용할 수 있다는 의미도 된다. 수필은 시적인 암시와 상징 그리고 은유와 알레고리의 다양한 기법을 이용할 수 있으며, 소설적 플롯을 차용할 수도 있다. 희곡처럼 인물을 등장시켜 대화를 적극적으로 사용하는 장면을 구성할 수 있으며, 시나리오와 같은 영상적 기법도 가능하다. 곧 수필이야말로 가장 자유롭게 글에 맞는 형식을 사용할 수 있는, 열린 형식의 장르라 할 수 있다.

수필을 수필답게 하는 특성 가운데 간과할 수 없는 것이 유머와 위트다. 이는 수필을 생기있게 만드는 요소다. 인생에 대한 관조와 성찰이 담긴 수필을 읽다 보면 어느새 자신도 모르게 입가에 미소가 번지는 것을 느끼게 된다. 이는 유머와 위트에서 유래하는 것으로 잔잔한 비단에 보일 듯 말 듯 어려 있는 은은한 무늬와 같은 것이다. 위트 즉 기지란 코믹하면서도 놀라움의 충격을 주도록 의도적으로 고안된 짧고 기교 있는 어휘의 표현이다. 유머는 기지를 담은 말처럼 산뜻하고 경구적 형태를 취하지 않으며 그저 웃음 자체에서 끝나는, 그와 같은 웃음을 자아내는 것이다. 류시화의 수필집 『하늘 호수로 떠난 여행』 중 「480원어치의 행복」

에는 유머와 위트가 잘 나타난다.

수필에서 활용되는 문학적 상상력은 직접적인 삶의 자양(滋養)으로 기능한다. 이는 소설에서처럼 허구의 세계에 있지 않고, 나 자신의 경험과 밀착한, 생생하게 살아 있는 것이다. 여기서 실제의 수필 작품 몇 구절을 예로 들어, 거기에 사용되고 있는 상상력의 의미를 구명(究明)해 보기로 하자.

> 가) 고금의 예술을 얼마쯤 더듬어 보았지마는 이 묵묵한 돌부처처럼 나에게 흥을 주고 법열을 자아 낸 일은 드물었다. 나는 마치 일생을 두고 그리던 임을 만난 것처럼 그 팔뚝을 만지고 손을 쓰다듬고 가슴을 어루만지며, 어린 듯 취한 듯 언제까지나 차마 발길을 돌릴 수가 없었다.
>
> \- 현진건, 「불국사에서」에서

> 나) 참말로 잘생긴 나무다. 훤칠하니 높다란 키에 부챗살 모양으로 죽죽 뻗은 미끈한 가지가지에 체통치고는 좀 자잘한 잎새를 수없이 달았다. 보아도 조금도 구김새가 없고 거칠 매가 없다. 어느 모로보나 대인 군자의 풍모다.
>
> \- 이양하, 「나무의 위의」에서

> 다) "그 사람이야 대가지, 훌륭한 문장인데, 경지가 높지 못해." 고치를 못 지었다는 말이다. 일가를 완성하지 못한 것이다. 나는 양잠가에서 문장론을 배웠다.
>
> \- 윤오영, 「양잠설」에서

라) 사람은 눈이 그 창이고, 집은 그 창이 눈이다. 오직 사람과 가옥에 멈출 뿐이랴, 자세히 점검하면 모든 물체는 그 어떠한 것으로 의하여서든지, 반드시 그 통로를 가지고 있음은 두 말할 것도 없다. 우리는 그 사람의 눈에 매력을 느낌과 같이 집집의 창과 창에 한없이 고혹을 느낀다.

- 김진섭, 「창」에서

가)와 나)는 자기 자신의 개인적인 감상을 심정적 차원에서 씀으로써 매우 개성적인 형상력을 얻고 있다. 글의 흐름도 논리적 체계적이기보다는 시적이고 정서적이다. 이른바 경수필로 분류될 수 있는 문장이다. 반면에 다)와 라)는 보편적인 이성을 논리적으로 풀어나감으로써 일시적인 감정이나 인상에 이끌리지 않는다. 자연히 주관적 정서적 내용보다 지적이고 경구적인 경향이 우세하다. 곧 에세이다. 이 네 편의 수필에서 공통적으로 운용되고 있는 상상력의 중심은, 사물이나 미물을 인간의 모습으로 환치하는 활어 및 의인법의 발화 방식에 의해 부양(扶養)되고 있다. 돌부처가 임으로, 잘생긴 나무가 대인군자로, 누에가 문장가로, 그리고 가옥의 창이 사람의 눈으로 비유됨으로써 각기 비유의 상대역이 글의 문면(文面) 가운데서 탄력 있게 맞서 있다.

흔히 수필을 누구나 쓸 수 있는 장르로 여기기도 하지만 아무나 쓸 수 있는 것은 아니다. 인생에 대한 독자적인 시각과 철학을 가지고 있는 사람만이 좋은 수필을 쓸 수 있으며 그러한 개성적이고 독창적인 글만이 읽는 이에게 새로운 인식을 가능하게 하고 또 진정한 예술작품이 될 수 있게 한다. 쉽게 쓸 수 있는 것 같지만 오히려 감동을 줄 수 있는 수필이 귀한 것은, 진솔한 내면을 그대로 드러내는 어려움 때문이기도 하다. 여기서 애써 수필 원론을 되짚어 본 것은, 우리가 과연 이 자기표현의 최적화 장르가 장구한 시간이 흐르도록 견지해온 그 바탕을 잘 지켜왔는가를 성찰해 보자는 이유에서다. 이 기초적인 바탕이 굳건하면 빅 데이터 시대, 디지털 시대의 현란한 춤사위도 무서울 것이 없다. 그러기에 모두가 '아드 폰테스'에서 다시 출발하자고 권유하는 터이다.

4. 시대정신을 반영한 수필의 향방

우리는 이제까지 빅 데이터 시대 그리고 디지털 시대에 있어서 수필문학의 운명과 그 좌표에 대해 살펴보고, 이처럼 복잡다단한 때일수록 본래의 기본으로 돌아가자는 논의를 전개해 왔다. 그리하여 수필의 개념적 정의와 특성, 글의 내면을 풍요롭게 하는 상상력의 운용 등을 구체적 작품으로 예증하며 살펴보기도 했다. 정말 중요한 것은 이러한 인식에 대한 성찰이 어떻게 창작실의 책상머리에 반영되고 글쓰기의 실제에 적용될 수 있는가에 있다. 수필의 소재, 구성, 발화, 주제 등이 상호 조응하여 한 편의 수발(秀拔)한 작품을 산출할 수 있도록 잘 감리하는 일이 눈앞에 있는 것이다. 이것은 시대적 상황을 수용하면서 좋은 수필을 쓰는 방도를 말한다.

그러나 우리는 과거의 관습적 방식에서 벗어나기가 쉽지 않다. 이 대목은 모두가 특히 유의할 필요가 있다. 시대적 사조와 사회적 상황이 바뀐 만큼, 고색창연한 그리고 구태의연한 글쓰기의 태도를 버려야 한다. 누구나 알 수 있는 일상적인 글감, 누구나 할 수 있는 나열식 짜임으로는 경쾌하고 호기로운 문필의 발걸음을 도모할 수 없다. 물론 이러한 실제적 글쓰기 행위에 앞서, 전근대적인 사고방식의 전환과 혁신이 먼저 수행되어야 할 것이다. 버릴 것은 버리되, 지킬 것은 또 견고히 지키는 선택적 시각을 균형성 있고 조화롭게 가지고 있어야 하겠다. 이때의 지킬 것은 우리가 수필의 원론에서 주의 깊게 살펴본 바 있다.

우리가 살아가고 있는 세상, 우리가 바라보고 있는 세계는 우리 수필의 소재를 끌어안고 있는, 무궁무진한 대해(大海)와도 같다. 이 바다가 없이 글이, 더 나아가 삶이 이루어질 리 만무하다. 이를 면전(面前)에 두고 시대 환경에 대한 인식을 가다듬는 것은, 우선 지난 과거에 대한 성찰을 말한다. 과거를 관찰하고 분석하는 것은, 결코 과거로 돌아가자는 뜻이 아니다. 온고이지신(溫故而知新)이란 언사가 가르치는 것처럼, 그 과거는 미래의 지평을 새롭게 개척하는 동력이 되어야 한다. 새로운 세계관의 형성, 자아와 세계의 대립에 관한 변혁의 관점, 독창적인 상상력의 가동, 글쓰기의 참신한 방식 등이 유기적이며 동시다발로 연계되는 진취적이고 전략적인 창작의 길을 내다보아야 한다. 좀 과격한 말이지만, 놀랍지 않으면 버려야 한다.

과거 한 시기에 대중문화나 상업주의 문학은 '악한 문학'으로 타매(唾罵)되던 경향이 있었다. 그러나 지금은 전혀 다르다. 이 영역은 어느덧 대중 친화의 날개를 달고 '문화산업'이라는 새로운 도식을 형성하기에 이르렀다. 미래의 수필은 이 대목에서도 망설이지 말고 과감해야 한다. 오늘의 문학에는 교조적인 정답이 없으며, 마치 네카의 입방체를 보듯 여러 방향의 관찰이 가능하다. 사용가치가 절대선이 아니라 교환가치가 새 얼굴로 평가받는 시대의 한 가운데 우리가 서 있는 까닭에서다. 이념이나 운동개념의 문학이 대세를 이루던 한 세대 이전과 비교해 보면 실로 상전벽해(桑田碧海)의 변화가 아닐 수 없다.

여기에 꼭 덧붙여야 할 항목이 하나 더 있다. 수필 문학의 세계화 문제다. 이는 그 소재나 주제를 확산하여 지리 및 언어의 국경을 넘어서야 한다는 뜻이다. 거기에 우수한 작품의 해외 번역을 통한 국제적 교류 또한 간과할 수 없는 것이다. 번역은 바다 이쪽에 있는 언어의 집을 허물고, 그 자재를 옮겨서 바다 건너 저쪽 해안에 모양이 다른 집을 짓는 일이다. 그런 만큼 힘들고 수고스러운 터이기는 하나, 그 이상의 성취와 가치가 있다. 한 걸음 더 나아가면, 이를 통해 우리 수필이 한국문학의 세계화에 기여하는 행로를 열 수 있다. 다만 여기에 대응하는 작품의 수준이 어떠한가라는 점인데, 이는 우선 각기 개인의 역량에 기댈 수밖에 없다. 그와 같은 일의 개인적 영예는 곧 공동체의 성과에 해당한다.

그런 점에서 한국의 수필 문학이 '한국수필가협회'와 같은 역사와 전통을 자랑하는 단체를 보유하고 있음은 고맙고 기꺼운 일이 아닐 수 없다. 초대 조경희 이사장으로부터 지금의 제7대 최원현 이사장에 이르기까지, 꼭 반세기의 세월에 많은 일을 해 왔다. 유구한 지령을 자랑하는 《한국수필》 또한, 남모르는 땀과 눈물로 성장했을 것이다. 앞으로도 협회 차원에서 견인할 수 있는 다양한 프로그램이 작동될 것으로 본다. 그 선한 영향력이 개인의 창작실을 활력 있게 한다면, 이보다 강력한 시너지 효과를 찾기 어렵다. 중국 명대(明代)의 격언집『증광현문(增廣賢文)』의 한 구절을 빌려 오자면 "장강의 뒷물결이 앞 물결을 밀어낸다(長江後浪推前浪)." 앞으로 수필 문학이 한국문학에 도저한 하나의 새 물결이 되기를 기대해 마지않는다.

꿈과 열정이 일군 백화난만의 화원

- 세계적인 아트딜러 준 리 자전(自傳)『멀고도 아름다운 여정』

1. 새 예술의 지평을 만난 기쁨

세상을 살면서 한 줄의 문장이나 한 권의 책 또는 한 인물을 만남으로써, 우리는 스스로의 삶 전체에 대한 인식을 바꿀 때가 있다. 아직 출간되기 전에 읽은 준 리의 자전적 기록『아트 딜러, 멀고도 아름다운 여정』이 필자에게는 그러한 경험이었다. 거기 꿈과 열정으로 꽃피운 인간승리의 개가(凱歌)가 있었다. 동시에 도저히 불가능해 보이는, 아트 딜러 분야에 눈물과 땀으로 세운 금자탑이 있었다. 이는 단순히 이 책의 저자가 이룩한 외형적 성공을 말하는 것이 아니다. 동북아의 외진 나라 한국 출신으로서 불모지와 다름없는 이 분야에 빛나는 성취를 현현(顯現)했기 때문이 아니다. 그와 더불어, 그리고 그의 생애사와 더불어 아트 딜러 또한 하나의 예술이 된 까닭에서다.

필자가 이 책과 그 저자를 알게 된 것은, 재미작가 신영철 형을 통해서였다. 그와 필자 사이에는 오랜 인연이 있었고, 미국을 갈 때마다 찾아서 만나고 오는 오랜 지기(知己)였다. 지난 4월 강연 여행으로 LA를 방문한 길에, 그는 필자에게 이 놀라운 아트 딜러 준 리에 대해 말해주었다.

그리고 그 자전의 완성을 돕고 있다고 했다. 그로부터 여섯 달이 지난 지금, 필자는 아직 원고 상태인 책을 받아볼 수 있었고 단숨에 끝까지 읽었다. 이 일별(一瞥) 후의 감동으로 필자는 책의 해설을 자청(自請)했다. 이제까지 백 권이 넘는 문학작품의 출간에 해설을 써 온 경험이 있었지만, 이런 경우는 처음이었다. 말로만 듣는 것과 글로 읽는 것의 차이는 너무도 컸다.

그렇게 전인미답(前人未踏)의 아트 딜러 생애사를 통해 얻은 정보 가운데 가장 흔연(欣然)한 바는, 준 리가 필자의 대학 선배라는 사실이었다. 그는 2년간 경희대를 다니다 미국으로 건너갔는데, 필자는 이 대학에서 문학 공부로 잔뼈가 굵었고 30년이 가깝도록 이 대학 강단을 지킨 경력이 있다. 시기가 달라 대학 시절의 접점이 전혀 없다 할지라도 같은 배움터를 거쳐 간 그 족적(足跡)이 반갑지 않을 수 없었다. 그리고 또 있다. 젊은 날 열심히 문예이론을 탐색하던 때로부터 문학과 미술의 사조(思潮)가 거의 흐름을 함께 한다는 사실을 알고, 시대사적 단계에 따라 명작 미술작품을 기웃거린 적이 많았다. 그런데 그 일천(日淺)한 곁불조차 이 책을 이해하는 데 도움이 되었던 것이다.

사전적 의미에 있어 아트 딜러는, 미술가의 작품을 수집가 등 고객과 연결하는 기능을 한다. 다양한 예술가를 발굴하고 재조명하며, 여기에 관심 있는 수집가·갤러리·미술관을 연계한다. 동시에 일정한 시각과 안목으로 미술 시장의 트랜드를 이끌어가기도 한다. 그러므로 아트 딜러는 좋은 작품을 판별하는 능력과 더불어, 이를 수요와 공급 체계를 통해 유통하는 비즈니스의 기능을 원활하게 운용할 수 있어야 한다. 다른 말로 하자면, 좋은 아트 딜러는 예술가이자 사업가여야 한다는 말이다. 무슨 일이든 처음부터 꽃길일 수는 없다. 우리가 여기서 만나는 준 리 또한 이

기본적인 아트 딜러의 존재 양식 위에서 '일보일보진일보(一步一步進一步)'의 단계를 거쳐온 터이다.

2. 척박한 땅에 뿌리 내린 열망

이 책은 모두 4부로 구성되어 있다. 1부 '미국 속의 한국인 아트 딜러'는, 준 리가 아트 딜러로 입신하기까지의 도입부와 우연-필연이 겹친 성공 신화의 형성 과정을 보여준다. 2부 '추억을 남겨두고 공간이동'은 잠시 잊을 수 없는 개인사로 돌아가서 어린 시절부터 성장의 경험과 대학 진학 그리고 미국으로 이주하기까지의 내면 풍경을 그린다. 3부 '한국의 슈퍼컬렉터'는, 아트 딜러로서의 입신(立身)과 그 와중에서 겪은 독특하고 값있는 체험적 이야기들로 구성되어 있다. 그리고 4부 '미래로 가는 아트마켓'은 준 리가 생각하는 아트마켓의 모형과 그에 수반되는 여러 미술사적 담론을 서술한다.

돌이켜 보면 그 하나하나의 순간들이 모두 소중하고 뜻깊었으며 내내 크게 교훈이 된 사례가 많았을 것이다. 그만큼 절체절명의 순간이 임립(林立)했고, 그만큼 위험 요소가 상존(常存)했으며, 그 절박성을 당시의 경점(更點)을 지난 다음에야 깨달은 적도 없지 않았을 것이다. 이 모든 난관을 헤치고 온 추동력(推動力)은, 짐작컨대 그의 가슴을 채우고 있었던 예술가이자 사업가로서의 열정이었을 시 분명하다. 그 열정이 뜨겁고 온전한 방향성을 갖고 있었기에, 척박한 환경이자 불모의 땅에 굳건한 예술혼의 뿌리를 내릴 수 있었을 것이다. 어릴 적 소망이었던 화가의 길로 들어서지 못한 것은, 사후(事後) 평가로 보건대 오히려 다행이었다.

이 책은 한 아트 딜러의 탄생과 상찬(賞讚)의 대상이 된 활동을 전기(傳記) 형식으로 작성한 글이다. 일반적인 독자들이 잘 모르는 전문 분야의 이야기를 쉽고 재미있게 풀어서 쓰고 있다. 서술자인 아트 딜러 자신의 세상살이 전반을 함께 보여줌으로써, 예술과 인생의 조화로운 결합을 견주어 볼 수 있게 한다. 흔히 '인생은 짧고 예술은 길다'고 하는데, 필자의 생각은 좀 다르다. 눈앞에 생동하는 인생이 짧은데 항차 예술이 긴 것이 무어 그리 절실한 관념이겠는가 싶은 것이다. 달리 표현하면 '지금 여기'의 현실에 충실할 때에라야 보다 긴 예술을 운위(云爲)할 수 있지 않겠느냐는 뜻이다. 그런 점에서 동시대의 시공간을 점유하며 생동하는 준리의 고백록이 유다른 의미를 가진다고 여겨진다.

이 책은 기실 잘 다듬어진 전기이면서 서사적 골격을 갖춘 소설이기도 하다. 전기라고 할 때 아트 딜러나 슈퍼컬렉터를 꿈에 그리는 한국·아시아·세계의 후진들이 따라 배울 수범(垂範)의 유형을 발견할 것이다. 이 한 항목 만으로도 이 책은 충분한 존립의 근거와 설득력을 갖는다. 소설이라고 할 때 독자는 재미와 교훈을 함께 얻을 것이다. 한 무명의 화가 지망생이 세계를 석권하는 거장의 화상(畫商)으로 변신하는 과정을 뒤따라가면서, 그 자기 동일시의 감정이입과 한 지경(地境)의 정점을 찍는 대리만족이 이보다 더 무결(無缺)하고 화려할 수 없겠기에 하는 말이다. 좀 거칠게 표현하자면, 이 책은 그 두 마리의 토끼를 한꺼번에 잡는 효용성을 발휘했다.

3. 예술과 삶의 조화로운 좌표

어릴 적부터 화가가 되고 싶었고 미국으로 이주한 다음에도 화가의 소망을 이어가기 위해 예술을 전공으로 선택했던 준 리는, 그 진로가 수월하지 않고 현실적인 벽에 막히자 절망했다. 그것은 어쩌면 하나의 운명적 기로(岐路)였는지도 모른다. 그에게 아트마켓 미술 시장이라는 거대한 공간이 눈에 들어왔던 것이다. 그 무렵 미국의 미술 시장은 크게 성장하는 중이었고 그는 큐레이터, 갤러리스트, 컬렉터, 아트 컨설턴트, 아트 딜러 등의 새로운 이름을 만났다. 그러나 그는 아직 무명이었고, 그러기에 그야말로 새 출발을 해야하는 형국이었다. 미술학도라는 예술의 세계에서 아트 딜러라는 새로운 삶의 좌표를 찾아 떠나는, 먼 여행의 시작이었다.

일상이 바쁘면 시간이 빨리 간다. 흐르는 물처럼 쏘아버린 화살처럼 세월이 흐르는 가운데 그는 이 일에 친숙해졌고, 애쓰고 수고한 끝에 아트마켓의 전설적인 인물들과 거래를 성사시키기 시작하면서 이름이 알려지게 되었다. 어느덧 그에게 '아시아 레전드'라는 별칭이 따라붙었다. 당연히 그의 눈이 한국 예술시장을 살펴보게 되었고, 그가 성공 가도를 달릴 무렵 한국의 예술시장도 확장일로를 걸었다. 그는 한국인이자 미국인이며, 그 신분적 특성만큼 양국의 예술이 건실한 시장성을 담보하며 소통되기를 원한다. 그가 이 책에서 후진에게 남기기를 원하는 경험의 방정식은, 어쩌면 미국보다 한국의 미래 인재들에게 더 무겁게 비중을 두고 있는지도 모른다.

필자에게 준 리를 소개해준 신영철 작가는, 1년에 한 번 '준 리 현대미술 주식회사'가 주최하는 그림 전시회에 다녀온 애기를 들려주었다. 그 광경이 마치 영화의 한 장면처럼 느껴졌다. 이 모든 담화를 담고 있는 이 책은 그와 같은 감동의 에피소드들을, 무슨 풍경의 파노라마처럼 다음에서 다음으로 보여준다. 앞서 언급한바 '예술은 길다'라는 말은, 그 정신의 동서고금이 서로 통한다는 뜻에서 보면 옳다. 그런 점에서 '과거의 모든 미술은, 그 당시에는 현대미술로 불렸다'라는 레토릭은 명언 중에서도 명언이다. 그렇게 한 시대를 풍미하는 예술적 정신을 축약하여, 우리는 '시대정신(Zeitgeist)'이라 호명한다. 적어도 이 반세기 동안 준 리는 그 시대정신의 한복판에 서 있었다.

이 길고도 치열한 길, 멀고도 아름다운 여정을 담아내는데 준 리의 일기 메모가 밑바탕이 되었다고 들었다. 어디 위인전에 나올 법한 참 좋은 방식이다. 거기에는 그의 좌절과 아픔, 성공과 치유, 나눔과 기여 등의 온갖 굴곡이 숨어 있었을 것이다. 그 모든 구체적 세부를 이렇게 당당하게 드러내는 것은, 아마도 자신감이나 우월감보다는 자기 성실성과 겸손한 마음가짐 때문이라 여겨진다. 그가 살아온 세월, 그가 채워온 인생 캔버스 그림들의 이야기는 이제 그의 손을 떠난다. 다음의 평가는 시간의 풍화작용에 맡겨질 터이고, 이 올곧은 평가시스템은 정확성과 객관성의 미덕을 보여주리라 믿는다. 다시 돌이켜 보아도 백화제방(百花齊放)의 화원(花園)처럼 아름다운 생애요 잘 쓰인 자전이며, 우리에게 깊은 여운을 남기는 독서 체험이다.

한국 주요 문학잡지의 역사와 미래

1. 근대적인 문화 제도의 형성과 잡지

'잡지'의 전통과 역사 그리고 현재의 역할과 미래를 다룬다는 것은 그 검토 영역이 '문화 제도'에 해당한다는 것을 말한다. 곧 문화 자체의 내용을 위주로 체계를 세운다는 뜻이 아니라 그것이 형성한, 그리고 그 내용을 형성하게 한 범주이자 형식으로서의 제도를 체계적으로 살펴본다는 뜻이 된다. 잡지의 출현은 기본적으로 서민의식·민중의식의 성장과 상관이 있으며, 그 이름이 지시하는 바와 같이 '지리잡박'한 동시대의 온갖 문화적 정보를 담아내는 그릇이다. 이는 한 시대의 잡지가 가진 사회사 반영의 소명이기도 하고 또 그 시대와 사회를 잡지를 통해 관찰하고 유추할 수 있다는 사실을 말해 주는 것이기도 하다. 이것은 언필칭 잡지가 가진 운명론적 의미와도 관련이 있다.

우리의 역사적 현실 가운데서 잡지의 발생과 성장 그리고 향후의 방향성 등을 살펴보는 일은, 근대 사회의 형성으로부터 현대로의 이행에 따르는 상황 변화와 밀접한 관련이 있다. 동시에 우리 문화의 근대 및 근대성의 전개와 경과 과정이 일제강점기의 상황을 배경으로 하며 그와 밀접한 상관성 아래에 있다는 사실을 환기해야 한다. 실체적 내용에 있어 우리의 근대는 개항 이후 서구 사조의 도입, 일제의 식민 수탈, 그리고 그 결과로 뒤이은 분단 시대의 전개라는 역사적 실상들을 그 바탕에 두고 있다. 그러한 까닭으로 서구의 근대가 표방한 개인적 자각과 자의식보다는 국가적 위기의식과 공동체적 인식이 더 비중 있게 작용한 측면이 강하다. 이러한 사실은 근대 이래 우리 잡지의 현실을 규정하고 그 편집 내용에 영향을 미친 외부적 조건이기도 하다.

근대 초창기에는 문학잡지가 작가의 사상을 피력하는 도구이기도 했으며 《창조》가 퇴폐주의를, 《백조》가 낭만주의를, 《개벽》이 계급주의를, 《조선문단》이 민족주의를 문학 사상으로 내건 것이 이를 증명한다. 근대 초기 잡지들을 발표 지면으로 하여 활동한 이광수는, 문학으로서 소설에 주안을 두었으나 시·수필·평론 등 여러 장르에 두루 걸쳐 자신의 사상을 담았다. 하지만 《창조》 이후에는 대략적인 장르의 구분이 이루어져서 박종화·박영희·김기진 등이 시와 소설, 혹은 평론과 소설을 동시에 쓰기도 했다. 주요한·김소월·이상화 등은 시를 썼고 김동인·염상섭·현진건·전영택·나도향 등은 소설을 썼으며, 이은상·이병기·조운 등은 시조를 썼다. 이러한 장르의 구분은 작가의 지위가 이들의 활동 시기 이전과 같은, 근대 사회 전체를 향한 '교사' 노릇으로부터 분야별 '전문인'의 지위로 변모해가는 것을 말해 준다.

2. 문화 저널리즘으로서의 신문·잡지

'문화 저널리즘'이라 할 때 '저널리즘'이란 용어는 광범위한 의미를 갖고 있다. 넓게는 모든 대중 전달 활동을 의미하여 비정기적인 것, 출판물 이외의 비인쇄물에 의한 것, 내용적으로는 단순히 오락·지식 등을 제공 전달하는 경우까지도 포함할 수 있는 말이다. 그런가 하면 '정기적인 출판물을 통하여 시사적인 정보와 의견을 대중에게 전달하는 활동, 구체적으로는 신문과 잡지에 의한 활동'에 국한하여 사용하기도 한다. 개화기 문화의 중심이 된 문학은 그 이전의 문학 창작과는 달리, 구비전승이나 필사에 의한 소극적 양식을 탈피하여 활자화된 대중 매체에 의해 수용자에게 전달되었다. 즉 저널리즘에 의한 문학 창작이 활성화되면서 문학의 대중화 현상이 두드러졌다.

이처럼 문학과 저널리즘이 밀접한 상관성을 갖게 된 것은 문학으로서는 신문과 잡지 이외의 마땅한 발표 지면을 확보할 수 없었고, 신문·잡지 또한 문학을 통해 개화 세대를 향한 계몽의 목소리를 내는 것이 가장 효과적이었다는 상호 보완적 성격에 의거해 있다. 이 시기의 신문과 잡지는 문예란에 일정한 분량의 지면을 배정하여 문학 저널리즘의 기능을 감당했던 것인데 신문의 〈사조(詞操)〉, 잡지의 〈문원〉, 〈문예〉 등의 난이 곧 문예란이었다. 당시의 잡지는 1918년의 《태서문예신보》 이전에 발간된 것이 구한말 38종, 1910년대 34종으로 70여 종에 이르고 있다. 《태극학보》·《대한유학생회학보》·《대한학회원보》·《대한흥학보》·《학지광》 등이 해외 학술지의 면모를, 그리고 《서우·서북학회월보》·《대한자강회원보》가 국내 학술지의 면모를, 그리고 《소년》·《청춘》이 종합 교양지의 면모를 갖추고 있었다. 이 가운데서도 《소년》은 월간 교양 잡지로, 1908년 11월 1일 창간되어 1911년 5월 1일 통권 23호를 끝으로 폐간되었다. 이에 따라 한국잡지협회에서는 11월 1일을 '잡지의 날'로 정했다.

이 무렵의 여러 잡지를 통하여 대략 50여 편의 소설을 발견할 수 있으며, 절반 이상은 작가의 실명이 밝혀져 있다. 그러나 무기명이거나 필명을 썼지만 본명을 알 수 없는 경우는 대체로 그 잡지의 편집자인 것으로 추정된다. 더불어 이 시기 소설 가운데 작가 미상이 많은 것은 수준 낮은 소설로 대중적 판매를 겨냥했던 세태가 반영된 측면이기도 하다. 이와 같은 문화 제도들은 그것을 이루어간 개화·계몽 시대 이래의 선각적인 문인들의 의식을 담고 있으며, 시대사적 의의와 극복할 수 없었던 한계를 동시에 보여주고 있다. 특히 이 문화 제도들은 식민 시대의 암울하고 궁핍한 상황이 절대적인 조건으로 작용하고 있는 가운데, 하나의 긴 터널과도 같은 근대를 통과하여 현대의 문화 환경에 이르는 징검다리의 기능을 담당하고 있었다 할 것이다.

3. 현대 문학잡지의 부침과 미래 전망

지금 우리 사회와 문단에는 너무도 많은 문학잡지가 있어, 여기서 이를 두고 근대의 잡지와 같이 분류하고 평가하는 일은 아예 엄두를 내기 어렵다. 하지만 이 글의 성격이 이미 '엎질러진 물'을 예고한 형국이어서, 다소 거칠더라도 주요한 문학잡지 몇몇을 거론할 수밖에 없는 형편이다. 당연히 여기서 거론한 잡지가 한국 문학잡지의 대표성을 갖는다거나 보다 우월하다고 말할 수 없다. 모든 잡지는 저마다의 모양과 색깔을 가지고 있고, 그것을 값있게 발양하기 위하여 보이는 곳에서나 보이지 않는 곳에서 최선의 노력을 경주하고 있기 때문이다. 이는 '잡지'라는 겸손한 어의(語義)를 잊어버리고, 문득 어느 날부터 대책 없는 엘리트 의식에 젖어 든 지난날의 행태(行態)에 대한 비판이기도 하다.

창비에서 발행하는 계간 《창작과 비평》, 그리고 문학과지성사에서 발행하는 계간 《문학과 사회》는 1970년대 이래 오랫동안 한국 사회의 문화 이슈를 양분하여 점거해 온 이력을 갖고 있다. 전자가 메시지 위주의 리얼리즘적 시각으로 학문적·비평적 관점을 유지해 왔다면, 후자는 창작 방법을 중시한 모더니즘적 관점으로 다양성·실험성을 수용하면서 확장의 경과를 보였다. 문학동네에서 발행하는 계간 《문학동네》는 핵심적 사안에 직접적이고 순발력 있게 다가서는 기동성과 독자 친화적 방식이 돋보이는 문예지다. 민음사에서 발행하는 격월간지 《릿터(Littor)》는 문예지 제작의 디자인과 테마 등이 활달하게 동시대를 반영하고 있다는 후감(後感)을 준다. 이들 잡지에 못지않은 감각과 실행력을 보여주는 문화 전문 월간지로, 지금 이 글이 실리고 있는 작가 발행의 《쿨투라(Cultura)》가 있다.

근대의 잡지 출현 이래 지금까지 하도 많은 잡지의 부침(浮沈)을 지켜본 까닭으로, 기실 그 미래를 전망하는 일이 결코 쉽지 않다. 더불어 앞에서 예거한 잡지들이 누리고 있는 영광 또한, 어느 날 마른 풀잎의 아침이슬처럼 스러질지도 모른다. 그것이 잡지의 운명이라면 운명일 터인데, 그러므로 지금 동시대 사회를 반영하고 해석하며 미래 지향의 나침반을 작동하는 것이 현재적 사명이자 미래에 대한 예비다. 뿐만 아니라 목전의 우리 사회가 활자매체 문자문화 시대에서 전자매체 영상문화 시대로 그 중심축을 현저히 이동한 현실에 비추어, 앞으로 종이책이 사라질 수도 있다는 가정(假定)에도 대비해야 한다. 여러 잡지가 e북을 제작하고 있는 것도 눈여겨볼 필요가 있다. 그런데 이 모든 일보다도 중요한 하나는, 그렇게 잡지를 만들며 수고하는 '문화와 문학의 손길'에 대한 따뜻한 관심과 격려가 아닐 수 없다.

종교적 인식과 문학적 형상의 만남

- 그 접점과 김현승의 사례

1. 한국문학에 수용된 기독교 사상

기독교 사상 혹은 기독교 문학은 서구 정신문명의 근원과 그 시발을 함께 한다. 헤브라이즘과 헬레니즘이라는 두 조류가 나누어 점유하고 있던 서구의 정신사는, AD 313년 콘스탄티누스 황제의 '밀라노 칙령' 이후 헬레니즘 영향권의 강화를 가져왔다. 우리가 200여 년 전에 접한 기독교는 헬레니즘의 전통에 의해 포장된 부분이 많았고, 그 내부에는 헤브라이즘의 배타성과 헬레니즘의 합리성이 공존하고 있었다.

기독교가 특정한 사회 제도의 준거틀과 접촉할 때는 객관적인 합리성이 전면에 나서지만, 그 가운데서 절대자의 존재에 대응하는 개인의 정신이 명제가 될 때는 강력한 배타성이 다른 요인을 압도한다. 이때의 배타성이란 어떤 정황에 처하여도 후퇴할 수 없는 절대자의 지위, 또는 권위의 다른 이름이다. 성서의 「전도서」에는 "현자들의 사상도 허영에 불과하다"고 단정적으로 기록되어 있으며, 서구의 기독교 사상 또는 기독교 문학의 성향도 거의 공통적으로 절대자의 권능에 순복한 외양으로 일관한다.

우리 근대문학의 초기에 기독교 사상이 단편적으로 도입된 최남선·

이광수·주요한의 작품을 비롯하여 윤동주·박두진·김현승의 작품에서 더욱 직접적인 육성으로 드러나기까지, 이 도저한 배타성은 한 개인의 정신적 입지로는 허물기 어려운 완강한 울타리를 유지했다. 이는 때때로 동양문명의 바탕 위에서 오랜 관습으로 굳어진 직관 및 보편성의 관점과 상충할 수밖에 없었다. 예컨대 김현승의 시에 나타난 외형적 굴곡도 궁극적으로 서로 대립되는 두 이류를 함께 체득함으로서 발생한 갈등의 표출이었다.

기독교 사상이 문학으로 치환된 가장 기본적인 예는, 성서 자체가 문학적 기술의 성격을 약여하게 갖고 있다는 데 있다. 성서를 예언문학·묵시문학·지혜문학 같은 호칭으로 부른다든지, 「시편」·「잠언」·「전도서」·「아가」 등이 노랫말의 운율로 되어 있다든지, 「룻기」·「에스더」가 단편소설의 형식적 특성을 그대로 구비하고 있다든지 하는 사실이 그에 대한 반증이 된다. 영국 옥스퍼드대학의 제임스 바(J. Barr) 교수는 "성서 연구에서도 신학적·역사적·문서적 연구 외에 미적·문학적 연구가 수행되어야 한다"고 주장했고, 영국의 문인 루이스(C. S. Lewis)는 인간을 '수륙 양서의 동물'이라 정의하면서 "성서는 지상의 육신과 영적 피안을 아울러서 있을 수 있는 모든 인간 체험을 다룬다"고 설명했다.

그러나 우리가 기독교 사상의 문학적 변용이라는 명제를 구체적인 작품에 적용할 때, 그처럼 직설적인 교의의 발화를 모두 수긍할 수 있는 것은 아니다. 성서에 기술된 문면에 기울어져 그 범주 자체를 신성시하는 태도가 우세하다면, 그것은 '종교로서의 문학'일 뿐 '문학의 종교적 경향'이 아니기 때문이다. 따라서 종교적 체험이 심화되어 어떤 유의미한 단계를 형성하고 있다 할지라도, 그것이 스스로의 문학성을 고양하여 작품의 미학적 가치를 담보하는 데까지 나아가야 하는 것이다. 글릭스버그

(C. I. Glickberg)가 『문학과 종교』에서 “교의는 진정한 시에서는 그 모습을 나타내지 말아야 한다. 혹 나타낸다 하더라도 교의로서가 아니라 순수한 환상이어야 한다”고 내세운 논리는 이 대목을 잘 말해준다.

천주교 200여 년이자 개신교 100여 년의 역사를 배경으로 한 한국의 기독교 문학은 개화기 이후 구조화된 윤리와 인습의 각질을 벗어나려는 계몽주의의 수단으로, 일제강점기 피압박 민족으로서의 저항 및 자립 운동에 효율적인 버팀목으로 수용되는 과정을 보였다. 또 그 이후의 곤고한 시대사를 거치면서 개인적 신앙의 고백에서부터 사회사적 관점의 표출에 이르기까지 다양한 반응 양상을 보여 왔다. 근자에 이르러서는 기독교에 대한 부정적 인식을 드러내는 작품들도 적잖이 눈에 띄고 있다.

기독교 문학 그리고 기독교 사상이나 의식을 그 바탕에 둔 문학은 포괄적 의미에 있어서 종교문학이다. 종교적 인자(因子)가 문학의 예술성을 부축해주고 문학이 종교적 교리를 평이한 해석의 차원으로 끌어낼 수 있을 때, 우리는 그 조화로운 만남을 통해 탁발한 종교 소재의 문학작품을 얻게 될 것이다. 그러할 때 한국문학의 주요한 단처로 지적되는 ‘사상을 담은 문학의 부재’라는 문제가, 기독교 사상 및 의식을 조력자로 하여 새로운 변환의 계기를 마련할 수 도 있다고 본다. 괴테의 독일 문학이나 도스토옙스키의 러시아 문학이, 기법은 후진하고 사상이 범람하던 시기의 그 ‘사상’을 동력원으로 세계문학의 중심부에 진입할 수 있었음을 환기할 필요가 있다.

종교와 문학, 기독교 사상과 문학이라는 개념을 요체로 하여 필자는 지금까지 꽤 여러 편의 작가·작품론을 썼다. 개화기의 천주가사의 세계, 김현승 시의 변모 양상, 김달진 시에 나타난 종교성의 두 면모, 조병화 시의 기독교적 사유(思惟), 만해 문학의 서사성, 김동리·유재용·이승우 소설에 나타난 기독교 의식 등이 그 세항에 해당한다. 이 작가 및 작품들을 통해, 기독교 또는 불교 소재의 문학이 종교성과 문학성의 두 축을 작품 내부의 씨줄과 날줄로 하여 어떻게 하나의 완결된 직조물을 생산하는가에 주목했다. 그 상호 교차의 지점과 이음매들이 정교하고 원숙할수록 작품의 미학성이 돋보이는 것은 납득할 만한 일이다.

그런가 하면 어느 문예지의 시리즈 연재로 다음과 같은 12편의 기독교 작가 및 서사에 관한 글을 연재하기도 했다.

김동리 『사반의 십자가』 - 신성과 인본주의의 접점
황순원 『움직이는 성』 - 유랑민 근성과 창조주의 눈
최인훈 「라울전」 - 하나님의 주권과 믿음의 본질
이청준 『낮은 데로 임하소서』 - 믿음, 보지 못하는 것들의 증거
유재용 『사로잡힌 영혼』 - 성장의 병통, 접신, 존재론적 불안감의 근원
현길언 『비정한 도시』 - 믿음의 변경과 세속의 도시
안 영 『비밀은 외출하고 싶다』 - 가족사, 신앙, 그리고 종심의 경륜
이승우 『가시나무 그늘』 - 성과 속, 그 수직과 수평의 축
박경숙 『약방집 예배당』 - 믿음, 민족혼, 인간애의 세 줄기 빛
이원설 기독교리더십연구원 - 삶과 믿음과 문명 비평의 큰 그림
김성한 「바비도」 - 기독교 윤리에 비추어 본 시대 현실과 풍자
이문열 「사람의 아들」 - 긍정적 미래를 향한 현재의 부정

이와 같은 종교와 문학에 관한 고찰 또는 글쓰기는 궁극적으로 종교문학, 기독교 문학의 의의와 가치를 따져보고 가늠해 보자는데 목표가 있었다. 그러한 정신적 또는 내면적 영역의 탐색이 마침내 신의 존재 앞에 선 인간의 지위를 보다 더 잘 드러내 줄 것이라는 인본주의적 지향점

이 그 가운데 잠복해 있기도 했던 터이다. 이 글에서는 이러한 관점을 바탕으로 김현승의 시 세계와 기독교와의 상관성, 그 멀고도 가까운 상거(相距)를 개괄적으로 살펴보기로 한다. 김현승의 시가 한국 근·현대문학에 임립(林立)한 수많은 작품 가운데서도 문학과 종교의 거리 및 관계성을 확연하게 잘 나타내고 있다고 할 수 있는 까닭에서다.

2. 기독교 사상의 문학적 변용 양상

- 김현승의 경우

2-1. 김현승의 전기적 사실과 시의 성격

김현승 시의 기저에 자리하고 있는 기독교 의식의 본질과 그것이 시의 형상으로 치환되는 상관관계의 문맥을 살펴보면, 그의 시가 그려낸 삶의 일상적 면모가 그가 근본적으로 안고 있던 신앙의 초월적 면모로부터 끊임없이 간섭받고 또 일정한 사상성의 자양을 섭생했다는 판단을 하게 된다. 김현승이 숭실전문학교 문과에 입학하고 처음으로 시를 쓰기 시작하던 1930년대 초반에는 항일 저항적 상황이 작용하고 있었으며, 1945년 해방 이후에는 점차 시대적 환경의 절박성보다 개인의 자기 성찰이나 자기 구원의 길로 전이되어 간다.

김현승의 제1시집 『김현승 시초』가 상재된 1957년 이래 그의 창작활동은 시대상이 강요하는 사회의식의 강박감으로부터 비교적 자유로울 수 있었다. 또 종교적 교리로부터 문학의 독자성을 확보해 줄 객관적 거리의 유지에 대한 노력이 보이는 것은, 그에게서 내실 있는 기독교 문학의 발아와 성숙의 가능성을 짐작케 하는 단서가 된다. 다만 서둘러 말하자면 그의 시가 이룩한 전체적인 수준은, 기독교적 체험의 풍성함을 사상성의 깊이 있는 바닥으로 이끌기보다 신과의 긴장된 관계를 위주로 하여 시인의 고통을 체현하는 방향으로 단선화 되었다는 데서 아쉬움 없지 않다.

이는 기독교 사상의 문학화에 따르는 온당한 층위의 소재와 김현승 시의 출발점이 갖는 위치를 말하는 것이다. 여기에서는 그의 전기적 사실을 통한 기독교 의식의 형성, 삶과 신앙의 두 축을 노정한 정신적 갈래의 대비, 분명한 굴절의 곡선을 그린 시적 유형의 시기 구분, 각 시기의 작품을 통한 구체적 내면 탐색, 그리고 문학사적 가치와 한계의 노출 등 여러 요목을 순차적으로 구명해 보고자 한다.

김현승의 부친 김창국(金昶國)은 전북 출신이다. 평양에서 신학 공부를 했고 제주 성내교회에서 목회 활동을 했으며 광주에 양림교회를 세워 거기서 평생을 보냈다. 이와 같은 가정환경 아래에서 모태 신앙으로 유아 세례를 받고 출발한 김현승은, 미션계의 광주 숭일학교 초등과와 평양 숭실중학교에서 수학하면서 기독교를 정신적 배경으로 한 성장기를 거치게 된다. 뿐만 아니라 형과 동생도 목회 활동을 했고 장로의 딸 장은순(張恩淳)을 아내로 맞아 살았으므로, 기독교와 성서는 그의 삶에 가장 큰 영향을 미친 교범일 수밖에 없었다.

김현승이 1934년 양주동의 소개로 《동아일보》 문화란에 「쓸쓸한 겨울 저녁이 올 때 당신들은」과 「어린 새벽은 우리를 찾아온다 합니다」라는 두 편의 시를 발표하면서 등단한 이래 1975년 유명을 달리하기 까지 40여 년에 이르는 작품 활동 기간에, 그의 시가 어떤 변모의 양상을 보이는가에 대한 여러 논자들의 논의가 있으나 그 내용에 관한 의견들이 그렇게 큰 편차를 갖고 있지는 않다.

그의 시 세계는 대체로 해방 이전까지의 초기 시, 해방 이후부터 『김현승 시초』와 『옹호자의 노래』가 발간된 1963년까지의 중기 시, 1963년부터 『견고한 고독』과 『절대고독』이 발간된 1970년까지의 후기 시, 그리고 그 이후의 작품으로 사후에 편찬된 『마지막 지상에서』를 중심으로 한 말기 시 등 모두 4단계로 구분된다. 이 글의 목표가 구체적이고 세밀한 시의 분석보다는 전반적인 시 정신의 흐름을 뒤좇아 거기서 기독교 사상의 성향을 검출하는 것인 만큼, 시기별 작품 경향의 구명(究明)은 대표적인 표본 시편을 통해 수행하게 될 것이다.

2-2. 김현승 시 세계의 전개와 변모 양상

가. 초기 시

초기 시는 1974년에 간행된 『김현승 시전집』에 『새벽교실』이란 이름의 시집으로 포함되어 있다. 김현승은 1934년 위장병의 악화로 인한 휴양을 마치고 평양의 숭실중학교에 복교하여 겨울방학에 하향을 단념하고 기숙사에 홀로 남아 시작(詩作)에 전념한다. 그로부터 해방을 맞기까지의 기간 동안에 쓴 시들이 『새벽교실』에 실려 있다. 일제하의 시대사적 불행과 민족주의적 로맨티시즘을 자연 경물에의 감정이입으로 나타내면서, 내용에서는 현실에 안주하려는 젊은이들을 비판하기도 하고 기법 상으로는 당대에 세력을 확장하던 모더니즘의 경향을 보이기도 한다.

초기 시들을 두루 통독해 볼 때, 가장 먼저 눈에 들어오는 것은 시어 및 시적 이미지의 동어 반복 현상이며, 그것은 새벽·아침·황혼·저녁·밤 같은 시간의 경과를 의미하는 용어들로 구성되어 있다. 처음으로 시를 쓰는 시인 스스로의 입지와 어두운 시대적 상황에 대한 비판적 인식이 이처럼 시간상의 용어 개념을 동원하여 출구의 모색을 시도하게 한 것 같다.

또 하나 빈번하게 나타나는 시적 표현으로 '까마귀'라는 어느 정도 유별난 시어가 있다. 시인에 의해 '광야의 시인'이나 '감상시인'으로 명명되는 까마귀는, 헬레니즘 전통의 그리스 신화에 등장하는 '미네르바의 부엉이'처럼 현실의 그림자를 정신적 영역으로 끌어내는 매개체다. 동시에 성서적으로도 선지자 엘리아의 사역과 관련하여 중요한 의미 기능을 갖는 대상이다. 그러나 초기시의 시편들에서 그러한 성서적 개념이 적접인 모습을 드러내지는 않으며, 밤에서 여명으로 시간이 흐를 때 성읍을 지나가면서 황혼의 비가를 부르거나 황혼의 시재를 읊는 등 애잔하고 처연한 분위기를 조성하는 역할을 맡는 정도에 그친다.

시인이 스스로의 정신세계를 '기본정신'과 '특수정신'으로 양분한 것은 1960년대 중반의 일이지만, 이 무렵의 시에서 특수정신으로서의 기독교 의식이 시의 표면에 부각되는 흔적은 매우 미미하다. 대신에 잃어버린 조국에의 상실감과 식민지 상황의 고통스러움을 외면하지 않고, '여보게 우리는 쓰디쓴 현실을 등진 사람들이 아닐세'(「동굴의 시편」)라는 진술에서 알 수 있듯이 그 상실감과 고통스러움에 대한 경각심을 붙들고 있다. 이를 자연을 통해 발설하려는 태도를 유지하고 있다 할 때, 그의 초기시가 대상으로 하는 자연은 김영랑이나 신석정의 시에서 볼 수 있는 바 시인과의 사이에 객관적 거리가 개재된 목가적인 것이 아니다.

그런가 하면 필요 이상으로 슬픈 심정을 토로하거나 우울한 감상의 늪으로 떨어지지도 않는다. 민족공동체가 처한 절망적 현실을 초극하여 아침처럼 밝아오는 내일을 꿈꾸는 힘은, 삶에 대한 애정에 기반을 둔 인간중심주의의 기본정신과 미래지향적인 기독교 의식의 특수정신이라는 두 영역으로부터 각기 소정의 북돋움을 받았을 가능성이 크다.

나. 중기 시

중기시가 수록된 시집 『김현승시초』와 『옹호자의 노래』에서는 신과 인간과의 관계가 본격적으로 구현되기 시작한다. 그는 신의 전능에 비추어 본 인간의 존재론적 한계를 나타내거나 그러한 경우 인간의 삶이 어떻게 정의될 수 있는가라는 문제에 지속적인 관심을 기울인다. 해방 공간을 시대적 배경으로 일제하의 비관적 지식인이라는 자부가 사라지고, 자아의 내면에 대한 성찰이 깊이를 더하면서 그의 절대자는 점차 절대적인 중량으로 시인의 삶에 군림하게 된다.

이를 잘 보여주는 「옹호자의 노래」는 1955년에 씌어졌다. 인권의 본질이 극도로 훼파되는 전후의 현실을 바라보면서, 그가 노래한 '옹호자'는 인간의 존엄성을 짓밟히지 않고 옹호 신장하려는 '휴머니즘'(「왜 쓰는가」)의 다른 이름이다. 그런데 이 옹호자를 노래하는 행위가 있기 위해서는 '모든 신앙이 입증의 칼날 위에 서는 날'이라는 전제가 충족되어야 한다. 이 시기에서도 그는 휴머니즘의 기본정신을 한 손에 쥔 채, 다른 한 손에 그것의 회복을 가능하게 해줄 신성 지향의 특수정신을 붙들려 한다.

「신성과 자유를」 같은 시를 보면 자연을 대상으로 비판적 인식의 확대를 도모하던 역할이 어떤 한계에 도달했을 때, 시인이 인간의 존엄성을 지켜나갈 추동력을 새롭게 찾아보려 시도한 것 같다. 이때 그의 내부에 잠재해 있던 신성의 절대적인 힘에 대한 믿음이 자연스럽게 하나의 해답으로 떠올랐을 것으로 짐작된다.

그러나 그 신성은 무조건적으로 절대자에 귀의하여 타력(他力)의 작동을 기다리는 형태로서가 아니며, 현실의 정면에 서서 '지상의 가장 아름다운 수확'을 갈구하는 창작 주체의 의지를 구휼(救恤)하는 형태로 기능한다. 그러할 때 신성과 상호보족적 관계로 자유의 개념이 운용되고,

이 긴밀한 탄력성이 수긍됨으로써 범상한 기독교 신자 김현승이 아니라 기독교 의식에 입각한 시인 김현승이 살아나는 것이다.

다. 후기 시

기독교의 교리에 투철한 한 개인의 신앙 역정에서도, '믿음-회의-회개-믿음'의 도식은 대체로 피할 수 없는 연단의 과정이다. 그것은 기독교 신앙의 본령이 예정조화설에서 보듯 절대자의 섭리에 의해 삶 자체가 조정된다는 인식의 보편화를 발양하기 때문인데, 더욱이 기독교 신자인 시인 김현승이 이 해묵은 도식으로부터 벗어나기는 어렵다. 『견고한 고독』과 『절대고독』에 펼쳐져 있는 그의 후기 시는 바로 이 험난한 신앙의 도정을 반증하는 시의 집적이면서, 동시에 절대자와의 관계를 지금까지와는 다른 모양으로 정립해 보려는 고투의 기록이다.

리얼리즘의 이론에 근거한 루시앙 골드만(L. Goldman)의 체계에서는, 구약 시대에 인간의 삶을 직접적으로 간섭하고 복락과 징벌을 가하던 신의 능력이 이제는 구름 뒤로 숨어버렸다는 관점(『숨은 신』)이 제기되고 있는데, 이 시기에 김현승의 신도 그의 시가 설비한 무대 위에 굳건한 발판을 잃고 장막 뒤로 숨어버린다.

1960년대 후반의 사회적 병리 현상에 대한 경고 및 처방을 포기할 수 없었던 그에게, 신은 제 속성대로 명쾌한 답변을 내려주지 않는다. 시인과 신의 관계가 모호해지고 걷잡을 수 없는 회의가 폭발하면서, 시인은 마침내 신과의 결별이라는 극약 처방을 내놓는다. 그리하여 시인은 고독한 인간의 극한에 선다. 「견고한 고독」과 「절대고독」 등의 시가 그 증빙에 해당한다.

기독교의 교리에 있어서 신약 시대를 떠받치는 통과 제의는 신성의 육화(Incarnation)에 대한 믿음 곧 예수 그리스도의 사역에 대한 믿음이며, 그것은 피와 살의 희생으로 완성된다. 그런데 그의 후기 시에서는 시인이 선험적으로 체득하고 있던 그 절대적 진리가 거부된다. 그는 더 이상 신의 구원을 믿지 않으며 '가느다란 창끝' 같은 시로써 신과 대결하려 한다. 그러므로 그의 고독은 종교를 잃어버린 자가 대체 논리로 개발한 또 하나의 종교적 얼굴이다. 따라서 이 무렵의 시에는 인본주의의 기본 정신이 기독교적 특수정신을 압도하고 있다.

라. 말기 시

그러나 기독교의 교리에서는 이 항거의 몸짓 역시 인간 구원의 노정에 소속된 신앙의 한 유형으로 치부하고 만다. 그에게 선험적인 신앙의 깊이가 있었다면 이 강고한 인식으로부터 유리되기 어렵고, 결정적인 반전의 계기는 대개 삶이 어떤 막다른 기로에 당착했을 때 마련되는 것으로 설명된다.

말기 시로 규정할 수 있는 『마지막 지상에서』의 시편들은, 다시금 신에게로 복귀하는 참회의 기도로 채워져 있다. 말년에 고혈압으로 쓰러지면서 회오의 심경이 더욱 절박해지고, 시인은 '돌아온 탕자'처럼 눈물의 시를 써낸다. 불면의 밤을 밝히며 노래하던 자유조차 거대한 신의 발 아래 한갓 방종으로 평가절하 되기에 이른다.

40여 년에 걸친 김현승의 고달픈 시와 삶의 유전(流轉)은, 그러나 우리 문학사에 시적 감각과 종교적 사상의 접합이라는 과제를 주의 깊게 반추하도록 하는 부피를 이루었다. 편협한 자기 세계에 대한 반성을 기독교 의식의 거울에 반사하면서, 그는 개별적인 내면의 자가발전으로는 작성하기 힘든 사상성의 후원을 종교적 체험의 구체성으로부터 얻은 셈이다.

하지만 그 사상성의 정체가 종교적 진리의 심오한 바탕으로부터 역동적으로 움터오르는 힘에 의해 생성된 것이기보다는, 개인적인 체험의 절박함과 병렬되어 표층적 대응으로 일관되었다는 아쉬움을 남긴다. 종교적 내용을 다루면서 경전을 소재로 하거나 종교적 정신으로 창작된 문학을 통칭하여 종교문학이라 할 때, 김현승의 시가 끌어안고 있는바 서로 맞서서 대립항을 이루는 두 정신적 줄기의 실체는, 종교문학이 일구어 낸 사상성의 깊이에서 가치지향적인 전범으로서 『실락원』이나 가치부정적인 전범으로서 『데카메론』이 이룩한 성과에 미치지 못한다.

적어도 서구의 오랜 문화 전통에서 다져지고 굳어진 기독교 사상의 문학화라는 문제와 관련하여 그 서구적 문필 체계가 우리 문학의 실제와 조화롭게 악수하기에는, 두 문화 패턴의 성격을 가늠하는 이질성의 간극이 여전히 크게 남아 있는 것이다. 그것을 우리는 김현승의 시적 편력을 통해 다시금 확인한 터이며, 거기에 한국의 기독교 문학 또는 종교문학이 구축한 의의와 한계가 함께 있다 할 것이다.

신본주의 인본주의의 두 길

- 최인훈과 다자이 오사무

하나님의 주권과 믿음의 본질

- 최인훈 단편 「라울전(傳)」

스티븐 스필버거 감독이 만든 영화 중에 〈피라미드의 공포〉라는 것이 있다. 이 영화가 흥미로운 것은 이야기의 줄거리보다 저 유명한 영국 탐정 셔얼록 홈즈의 소년 시절을 그리고 있다는 사실 때문이다. 나중에 홈즈가 왜 파이프 담배를 물고 다니는지, 왜 결혼을 하지 않는지, 왜 그렇게 칼 솜씨가 뛰어난지에 대한 해답이 이 영화 속에 있다. 홈즈는 워낙 유명해서 꼭 실존 인물같이 느껴지지만, 기실은 코난 도일이 만든 상상의 인물이다. 그러므로 홈즈의 어린 시절은 상상 속의 상상인 셈인데, 그래도 그 추론적 상황 구성의 박진감이 이 영화를 성공작으로 만들고 있다. 스필버거는 누구보다도 이 예술성의 문맥을 잘 알아차리고 있었던 감독이었다.

한 작가 또는 영화감독의 상상력이 실제로 있었던 일보다 더 큰 감응을 불러 일으킬 수 있다는 데서 문학이나 예술의 효용성이 실증된다. 우리 문학, 더욱이 기독교 문학 가운데 하나의 탁월한 실례가 있는데 그것은 바로 최인훈의 「라울전」이다. 최인훈은 남북 분단의 의미를 새롭게 탐색한 『광장』으로 낙양의 지가를 올린 작가다. 최인훈은 1960년대에 작품 활동을 시작했고, 그 전(前) 단계의 전후문학이 보인 암담한 현실에의 즉각적인 반응을 넘어서서 우리 사회를 이데올로기의 차원으로 관찰하기 시작했다.

그런 만큼 그의 소설은 매우 난해하고 또 관념적이며 곤고한 지적 편력의 외양을 보이기도 한다. 대표작으로 일컬어지는 『광장』이나 『총독의 소리』 같은 대표적인 장편들이 이를 잘 말해 준다. 여기에서 살펴보려는 단편 「라울전」은 신약성경의 사도 바울을 소재로 한 소설이다. 작가는 바울과 그 성격이 아주 대조적인 교법사(敎法師) '라울'이라는 인물을 조형하고, 그를 통하여 바울의 회심 및 하나님의 주권적 역사를 상대적으로 부각하고 있다. 바울은 실존 인물이지만 라울은 상상의 인물이다.

라울은 학구적이고 이성적이며 하나님에 대한 경건한 신앙을 가졌다. 그가 교법사이며 율법학자이자 유대교의 교리를 철저하게 지키는 인물이므로, 성경에 등장하는 바리새인의 대표적인 성격이라고 보아도 무방할 것이다. 그의 학문적 이성은, 열왕기의 가계보(家系譜)를 낱낱이 살핀 끝에 예수의 핏줄이 다윗왕의 가지에 이어짐을 알고 크게 의아해 한다. 구약성경에 정통한 랍비로서 구약의 예언이 예수에게서 실천적으로 나타나고 있음을 부인하기 어려웠지만, 그는 망설인다. 자기 눈으로 확신을 보기 전에는 움직이지 못하는 종교적 지성인의 병폐가 그에게 있다.

그러나 바울은 다르다. 처음의 이름인 사울로 등장하는 그는, 라울과 달리 소설 속에서 불성실하고 비이성적이며 때에 따라서는 지나치게 열성적이다. 물론 이 성향이 꼭 성경 속 바울의 행적과 일치하는 것은 아니지만, 최인훈은 라울에 대비하여 바울을 그렇게 그렸다. 바울이 라울에게 보낸 편지는 예수를 혹세무민의 허황된 꿈을 퍼뜨린다고 매도한다. 그 바울이 다메섹 도상에서 부활한 예수를 만나고 운명의 방향을 바꾼다. 이 사실을 통해 라울은 예수가 곧 메시아임을 직감적으로 깨닫는다. 그러나 안타깝게도 자기가 실행에 옮기기 전에 영원한 맞수였던 바울이, 그 불성실한 삶의 태도에도 불구하고 먼저 신의 선택을 받은 것이다. 일반적인 소설의 '반전'을 훨씬 넘어서는 새로운 국면의 전개다.

마침내 라울은 다메섹 도상을 찾아 비극적인 최후를 마친다. 그에게 문제가 있었다면 눈으로 보기 전에 믿으려 하지 않았다는 데 있었다. 신약성경에서 우리가 '믿음장'이라 부르는 히브리서 11장 1-2절은 이렇게 가르친다. "믿음은 바라는 것들의 실상이요 보지 못하는 것들의 증거니 선현들이 이로써 증거를 얻었느니라." 요한복음 6장 69절에서 베드로는 이렇게 고백한다. "우리가 주는 하나님의 거룩하신 자이신 줄 믿고 알았사옵나이다." 알고 믿은 것이 아니라 믿고 알았다는 말이다. 보지 않고 믿는 것, 이것이야말로 믿음의 본질이다. 바울 또한 강력한 타력의 체험을 통해 믿음의 중심에 이르렀지만, 라울은 이성적 통찰력으로 믿음의 실체를 인식하고도 망설임과 미루는 취약점 때문에 '구원'에 이르지 못한 셈이다. 그러기에 믿음은 노력의 결과가 아니라 대가 없는 선물이라는 명제가 성립된다.

나중에 라울의 최후를 들은 바울은 다음과 같은 성경의 언사로 평가를 내놓는다. 그것은 또한 이 소설의 결미이기도 하다. "옹기가 옹기장이더러 나는 왜 이렇게 못나게 빚었느냐고 불평을 한들 무슨 소용이 있으랴. 옹기장이는 자기가 좋아서 못생긴 옹기도 만들고 잘생긴 옹기도 빚는 것이니." 예레미야 18장 2-4절의 말씀이다. 최인훈의 이 소설은 인간의 삶에 개입하는 하나님의 주권적 역사와 그에 반응하는 신앙인의 본질적 자세를 탁월하게 형상화한 수작이다. 소설을 읽고 우리 스스로의 삶과 신앙을 다시 되돌아볼 결의가 일어난다면, 최인훈은 좋은 작가요 우리 또한 좋은 독자다.

20세기 후반의 한국문학에 매우 독특한 문학적 경향으로 한 시대를 풍미한 작가 최인훈은, 이성적이고 논리적인 창작 방식을 극한의 지점까지 밀고 나간 사례에 해당한다. 그는 현실의 핍진(逼眞)한 상황을 소설의 바탕으로 하되, 경우에 따라서는 독특한 허구와 가상의 세계를 소설의 얼개 속으로 편입하는 과단성을 보여준다. 이 소설에 등장하는 라울이라는 인물 또한 그렇다. 그 라울의 종교적 철학적 사유(思惟)와 행위의 방식에 방점을 두다 보니, 그의 상대역으로 역할을 하는 바울의 입지점이 성경의 실제 정황(情況)과 다르게 서술된 대목들이 없지 않다. 그러나 이 작품이 종교 소재의 '소설'이라는 사실을 염두에 두면, 이 부분은 크게 문제가 되지 않는다.

라울이 납득하기 어려운 사태의 전개는, 성경적 진리가 인간의 삶 가운데 시현(示現)되는 방식의 이율배반적 구조와 닮아있다. 주(主)께서 하고많은 무리 가운데 어떻게 하필 죄 많은 자를 골라 그의 가장 귀한 종으로 삼으셨느냐는 것이다. 이제껏 성전(聖典)의 예언자들이 모두 신의 사랑을 받을 만한 값있는 바른 사람들이 아니었던가라는 반문이다. 물론 이는 라울의 학문적 검토와 이성적 판단에 기반한, 인본주의적 시각에 근거한다. 신성(神聖)을 감각하고도 그에 투신하지 못한 인간사의 범례가 여기에 있다. 그와 같은 깨달음에 이르는 치열한 과정을 역동적으로 그려낸 이 소설은, 그러므로 우리에게 탁월한 반면교사(反面教師)의 훈도(薰陶)를 남긴다. 우리 각자의 신앙적 수준에 대한 통렬한 문제 제기도 그 가운데 있다.

가롯 유다와 인본주의의 시각으로 본 신성
- 다자이 오사무(太宰 治) 단편 「직소(直訴)」

다자이 오사무의 「직소」는 종교와 문학의 관계에 대한 하나의 이정표에 해당한다. 문학이 입을 열어 말하는 곳, 문학의 자장(磁場)이 미치는 자리에는 종교의 교리가 원론 그대로의 얼굴로 남아 있지 않는다. 그러기에 불교의 훈도(薰陶)에 '부처 죽이기'가 있는가 하면, 가톨릭의 순교를 다룬 엔도 슈사쿠의 『침묵』에 예수의 얼굴을 밟는 '답화(踏畵)'가 있는 것이다. 한국문학에 있어서 김동리·황순원·이청준 등의 작가나 김현승·황금찬·구상 등의 시인이 남긴 기독교 소재 작품들은 모두 기독교 사상의 문학적 변용이라는 구도 아래에 있다. 일본이나 다른 문화권의 경우도 이와 다를 바 없다. 특히 다자이 오사무의 생애 및 문학과 일정하게 연관성을 가지고 있는 아쿠다카와 류노스케의 유고작 「서쪽의 사람」 또한 그렇다.

다자이 오사무는 1909년 아오모리현 출생이다. 오다 사쿠노스케, 사카구치 안고와 함께 전후 '무뢰파(無賴派)'를 대표하는 소설가다. 1933년 단편 「열차」를 발표하며 본격적인 작가의 행보를 보였고, 한국에 널리 알려진 작품은 장편 『사양(斜陽)』과 『인간실격』이다. 무려 다섯 번의 자살 시도 끝에 마침내 성공(?)하여, 1948년 향년 38세의 젊은 나이에 유명(幽明)을 달리했다. 당대 유수의 작가로 인정받으면서 자신이 존경하던 아쿠다카와 이름의 상을 받고 싶었으나, 강력한 후원자였던 사토 하루오의 지원에도 불구하고 가와바타 야스나리의 부정적 평가로 수상에 이르지 못했다. 단편과 장편을 모두 잘 쓰는 것으로 정평이 나 있었고, 「만원(滿願)」 같은 원고지 몇 장의 엽편소설을 쓰기도 했다.

그는 동시대의 사회적 경향을 반영하여 퇴폐적인 작풍을 보였으며,

그 불안한 정신상태 때문인지 몰라도 가장 강력하게 종교적 절대자를 탐색한 작가라는 평가가 있다. 「직소」는 바로 그와 같은 창작 환경의 소산이다. 그의 문학이 가진 내면 탐구의 창작 성향은, 일본 근대문학 특유의 장르인 사소설을 개척한 작가로 일컬어지게 한다. 그에게는 예리하고 섬세한 감수성과 뛰어난 이야기꾼으로서의 재능이 잠복해 있었던 것으로 보인다. 특히 문체적 특성으로서의 요설체(饒說體), 곧 쉬지 않고 언사를 늘어놓는 경향은 그것대로 하나의 장점이 되기도 한다. 일본 데카당스 문학의 대표작『인간실격』, 패전 후 일본 사회의 몰락을 그린『사양』 등이 그와 같은 창작의 기반 위에 서 있다.

「직소」는 그 제목의 어의(語義)가 일정한 절차를 거치지 않고 윗사람이나 상급 관청에 직접 호소한다는 뜻이다. 소설의 화자가 가룟 유다인 만큼, 그가 천추(千秋)에 남은 자신의 '배신 행위'와 그 전후 사정을 직접 고(告)한다는 의미다. 이 소설에서 유다의 보고를 받는 이는 '나리'로 되어 있는데, 성서의 문면(文面)을 따라 유추하면 이는 당대 유대인 종교 지도자 가운데 한 사람이다. 유다는 그에게 자신이 예수의 제자들 가운데 어떤 사람이며, 예수를 향한 애증(愛憎)이 어떻게 변화를 거듭했으며, 궁극적으로 왜 예수를 팔려고 하는지를 솔직하고 민감한 어조로 그려 보인다. 자신의 스승이자 주인인 예수를 은 삼십 냥에 파는 행위를 정당화하기 위한 고투의 노력이 거기에 있다.

이와 같은 유다의 주장은 철저하게 인본주의의 관점에 의거한다. 그러므로 지상의 일이 아니라 천국의 일을 말하는 예수의 가르침과 상반된 길을 갈 수밖에 없다. 일찍이 한국의 작가 김동리가 장편『사반의 십자가』에서 신성과 인본주의의 접점을 예리하게 현시(顯示)해 보인 바 있으며, 최인훈이 단편「라울전」에서 유사한 방식으로 사도 바울의 입지점을 설파(說破)해 보인 바 있는 그 인본주의적 시각이다. 우리의 현실 생활에 적용해 보면, 체험의 신앙에 이르지 못한 논리적 신앙의 문제다. 이 각박한 도식은 결국 예수의 붙잡힘과 유다의 파멸에 이른다. 전자는 예정된 것이었으나, 유다는 그 와중에서 자신을 '장사꾼'으로 규정하면서도 자기 역할은 금전 때문이 아니었음을 강변한다.

「직소」는 다자이 오사무가 성서와 기독교 교리에 대해 상당한 지식을 선취(先取)하고 쓴 작품이다. 그런 연유로 예수의 지위와 유다의 역할을 예리하게 판별(判別)한다. 오병이어와 같은 예수의 사역에 대한 비판, 예수와의 직접 대화에 대한 기술 등의 세설(細說)이 그렇다. 그러나 마리아가 예수의 머리에 향유를 붓는 사건과 마리아와의 삼각관계로 질투를 규정하는 시각 등은, 너무 멀리 나가 있고 논리의 비약이 심하다. 그는 마침내 '내 손으로 죽여 드리려는 생각'을 하기에 이른다. 이러한 소설적 전개는 활달한 상상력과 이야기의 재미를 불러오는 데는 유익하나, 소설이 안정적 균형성을 확보하는 데는 취약하다.

그것은 이문열이 쓴 「사람의 아들」의 경우처럼, 다자이 오사무가 성서 및 기독교에 대한 이해를 위해 노력했으나 그 자신이 기독교인으로 살지 않았다는 사실을 증명한다. 기독교 소재의 매우 압축적인 소설을 쓰면서도 그 종교적 교리의 근본에 도달하지 못한 것은, 문학인으로서는 면책의 사유가 충분하다. 다만 그가 신실한 신자였다면 이 대목에서 한결 다른 문학적 성취를 보여주었을 것이라는 아쉬움이 남는다. 소설로서 존 밀턴의 『실락원』이나 영화로서 윌리엄 와일러의 『벤허』가 세계사적 고전이자 명작이 된 이유가 바로 이 대목에 있다.

김종회

경남 고성에서 태어나 경희대학교 국어국문학과를 졸업하고 동 대학원에서 문학박사 학위를 받았으며 26년 간 경희대학교 국어국문학과 교수로 재직했다. 현재 중국 연변 대학교 객좌교수이자 경남정보대학교 특임교수이며, 황순원문학촌 소나기마을 촌장 및 이병주기념사업회 공동대표와 세계한글작가대회 집행위원장을 맡고 있다.

1988년 《문학사상》을 통해 문학평론가로 문단에 나온 이래 활발한 비평 활동을 해 왔으며 《문학사상》《문학수첩》《21세기문학》《한국문학평론》 등 여러 문예지의 편집 위원 및 주간을 맡아 왔다. 한국문학평론가협회, 한국비평문학회, 국제한인문학회, 박경리 토지학회, 조병화시인기념사업회, 한국아동문학연구센터 등 여러 협회 및 학회의 회장을 지냈다.

현재 한국디카시인협회, 한국디지털문인협회, 한국문학관협회, 동북아기독교작가회의 등 협회의 회장으로 있다. 김환태평론문학상, 김달진문학상, 편운문학상, 유심작품상, 대한민국기독예술대상 등의 문학상을 수상했으며 『문학과 예술혼』『문학의 거울과 저울』『영혼의 숨겨진 보화』 등의 평론집, 『한민족 디아스포라 문학』 등의 저서, 『삶과 문학의 경계를 걷다』 등의 산문집이 있다.

역락비평신서 33
문학의 계승과 확장
한국문학의 미래와 새 강역

초판 1쇄 인쇄 2025년 12월 8일
초판 1쇄 발행 2025년 12월 22일

지 은 이 김종회
펴 낸 이 이대현
편　　집 이태곤 권분옥 임애정 강윤경
디 자 인 안혜진 최선주 김다윤
기획/마케팅 박태훈

펴 낸 곳 도서출판 역락
주　　소 서울시 서초구 동광로46길 6-6 문창빌딩 2층(우06589)
전　　화 02-3409-2055(대표), 2058(영업), 2060(편집) FAX 02-3409-2059
이 메 일 youkrack@hanmail.net
홈페이지 www.youkrackbooks.com
등　　록 1999년 4월 19일 제303-2002-000014호

ISBN 979-11-7396-443-5 (04800)
ISBN 978-89-5556-679-6(세트)

*정가는 뒤표지에 있습니다.
*파본은 구입처에서 교환해 드립니다.

이 책은 경기도, 경기문화재단의 지원을 받아 발간되었습니다.